重庆市高等教育教学改革研究重点项目
“职教集团背景下高职人才培养改革与实践——以数字创意专业群为例”研究成果
重庆市示范性职业教育集团——重庆数字创意职业教育集团的理论研究成果

职业教育集团背景下高职人才培养模式研究

龚芸　李可　徐江　著

北京
冶金工业出版社
2020

内 容 提 要

本书是重庆数字创意职业教育集团在数字创意专业群人才培养实践中形成的理论思考和研究成果，也凝聚了众多集团化办学参与者的智慧。本书从中华人民共和国成立后高等职业教育的发展历程、高职院校人才培养模式的现状与问题、职教集团背景下高职院校人才培养模式、高职数字创意专业群人才培养模式的案例分析等几个方面，研究分析了职业教育集团背景下高职人才培养模式在人才培养目标定位、专业群建设、课程教学改革以及评价制度的基本走向。本书以数字创意职业教育集团建设为例，创新设计高职人才培养模式，开展行动研究，分析实践成效及问题，总结经验，改进实践策略。书中提出的理论和实践成果来源于职教集团在数字创意专业群实践的一线，已形成了较为成熟的模式，对于推动职业教育集团化办学、建设现代职教体系具有现实的指导、应用和借鉴意义。本书可供高等职业教育工作者参考。

图书在版编目(CIP)数据

职业教育集团背景下高职人才培养模式研究／龚芸，李可，徐江著．—北京：冶金工业出版社，2020.11
ISBN 978-7-5024-8637-2

Ⅰ.①职…　Ⅱ.①龚…　②李…　③徐…　Ⅲ.①高等职业教育—人才培养—研究　Ⅳ.①G718.5

中国版本图书馆 CIP 数据核字(2020)第 213474 号

出 版 人　苏长永
地　　址　北京市东城区嵩祝院北巷 39 号　邮编　100009　电话　(010)64027926
网　　址　www.cnmip.com.cn　电子信箱　yjcbs@cnmip.com.cn
责任编辑　王　颖　美术编辑　吕欣童　版式设计　禹　蕊
责任校对　葛新霞　责任印制　李玉山
ISBN 978-7-5024-8637-2
冶金工业出版社出版发行；各地新华书店经销；北京捷迅佳彩印刷有限公司印刷
2020 年 11 月第 1 版，2020 年 11 月第 1 次印刷
169mm×239mm；16.75 印张；324 千字；258 页
99.80 元

冶金工业出版社　投稿电话　(010)64027932　投稿信箱　tougao@cnmip.com.cn
冶金工业出版社营销中心　电话　(010)64044283　传真　(010)64027893
冶金工业出版社天猫旗舰店　yjgycbs.tmall.com
（本书如有印装质量问题，本社营销中心负责退换）

前 言

当前，我国经济社会已进入新常态发展时期，“中国制造2025”等新的发展动力强力推动着社会经济的发展。京津冀协同发展与长江经济带发展等一系列战略布局形成，区域经济发展范畴逐步扩大，对职业教育作为服务区域经济社会发展的人力资源支撑提出了新的机遇与挑战。2015年，《教育部关于深入推进职业教育集团化办学的意见》(教职成〔2015〕4号）发布，深入推进职业教育集团化办学的重要意义、加快完善职业教育集团化办学的实现形式、全面提升职业教育集团的综合服务能力，大力推进职业教育内部管理体制改革，职教高地提质培优、增值赋能意义深远。

本书深入研究了职业教育人才培养模式。纵向上，深入不同时期经济社会发展背景，考察高职教育的萌芽阶段、起步及其地位确立阶段、规模化扩张阶段、内涵式发展阶段等不同阶段职业教育人才培养模式理论与实践发展。横向上，研究中外职业教育人才培养差异，考察德国双元制、北美能力本位职业教育、澳大利亚职业技术继续教育以及国际劳工组织的模块化技能培训在培养理念、目标、专业、课程、教学与资源建设等的有益经验。通过引入与学习国际职业教育人才培养模式先进经验，我国职业教育开展了积极探索，政策、理论与实践逻辑也逐步本土化，形成了“产教融合、校企合作、工学结合”“订单式”“现代学徒制”等人才培养模式。尽管并未形成系统的、适合中国国情的职业教育模式，但是每一个实践点的深入探索为我国职业教育特色化发展路径铺平了道路。

我国职业教育集团化从20世纪90年代开始兴起并得到快速发展。职业教育集团化办学作为组织调动社会力量参与办学，吸引更多社会、校企资源向职业教育汇聚，持续推进职业教育办学模式、育人模式改革的有效途径，是促进职业教育规模扩大和办学质量提高、提升职业教育服务经济社会能力的必然选择。高等职业教育人才培养模式的改革动因是多方面的。无论是区域经济发展战略还是产业集聚都催生着职业教育集团办学走上一个新的历史台阶。聚集职业教育资源、开创办学新模式也必然促使人才培养模式改革做出实际行动。

职教集团背景下的人才培养模式改革是本书的基本立足点。理论问题产生于心态，实践问题产生于事态。在理论部分，本书研究分析了职业教育集团背景下高职人才培养模式在人才培养目标定位、专业群建设、课程教学改革以及评价制度的基本走向。在实践部分，本书以数字创意职业教育集团建设为例，创新设计高职人才培养模式，开展行动研究，分析实践成效及问题，总结经验，改进实践策略。

由于作者水平有限，书中不妥之处在所难免，欢迎广大读者批评指正。

作　者

2020 年 9 月

目　录

第一章　概　　论

第一节　研究背景及意义

一、研究背景

高等职业教育作为高等教育的重要组成部分，承担着为国家和社会培养高级技能型人才的重要任务，对于促进我国经济发展转型升级，贯彻落实科教兴国和人才强国战略，提高国际竞争力具有重要作用。其中，培养社会经济发展所需要的高质量人才是目标，提高高职院校的人才培养水平是关键。目前，我国正处于实现两个“百年奋斗目标”的关键时期，社会经济发展对专业人才的要求越来越高，需要高职院校结合社会经济发展的要求，对人才培养模式进行改革创新，以为其培养大量高素质复合型人才，从而为实现中华民族的伟大复兴提供坚实的人才基础和保障。党的十九大提出，新世纪人才的产业需求侧和培养供给侧在结构、质量上还不能很好匹配，“两张皮”问题仍然存在。因此也需要高职院校促进人才培养模式改革创新，加强校企合作，深化产教融合。在这一背景下，加强高职院校的集团化办学则是必然选择。同时，加强集团化办学也是高等职业教育提高办学活力，高职院校实现自身可持续发展的客观要求。

进入21世纪，加强校企合作、深化产教融合成为高职院校人才培养模式改革的切入点。《国务院办公厅关于深化产教融合的若干意见》指出，深化产教融合是当前推进人力资源供给侧结构性改革的迫切要求，对新形势下全面提高教育质量、扩大就业创业、推进经济转型升级、培育经济发展新动能具有重要意义，因此，需要加强政府顶层设计和统筹引导，进一步提高行业企业参与高职院校办学程度，创新参与办学方式与机制，促进教育链、人才链与产业链、创新链的有机衔接。《关于实施中国特色高水平高职学校和专业建设计划的意见》也要求坚持产教融合，创新高等职业教育与产业链融合发展的运行模式；提升校企合作水平，与行业领先企业在人才培养、技术创新、社会服务、就业创业、文化传承等方面深度合作，形成校企命运共同体。“工学结合”“校企合作”“现代学徒制”“订单式”等人才培养模式都是基于校企合作、产教融合的高职院校人才培养模式改革的不断探索。近年来，为深化校企合作和产教融合程度，提高高职院校办学活力，集团化办学模式备受欢迎，并取得了重大成效。然而，高职院校集团化办学模式中依然存在着职教集团组织结构松散、企业参与积极性不高、政策支持与制度保障缺乏等一系列问题，严重影响着集团优势的发挥，因此迫切需要加强高职院校集团化办学模式的改革创新。《现代职业教育体系建设规划（2014—2020年）》《高等职业教育创新发展行动计划（2015—2018年）》《高职高专院校人才培养工作水平评估方案（试行）》等政策方案，也进一步明确了高职院校人才培养模式优化的重要性与必要性，为高职院校人才培养模式改革提供了政策依据。

基于以上背景，迫切需要加强职教集团背景下的高职院校人才培养模式改革研究。回顾我国高职院校人才培养的历史沿革，总结现有高职院校人才培养模式，分析当前我国高职院校人才培养模式中存在的问题，借鉴国内外高职院校人才培养模式改革的成功经验，提出职教集团背景下我国高职院校人才培养模式改革的路径与策略，充分发挥职教集团在深化政行校企合作程度、加强产教研融合程度和有效整合资源等方面的优势，从而提高我国高职院校的人才培养质量和经济发展服务能力，为我国现代化进程的推进提供坚实的人才保障。

二、研究意义

1. 理论意义

基于职教集团背景，对高职院校人才培养模式改革进行研究，具有极其重要的理论意义。首先，职教集团背景下的高职院校人才培养模式改革涉及教育与生产实践相结合理论、战略联盟理论、系统理论、利益相关者理论等，不仅拓宽了这些理论的应用范围，还有利于拓宽高等职业教育的研究视角和研究领域，从而充实高等职业教育相关理论。其次，本书将基于高职院校人才培养模式中存在的问题提出相应的策略，构建高职院校集团化办学模式的实践框架，完善高职院校人才培养相关理论。再次，本书将职教集团作为高职院校人才培养模式改革的切入点和方向，扩大了职教集团的实践范围，可以为职教集团提供基于高职院校的实践案例，从而完善职业教育集团化办学相关理论。最后，本书有利于构建具有中国特色的社会主义高等职业教育学科体系，从而促进高等职业教育学科的发展。

2. 实践意义

本书通过梳理国内外相关文献，基于高职院校人才培养模式改革的实践案例，回顾我国高职院校人才培养的历史沿革，总结当前高职院校人才培养模式改革所取得的成效和不足，并分析其深层原因，针对高职院校人才培养模式中存在的问题，基于职教集团背景，借鉴国内外成功经验，提出相应的解决策略，即完善高职院校集团化办学模式，建立高效的职教集团运行机制，深化政行校企合作，加强产学研融合，实现资源共享、优势互补，构建中国特色的高职院校人才培养模式，具有较强的实践意义。这一研究一方面能够创新高职院校人才培养模式，促进高职院校人才培养模式改革，从而提高我国高职院校的人才培养水平，提高高职学生的就业能力，促进人力资源供给侧改革，为区域经济发展和产业结构升级提供充足的专业技能型人才保障。同时，能够为国内外各类高职院校人才培养模式改革创新提供相关的理论指导和宝贵的实践经验。此外，本书还有利于提高高等职业教育的办学活力和高等职业院校自身的可持续发展能力，从而促进高等职业教育的创新发展。

第二节 理论基础

一、教育与生产劳动相结合理论

教育与生产劳动相结合理论是马克思和恩格斯，通过对人类发展历程的全面思考，从历史唯物主义的角度出发，为了从根本上解释教育与生产相结合的客观规律而创立的，是马克思主义关于教育的基本原理。马克思在《资本论》中曾明确提出，“教育与生产劳动相结合不仅是提高社会生产的一种方法，而且是造就全面发展人的唯一方法，也是改造现代社会的最强有力的手段之一。”❶ 该理论非常重视生产实践的作用，强调要将教育与生产劳动紧密相结合，并认为这是实现人的全面发展的有效途径。后经发展形成了以下三个方面的主要内容：一是在教育中要注重理论与实践相结合。二是在劳动中实现人的全面发展；三是通过生产劳动，接触和掌握现代科学技术。❷

同时，教育与生产劳动相结合是马克思主义中国化的重要组成部分，❸ 中国对该理论进行了不断创新和发展，赋予其一定的时代内涵。早在 20 世纪 30 年代，毛泽东就指出：“苏维埃文化教育的总方针在什么地方呢？在于以共产主义的精神来教育广大的劳苦民众，在于使文化教育为革命战争与阶级斗争服务，在于使教育与劳动联系起来，在于使广大中国民众都成为享受文明幸福的人。”❹ 中华人民共和国成立之后，党中央又多次强调教育与生产劳动相结合。尤其是改革开放以来，更加重视教育与生产劳动相结合。在 1999 年 6 月召开的第三次全国教育工作会议上，江泽民提出：“我们必须全面贯彻党的教育方针，坚持教育为社会主义、为人民服务，坚持教育与社会实践相结合，以提高国民素质为根本宗旨，以培养学生的创新精神和实践能力为重点，努力造就‘有理想、有道德、

---

❶ 上海师范大学教育系．马克思恩格斯论教育［M］．北京：人民教育出版社，1979：159.

❷ 杭瑞友．高职工学研融合培养技术技能人才的理论基础［J］．山西财经大学学报，2014，36（S2）:105-108.

❸❹ 宋敏娟．教育与生产劳动相结合的时代内涵及其实现途径［J］．毛泽东邓小平理论研究，2019（01）：15-19，107.

有文化、有纪律'的，德育、智育、体育、美育等全面发展的社会主义事业建设者和接班人。"❶党的十八大以来，习近平总书记多次对劳动教育进行了重要论述。习近平总书记在党的十九大报告中指出，要"建设知识型、技能型、创新型劳动者大军，弘扬劳模精神和工匠精神，营造劳动光荣的社会风尚和精益求精的敬业风气"。2018年9月10日，习近平总书记在全国教育大会上提出要把劳动教育纳入社会主义建设者和接班人的要求之中，强调要坚持中国特色社会主义教育发展道路，努力建构德、智、体、美、劳全面培养的教育体系。使得教育与生产劳动相结合理论得以不断发展。

教育与生产劳动相结合理论在职业教育发展中尤其受重视。由于高职院校的办学目标为培养高级技能型人才，因此更加重视教育与生产实践相结合，要求学生既要掌握扎实的理论知识，又要掌握高超的专业技能，强调学校教育与生产实践相结合。

二、人力资本理论

人力资本理论最早起源于经济学研究，是经济学理论的一大创新，由美国经济学家舒尔茨于20世纪60年代正式创立。该理论认为物质资本是指物质产品上的资本，包括厂房、机器、设备、原材料、土地、货币和其他有价证券等。而人力资本则是体现在人身上的资本，主要表现为蕴含于人身上的各种生产知识、劳动与管理技能以及健康素质等，通过投资来获得和提升，投资的形式主要包括医疗健康投入、正规的学校教育、企业的职业培训、其他的技术培训、劳动力迁移等。继舒尔茨之后，众多经济学家对人力资本理论进行了补充、完善与发展。明塞尔从收入分配问题入手，认为教育、培训等人力资本投资行为是引发劳动者收入差异的根本原因，并基于此构建了关于人力资本投资收益的公式，来计算"明瑟收益率"，广泛应用于教育经济学领域。同时，他还构建了劳动者年龄与其工资额的关系曲线，从而可分别计算教育收益率、在职培训收益率等，极大地促进了人力资本的发展。❷ 贝克尔更为系统地建立了人力资本的分析框架。他利用"一般均衡"的思想，从微观层面构建了人力资本投资计量模型，提出了投资成本与收益之间达到均衡的原理。他还用供求关系的原理，分析了人力资本投资的供给与需求问题，提出了影响供求的主要因素。在人力资本投资的时机选择上，他也提出了跨周期的资源配置与选择问题，并进行了实证检验。❸ 在上述三位先驱的基础上，自20世纪70年代以来，很多经济学家对人力资本理论进行了更深入的研究，使人力资本理论日益趋于成熟与完善。

---

❶ 中华人民共和国教育部，中共中央文献研究室．毛泽东、邓小平、江泽民论教育［M］．北京：中央文献出版社，人民教育出版社，北京师范大学出版社，2002：276.

❷❸ 王爽．我国中等职业教育经济效益与微观决策研究［D］．北京：中央财经大学，2017：15.

由于教育是人力资本提升的最重要的方式，学者们很快就注意到将人力资本理论应用于教育领域，并以此为基础促进了教育经济学学科的发展。高等职业教育的责任是培养社会经济发展所需要的高级技能型人才，即要提升学生的知识技能水平，也就是提升学生的人力资本。不论是从社会经济发展需要出发，还是从提高毕业生的经济收入出发，抑或是从促进学生的全面可持续发展出发，都需要提高学生的人力资本。因此高职院校的人才培养模式改革必须以人力资本理论为基础。

三、战略联盟理论

战略联盟的概念最早由美国 DEC 公司总裁简·霍普兰德（J. Hopland）和管理学家罗杰·奈格尔（R. Nigel）提出，他们认为，战略联盟是指由两个或两个以上有着共同战略利益和对等经营实力的企业，为达到共同拥有市场、共同使用资源等战略目标，通过各种协议、契约而结成的优势互补或优势相长、风险共担、生产要素水平式双向或多向流动的一种松散的合作模式。[1] 众多学者从不同的视角对战略联盟理论进行了阐释，主要有交易成本理论、资源基础理论、资源依赖理论、规模经济理论、组织学习理论、社会网络理论、制度理论等。各学派从不同的理论出发，对战略联盟的产生进行了深入讨论。但战略联盟作为一种组织形式，主要有以下五个特征：一是行为的战略性。这是战略联盟区别与组织间其他合作方式的重要特点。不同于临时或短期的合作行为，战略联盟是组织间一种长期合作形式。二是组织形式的开放性。联盟成员之间的关系并不一定正式，联盟本身呈现为一种开放、动态的体系。三是合作的互利性。战略联盟并不是组织之间单向的援助与被援助关系，也不是一种交易关系，而是一种利益互补关系。四是竞争与合作共存。五是合作的平等性。战略联盟成员之间不是控制与被控制的隶属关系，而是体现为一种平等合作关系，在保持着自身独立性与平等地位的基础上，成员之间展开合作。[2] 战略联盟理论强调多个组织基于共同目标而进行相互合作，以降低交易成本、实现资源共享、提高企业竞争力，获得最大效益。

战略联盟理论最初是应用于企业，旨在提高企业的竞争力和利益，近年来逐步应用于教育领域，以期实现教育资源共享，提高教育整体水平。最为典型的便是教育集团，通过集团化办学模式，加强成员单位之间的交流与合作，实现成员单位之间的资源共享，优势互补。职教集团也是基于战略联盟理论，通过政府、职业院校、企（事）业单位、科研机构等主体根据一定的规章制度组成的办学

---

[1] MBA 智库 https：//wiki. mbalib. com/wiki/%E6%88%98%E7%95%A5%E8%81%94%E7%9B%9F

[2] 吴晶．基础教育学区化办学研究［D］．上海：华东师范大学，2018：49-50.

联合体，从而提高高职院校的人才培养水平，实现各主体之间的互利共赢。因此，要研究职教集团背景下高职院校的人才培养模式改革，势必离不开战略联盟理论。

四、利益相关者理论

利益相关者理论是20世纪60年代左右在西方国家逐步发展起来的。1984年，弗里曼在《战略管理：利益相关者管理的分析方法》一书中，明确提出了利益相关者管理理论，其主要内容是企业的经营管理者为综合平衡各个利益相关者的利益要求而进行的管理活动。与传统的股东至上主义相比较，该理论认为任何一个公司的发展都离不开各利益相关者的投入或参与，企业追求的是利益相关者的整体利益，而不仅仅是某些主体的利益。此后，布伦纳、格罗斯曼、布莱尔等众多学者都对利益相关者理论进行了探索和发展。在众多学者的共同努力之下，利益相关者理论已进入成熟与完善阶段。利益相关者包括企业的股东、债权人、雇员、消费者、供应商等交易伙伴，也包括政府部门、本地居民、本地社区、媒体、环保主义等的压力集团，甚至包括自然环境、人类后代等受到企业经营活动直接或间接影响的客体。这些利益相关者与企业的生存和发展密切相关。利益相关者具有以下特征：利益主体的多维性、各主体间利益的差异性与竞争性、利益诉求实现的有序性、利益目标达成的协同性。❶ 利益相关者理论是管理学领域的理论，最早应用于企业管理，随后又应用于经济改革、绩效评价、社会责任等方面，还应用于公司、银行、职业教育集团、图书馆、养老机构、政府等多个领域。而且利益相关者理论的应用范围也不再局限于私营部门，日益拓展到公共部门和其他非营利组织。利益相关者理论为组织或机构的发展、运行、管理等多个方面提供了良好的分析范式。❷

近年来，职业教育集团化办学模式成为高职院校人才培养模式改革的重要方向，而职教集团就涉及多个利益主体。然而，由于不能满足集团成员单位尤其是企业的利益诉求，导致成员单位参与积极性不高，不能真正发挥集团在深化校企合作、加强产教融合、促进资源共享等方面的优势。因此，在进行职教集团背景下的高职院校人才培养模式改革时，要充分借鉴利益相关者理论的启示，创新人才培养模式，最大限度的满足利益相关者的诉求，调动其参与的积极性，从而提高高职院校的人才培养水平。但同时也要注意灵活运用利益相关者理论，不能完全照搬其观点，因为高职院校人才培养是一项公益性的社会工程，与企业发展有很大不同，不能完全照搬市场化发展原则。

---

❶❷ 蔺祖梅．利益相关者视角下的高等职业教育集团化办学模式研究［D］．贵阳：贵州师范大学，2016：27-31.

第三节　核心概念界定

根据研究的主要内容，这部分对“职教集团”“职业教育集团化办学”“高职院校”“高职院校人才培养模式”4个核心概念进行界定。

一、职业教育集团

职教集团全称为“职业教育集团”，国内多位学者对此概念进行了界定。不少学者将其界定为一种办学联合体或教育组织。例如：周达子认为，职教集团是在当地有影响的知名企事业单位（或集团）的支持参与下，职业学校间以专业为纽带组建成的一种联合办学体。❶ 高卫东认为，职教集团是指由若干具有独立法人资格的职业学校及相关企事业单位以契约或资产为联结纽带而组成的职业教育办学联合体。❷ 余秀琴认为，职业教育集团是以一个或若干个发展较好的职业教育组织为核心，以专业建设、人才培养、科技研发或某种资产为主要联结纽带，以集团章程为共同行为规范的，基于区域、行业、校企合作平台的多法人职业教育联合体。❸ 原教育部职成司司长黄尧所带领的课题组成员，在对河南、海南、天津等地职教集团的实地考察基础上，将职教集团界定为：“一个或若干个发展较好的职业院校联合相关行业、企业，以扩大办学规模、提高教学质量和实现双赢发展为目的而构建的多法人办学联合体”。❹ 高鸿和高红梅认为“职业教育集团是指由多个独立法人资格的组织机构，以行业及行政隶属关系、资产、契约等其中的一种或几种为链接纽带，以专业建设、人才培养、科技研发与社会服务等方面的共同行为作为主要任务，以提高人力资源开发的质量和规模并享受资源集约化运营带来的高效益为共同利益而组建的公益性合作型社会组织。”❺

还有少数学者认为职教集团是一种办学形式。例如：许涛认为，“职教集团是通过一定的联结方式（如契约、资源等），将各个独立法人，如职业院校、企业、科研机构和政府部门等，组成非法人的联合办学组织，以促进校企间深度合作、加强职业教育资源共享、提高人才培养质量和社会服务质量的一种办学方式。”❻ 刘明策认为，“职教集团是以参与各方的利益为基础，以行业、地域或原

---

❶ 周达子．集团化办学：中等职业教育可持续发展的必由之路［J］．职教通讯，2002（09）：14.

❷ 高卫东．职业教育集团的内涵、类型与功能［J］．职业技术教育（教科版），2004，25（34）：8.

❸ 余秀琴．职业教育集团化办学的内涵和发展历程［J］．中国职业技术教育，2008（06）：15.

❹ 黄尧．职业教育集团化办学的理论研究与实践探索［M］．北京：高等教育出版社，2009：7.

❺ 高鸿，高红梅．职业教育现代化办学的内涵与特征研究［J］．中国职业技术教育学，2012（36）：32-36.

❻ 许涛．职业教育集团化办学的理论分析与个案研究［D］．上海：华东师范大学，2011：19.

有的建制为纽带，由学校、企业和其他社会团体联合举办职业教育的一种办学行为。”❶ 这部分学者实际上是将“职教集团”和“职业教育集团化办学”的概念混为一谈。

教育部官方曾将其界定为“职业院校、行业企业等组织为实现资源共享、优势互补、合作发展而组织的教育团体，是近年来我国加快职业教育办学机制改革、促进优质资源开放共享的重要模式。”❷ 基于这一定义，本书将职教集团作为一种教育组织，旨在发挥集团在职业教育中深化校企合作、加强产教融合、促进资源共享的优势，从而提高高级技能型人才培养水平。职教集团组成主体包括政府机构、行业组织、企（事）业单位、职业院校、研究机构和社会组织六类。通过组建职业教育集团，不同主体可以充分发挥支持和参与职业教育发展的重要作用。按照组建形式的区别，职业教育集团可分为围绕区域发展规划和产业结构特点，面向地区支柱产业、特色产业的区域型职业教育集团。围绕行业人才需求，由行业组织牵头组建的行业型职业教育集团。跨区域或跨行业的复合型职业教育集团；以招生就业、劳动力转移培训等为合作内容的特色型职业教育集团和涉外型职业教育集团等。❸ 据统计，截至 2018 年 11 月，我国共组建职教集团 1400 余个，近 3 万家企业参与，覆盖 90% 以上的高职院校、100 多个行业部门。❹

二、职业教育集团化办学

沈建根认为职业教育集团化办学模式是以职教集团为组织基础，以促进产学合作、产教融合，提升职业教育技术技能人才系统培养和服务能力为目的，以开放共享、优势互补、互利共赢为途径的多元主体合作办学。❺ 崔岩认为，职业教育集团化办学模式是充分利用职业院校优良的师资队伍、丰富的办学经验和配套的实训装备等资源优势，依托集团内知名企业，通过校企共建，形成具有特色的“校厂一体、产教并举、中高衔接、区域联动”的高职业教育发展新模式。❻ 陈磊、闫艳和匡瑛等学者认为，职业教育集团化办学的内涵是以职业教育为中心，采取联合办学的方式，成立由职业院校、企业和行业部门等共同组建的办学集团；其目的是为了联合企业、依托行业、强化职业院校与企业和其他院校的关系，实现资源共享和优势互补。❼ 还有很多学者从不同角度对职业教育集团化办

---

❶ 刘明策．江西职业教育集团化办学机制研究［D］．南昌：江西农业大学，2013：9.

❷❸ 中华人民共和国教育部．http：//old. moe. gov. cn//publicfiles/business/htmlfiles/moe/s6811/201209/141506. html.

❹ 我国已建设职教集团 1400 余个近 3 万家企业参与［EB/OL］．中国政府网．http：//www. gov. cn/xinwen/2018-11/08/content_ 5338311. html.

❺❻ 郑智勇．精准扶贫视野下职业教育集团化办学模式研究［D］．重庆：西南大学，2017：5~6.

❼ 陈磊．我国职业教育集团化办学中的政府角色研究［D］．重庆：西南大学，2018.

学进行了界定。例如：学者方华从经济学的角度出发，将其界定为“按照产业规律，将企业集团化经营模式引入到职业教育，通过加强学校与企业的联系，实现教育资源共享和联合办学的一种有效形式”。❶ 王晓静则从教育发展规律的角度认为，“职业教育集团化办学是当前职业教育改革和发展到一定程度的产物，同时也是在提高教育资源的利用率和办学质量的基础上，通过反复实践而形成的联合办学模式。”❷

基于以上理解，本书认为，职业教育集团化办学是基于职教集团作为其外在组织形式，为提升职业教育人才培养水平，深化校企合作，加强产教融合的一种职业教育办学模式，是目前职业教育，尤其是高等职业教育人才培养模式改革的重要方向。推进职业教育集团化办学，有利于整合多方力量，推动现代职业教育体系建设。有利于建立健全政府主导、行业指导、企业参与的职业教育办学机制，有利于深化职业教育校企合作，系统培养技能型、高端技能型、应用型人才，提高人才培养质量。❸ 在这里需要强调的是“职业教育集团”与“职业教育集团化办学”并非同一概念，两者既有联系，又有区别。职业教育集团是职业教育集团化办学的外在组织形式，职业教育集团化办学总是以职业教育集团为基础和平台。根据对二者的概念界定可知，两者的区别在于：职业教育集团是一种由多个成员单位根据一定的规章制度而组成的办学联合体，是一种联盟性的教育组织，而职业教育集团化办学是一种基于职教集团的办学行为和办学模式，职业教育集团化办学模式又有多种具体的办学形式。

三、高职院校

要对高职院校进行界定，首先得了解高等职业教育的概念。《中国教育百科全书》中将“高等职业教育”定义为“培养高级实践应用型人才的教育”，属于高等教育范畴。教育形式包括学校教育和职业技术培训两种。❹ 著名的高等教育学专家潘懋元教授也认为，“高等职业教育并不是一个区别于本科的专科层次，而是一种有别于普通高等教育的类型。”❺ 1999 年，《中共中央国务院关于深化教育改革全面推进素质教育的决定》明确指出：高等职业教育是高等教育的重要组成部分，是高等教育中具有较强职业性的一种特定教育。大力发展高等职业教育，就是要培养一大批具有实践能力和应用能力的技术型应用型人才。以上观点

---

❶ 方华．职业教育集团化办学模式的实践与思考［J］．教育发展研究，2006（06）：50-53.

❷ 王晓静．职业教育集团化办学的运行机制研究—以山东省为例［D］．济南：山东师范大学，2015：8.

❸ 中华人民共和国教育部．http：//old. moe. gov. cn//publicfiles/business/htmlfiles/moe/s6811/201209/141506. html.

❹ 张念宏．中国教育百科全书［M］．北京：海洋出版社，1991：71.

❺ 潘懋元．建立高等职业教育独立体系刍议［J］．教育研究，2005（05）：26-29.

认为高等职业教育是高等教育的重要组成部分。而学者赵金昭认为，高等职业教育不仅是我国高等教育的一个重要组成部分，也是我国职业教育的重要组成部分。并将其定义为“培养人们从事某种职业的高级专业化教育，是以传授各类专业技术及相关理论为主要内容的、培养生产现场的高级技术、高级管理和高级操作人员的教育。”❶ 张海峰认为，“高职教育是一种具有技术定向和技术提升等社会功能的，面向个体职业生涯的全程开放式教育，其教育的本质是理论技术（高新技术）教育，除包括高等专科学校、职业技术学院以及职业大学以外，还应当将技术类本科院校纳入其范畴。高等职业教育与高等普通教育之间的区别应当体现在教育的类型上，而不是层次上。”❷ 梁志认为，“高职教育是一个多层次的复合概念体系，高职教育的本质属性是‘职业技术性’，其核心体现在技术应用性、技术创新性和从事技术活动的复杂程度上，高职教育是坚持教育本位的教育，其培养目标应当是理论知识和实践技术高度结合，身心和谐发展且兼具人文精神的技术型人才。”❸ 可见，学者们对“高等职业教育”这一概念并未达成共识，有学者将其作为高等教育的一部分，强调其与普通高等教育的区别，有学者将其作为职业教育的一部分，强调其职业性，还有学者认为其同时从属于高等教育和职业教育。尽管界定不同，但都看到了高等职业教育“培养高级技能型人才”的本质，其中“高级”体现了高等职业教育的人才培养规格，“技能”体现了高等职业教育的人才培养类型。

高职院校一般是指高等职业院校，包括专科和本科两个学历教育层次。众多学者都将其界定为开展高等职业教育的应用型高等院校，区别于普通高等院校。例如：学者周玲认为，“高职院校是不同于研究型高等院校的应用型高等院校，是开展高职教育活动的主要主体。从目标指向看，高职院校培养的是具有高级技能、具备实践操作能力的应用型人才。现实来看，高职院校现已成为高等院校的重要组成部分，是为我国社会主义市场经济发展做出重要贡献的组织实体。主要有以下几个特质：专业设置的复合型、课程体系的职业性、教学理念的实践偏向。”❹

本书认为，高职院校是开展高等职业教育的主要场所，同时也是开展高等职业教育的主要主体。从培养目标来看，高职院校培养的是适应社会经济发展的高级技能型专业人才。从学校类型来看，高职院校是高等院校的一种类型，强调职业性，不同于综合性高等院校和研究型高等院校。从学校名称来看，高职院校的

---

❶ 赵金昭．我国高等职业教育体系与培养模式研究［D］．天津：天津大学，2006.

❷ 张海峰．高等职业教育概念的歧见分析与界定［J］．九江职业技术学院学报，2002（01）：5.

❸ 梁志，赵祥刚．高等职业教育的概念解析及其内涵的厘定［J］．山东师范大学学报，2008（01）：88.

❹ 周玲．高职院校人才培养模式优化研究［D］．长沙：湘潭大学，2017：10.

名字中含有“职业技术学院”或“职业学院”等字样。

四、高职院校人才培养模式

要对高职院校人才培养模式进行界定，首先要明确“人才培养模式”的概念。1983 年，学者文育林最早提出“人才培养模式”这一概念，其内容是关于如何改革高等工程教育的人才培养模式。❶ 周远清认为，“人才培养模式，实际上就是人才的培养目标、培养规格和基本培养方式。”❷ 钟秉林指出，“人才培养模式是学校为学生构建的知识、能力、素质结构，以及实现这种结构的方式，它从根本上规定了人才特征并集中体现了教育思想和教育观念”。❸《高等工程专科教育培养的人才素质要求与人才培养模式的研究与改革实践》课题的研究报告认为，“人才培养模式是在一定的教育理论、教育思想指导下，根据特定的培养目标和规格，以相对稳定的教学内容和课程体系为依托，对不同类型专业人才、教育和教学模式、管理制度、评估方式及其实施过程的总和。”❹ 李立新认为，人才培养模式是指学校为实现其培养目标而采取的培养过程的构造样式和运行方式，主要包括专业设置、课程模式、教学设计、教育方法、师资队伍组成、培养途径与特色、实践教学等构成要素。❺ 朱璋龙和郭胜认为，人才培养模式“包括教育理念、培养目标、人才质量标准、教育保障条件、教育教学方法策略和教育管理体制机制等诸方面的内容，形成了系统稳定的程式和风格”。❻

基于“人才培养模式”的内涵和构成要素，众多学者对“高职院校人才培养模式”进行了界定。在很多情况下，“高等职业教育人才培养模式”与“高职院校人才培养模式”可以相互替换。因此，在这里将对两者都进行阐释。学者周玲认为，“高职院校人才培养模式是一个内涵多样性、外延复合性的概念。具体是指在立足于国家经济社会发展需要的基础上，高职院校为培养理论知识、实践能力、综合素质兼具的复合型人才，而建立的一种独特的育人模式。主要由职业性的教育理论、侧重实践性的培养目标、产学一体化的培养规格、综合型的培养状况评价机制四种主要要素构成。”❼ 邵文红指出，“高职院校人才培养模式构建要素包括教育理念与培养目标、专业设置与课程建设、教学方法与教学手段、师资队伍与实训建设、质量监控与教学管理等方面。”❽ 李永敏认为，高等职业教

❶ 文育林．改革人才培养模式，按学科设置专业［J］．高等教育研究，1983（02）：24.

❷ 周远清，在第一次全国普通高等学校教学工作会议上的讲话，深化教学改革培养适应世纪需要的高质量人才［M］．北京：高等教育出版社，1998：43.

❸❹ 周玲．高职院校人才培养模式优化研究［D］．长沙：湘潭大学，2017：11.

❺ 李立新．发达国家高职人才培养模式的比较研究及启示［J］．职业教育研究，2006（03）：11-13.

❻ 朱璋龙，郭胜．高职商科人才培养模式构建研究［J］．江苏高教，2010，（02）：132.

❼ 周玲．高职院校人才培养模式优化研究［D］．长沙：湘潭大学，2017：11.

❽ 邵文红．关于高职院校人才培养模式的思考［J］．教育发展研究，2013，33（03）：69-72.

育人才培养模式的实质就是在一定教育理念的指导下，为实现某一专业教学目标而采取的人才培养活动的组织样式和运行方式，这一模式的主体是教学计划，由一定的教学方式、教学目标和课程模式等组成的要素。[1] 赵金昭认为，高等职业教育培养模式是指高等职业院校为实现高等职业教育一定的培养目标，并围绕目标组织起来的比较稳定的教育教学活动的结构样式。其内涵有两个方面，一方面是外部关系的表现方式，决定其外部运行模式。另一方面是学校内部运行关系的表现方式，决定其内部运行模式。[2]

本书从人才培养模式的构成要素出发，将高职院校人才培养模式定义为以高职院校为主体的教育组织根据一定的教育理论和教育理念，为实现专业人才培养目标而进行的人才培养过程，包括专业设置、课程建设、教学方式、考核评价等内容，可以归纳为三点：培养目标（“培养什么样的人”）、培养主体（“由谁来培养”）、培养方式（“如何培养”）。而职教集团背景下的高职院校人才培养模式改革则主要是指对高职院校集团化办学模式下的人才培养模式进行创新和优化，以充分发挥职教集团在高等职业教育人才培养中的优势，从而提高高职院校的人才培养水平，为社会经济发展培养更多高素质的技能型人才。

第四节 研究现状

一、国外研究现状

国外关于高等职业教育人才培养模式的研究起步较早，研究较为丰富，主要聚焦于高等职业教育的地位和作用、高等职业教育人才培养模式的类型及其特征和高等职业教育质量评估三个方面。

1. 关于高职教育地位和重要性的研究

近年来，越来越多的学者注意到了高等职业教育在高等教育体系中的重要地位，及其在促进就业方面的重要作用，因此强调实现中等职业教育向高等职业教育过渡的必要性，以提高技能型人才的培养规格，从而满足劳动力市场对技能型人才的高要求。例如：Parry，G（2015）探讨了英国的高等教育体系及其职业教育支系，强调提升高等院校学生的职业技能和就业能力。[3] Webb，S 等（2017）以澳大利亚和英国为例，探讨了高等职业教育对劳动者社会流动性的影响，强调

---

[1] 李永敏．我国高职教育人才培养模式改革研究［D］. 福州：福建师范大学，2018：9.

[2] 赵金昭．我国高等职业教育体系与培养模式研究［D］. 天津：天津大学，2006.

[3] Parry，G. English higher education and its vocational zones［J］. RESEARCH IN COMPARATIVE AND INTERNATIONAL EDUCATION. 2015：493-509.

其在扩大处境不利者接受高等教育机会方面的重要作用。❶ Ebner，C（2015）探讨了德国劳动力市场的变化及其对“双元制”职业教育体系的影响。研究发现，“双元制”职业教育体系对劳动力起着“安全网”的作用。然而，其毕业生的收入明显低于高等教育毕业生的收入。❷ Scholten，M 等（2017）用实证分析的方法也探讨了德国职业教育资格对高中辍学者的作用。研究发现高等职业资格确实可以作为高中辍学生的安全网，能够使他们更容易找到工作。❸ Bckerman P 等（2019）调查研究了荷兰高等职业文凭的市场价值，研究发现，接受高等职业教育会提高劳动者的收入，而且收入的增长在性别和年龄上区别不大。❹ 学者们在探讨高等职业教育的重要作用时主要是基于劳动力市场的需求加以论述的。

与此同时，也有学者持不同的意见，认为高等职业教育会在造福于雇主和学生的同时也会带来一些问题。例如：Van Houten，MM（2018）探讨了荷兰二元制高等教育体系中的职业教育，在分析博洛尼亚发展进程中的政策文件基础上，认为在新自由主义条件下，高等职业教育为学生和雇主带来了机会的同时，也增加了低技能雇员的就业压力，为职业教育毕业生创造了不平等的就业机会。❺ 但总体来看，高等职业教育是职业教育发展的必然趋势，是时代发展、社会进步的产物。

2. 关于高职教育人才培养模式类型的研究

国外关于高职教育人才培养模式的研究主要致力于分析各国典型的人才培养模式，包括其基本内涵、基本特征、优缺点和改进策略等。其中，研究较多的是几种较为典型的模式：德国的“双元制”模式；加拿大、美国的 CBE（Competency-Based Education）模式；英国的 BTEC（The Business And Technology Education Council）模式和澳大利亚的 TAFE（Technical And Further Education）模式。

第一，德国的“双元制”模式。彼查德·罗莎琳德（1992）全面分析了双元制模式的优点和缺点，他认为“学校和双元制培训以企业作为依托，并且具有

---

❶ Webb，S；Bathmaker，AM；Gale，T；Hodge，S；Parker，S；Rawolle，S. Higher vocational education and social mobility：educational participation in Australia and England [J]. JOURNAL OF VOCATIONAL EDUCATION AND TRAINING. 2017：147-167.

❷ Ebner，C. Labour market developments and their significance for VET in Germany：An overview [J]. RESEARCH IN COMPARATIVE AND INTERNATIONAL EDUCATION. 2015：576-592.

❸ Scholten，M；Tieben，N. Vocational qualification as safety-net? Education-to-work transitions of higher education dropouts in Germany [J]. EMPIRICAL RESEARCH IN VOCATIONAL EDUCATION AND TRAINING. 2017.

❹ Bckerman P，Haapanen M，Jepsen C. Back to School：Labor-Market Returns to Higher Vocational Schooling [J]. Labour Economics，2019，61：101758.

❺ Van Houten，MM. Vocational education and the binary higher education system in the Netherlands：higher educationsymbiosis or vocational education dichotomy? [J]. JOURNAL OF VOCATIONAL EDUCATION AND TRAINING. 2018：130-147.

法律法规的保障是双元制模式的主要优势，但是，学校和学生之间与学校与企业之间会出现一些矛盾和观点的冲突。”❶ Bärbel Fürstenau 等（2014）指出，德国的职业教育与培训双元系统是一种特定的培训系统，旨在系统地结合公司培训和职业学校教育的优势，在帮助学生从学校步入社会方面发挥着重要意义。而且强调，“双元制”模式要随着社会经济的不断改革而改革。❷ Georg Spöttl（2013）也提出要加强对德国“双元制”人才培养模式的创新与改革，以适应行业发展的要求，进而突破其自身发展困境。❸

第二，加拿大、美国的 CBE 模式。Betty. L. Stout 指出，“CBE 人才培养模式教学目标明确，具有针对性和灵活操作性，课程内容以职业岗位需求为基础，将理论知识学习与专业技能培养相结合，打破了学科知识体系，注重培养学生的主观能动性和专业操作技能。”❹ Bohne，Christoph 等（2017）对职业教育和培训中基于能力的网络化教学进行了探索。❺ 这种基于能力的职业教育培训模式经常应用于医学人员的培养和培训中。❻❼

第三，英国的 BTEC 模式。Fisher，Roy（1999）回顾了 1974~1994 年英格兰 BTEC 人才培养模式职业课程的建设和发展历史。❽ 英格兰高等教育基金委员会（2007）指出，自 20 世纪 70 年代和 80 年代发展以来，BTEC 计划受到很大的重视，是一种非常受欢迎的继续教育类型，并将其作为接受高等教育的一个重要途径。❾ Kevin Abbott（2010）认为 BTEC 模式具有先进的教育理念和多元化的教学方式，为英国各行各业培养了一大批具有创新能力的高素质技术型人才，深受企业欢迎，学生从 BTEC 人才培养模式中受益良多，特别是在实践中积极主动、团队协作和分析处理信息的能力得到充分锻炼。❿ Shields，Robin 和 Masardo，Alex

---

❶ Pritchard，Rosalind. The German Dual System：Educational Utopia［J］. Comparative Education，1992.

❷ Bärbel Fürstenau；Matthias Pilz；Philipp Gonon. The Dual System of Vocational Education and Training in Germany – What Can Be Learnt About Education for（Other）Professions. International Handbook of Research in Professional and Practice-based Learning［M］. Springer，2014：427-460.

❸ Spöttl，Georg. Innovations in Vocational Education and Training a Successful Paradigm Shift within the Dual System in Germany［R］. Institut Technik and Bildung（ITB），Universität Bremen，2013.

❹ 李一沛．福建省高职院校国际商务专业人才培养模式研究［D］．福州：福建师范大学，2018：5.

❺ Bohne C，Eicker F，Haseloff G. Competence-based vocational education and training（VET）［J］. European Journal of Training & Development，2017，41（01）：28-38.

❻ Nousiainen M T，Mironova P，Hynes M，et al. Eight-year outcomes of a competency-based residency training program in orthopedic surgery［J］. Medical Teacher，2018：1-13.

❼ Iglar K，Whitehead C，Takahashi S G. Competency-based education in family medicine［J］. Medical Teacher，2013，35（02）：115-119.

❽ Fisher R. The vocational curriculum in England 1974-1994：a socio-historical study of the Business and Technology Education Council's National Diploma in Business and Finance［J］. university of huddersfield，1999.

❾ England H E F C F. Pathways to higher education：BTEC courses［J］. hefce，2007，31.

❿ Kevin Abbott. Is It Time to Turn to BTEC? A Review of the Changes to BTEC for 2010［J］. Teaching Business and Economics. 2010（14）：17.

(2015) 调查了通过职业资格途径进入高等教育的学生与通过传统 A-level 途径进入的学生之间在学位获得方面的差异，强调要加强对 BTEC 资格学生的支持，扩大他们参与高等教育的机会。❶

第四，澳大利亚的 TAFE 模式。坎宁 (1974) 在《坎宁报告》中明确指出 TAFE 的内涵和定义，并且提出了其办学的宗旨是："直面社会岗位的需求，尽最大可能为经济和社会的发展提供服务，培养出各种各样的实战型人才，最大力度提高工作人员的技能，有效地让劳动者找到合适的岗位"。Athanasou，J (2005) 对 1981~2004 年技术和继续教育的发展历程进行了研究，指出：从 1981~2004 年，技术和继续教育在义务后教育和培训中的份额增加了约 3%。❷ John Stevenson (2007) 研究了过去几十年来技术和继续教育与培训改革产生的理论问题。❸ Howard Middleton (2011) 探讨了技术和继续教育的创造力教学，强调要优化职业教育课程框架，提高创造力教学的有效性。❹

此外，《职业培训：国际视角》(*Vocational Training: International Perspectives*) 一书根据 2005~2007 年开展的一项研究，使用 OECD 和 UNESCO 的指标对澳大利亚、加拿大、丹麦、法国、德国、英国、美国、韩国、墨西哥和摩洛哥 10 个不同国家的职业教育培训体系进行了详细的比较分析。重点比较了每个国家职业教育培训体系的组织原则，与通识教育的联系，支撑每个体系的各种社会角色的作用以及每个体系的优缺点。作者断言，必须从将职业培训纳入劳动力市场的角度来分析职业培训的发展。❺❻ Powell，JJW 等 (2012) 通过回顾 1998~2010 年欧洲的高等职业教育政策发现，职业技能养成的欧洲模式融合了德国、法国、英国和美国等具有历史影响力模式的各种特征，但在博洛尼亚和哥本哈根这两个国家发展过程中，高等职业教育的发展却是一种新的模式。❼ Jorgensen，CH (2017) 探讨了丹麦的职业教育政策及问题，丹麦的中等职业教育模式主要为"学徒"

---

❶ Shields，Robin; Masardo，Alex. Changing Patterns in Vocational Entry Qualifications，Student Support and Outcomes in Undergraduate Degree Programmes [R]. 2015.

❷ Athanasou J. Technical and further education in Australia: 1981—2004 [J]. parliament of australia, 2005, 16: N/A.

❸ Stevenson J. Technical and further education reforms: Theoretical issues [J]. Australian Educational Researcher, 2007, 34 (03): 15-34.

❹ Middleton H. Creativity in Technical and Further Education in Australia [J]. Open Education Journal, 2011, 4 (01): 95-104.

❺ Perrin, T. Book Review: Vocational Training: International Perspectives [J]. Work & Occupations, 37 (02): 245-246.

❻ Gilles Laflamme, ILO. Training Dept. Vocational training: international perspectives [J]. nova science publishers, 2010, 15 (10): 1-26.

❼ Powell, JJW; Bernhard, N; Graf, L. The Emergent European Model in Skill Formation: Comparing Higher Education and Vocational Training in the Bologna and Copenhagen Processes [J]. SOCIOLOGY OF EDUCATION. 2012 (03): 240-258.

模式，是重要的就业途径，却不提供高等教育资格。作者研究从学徒到高等职业教育过渡中差距拉大的原因，并主张要构建桥梁，以实现学徒模式向高等职业教育的过渡，目的是要提高人才培养规格。[1] Lizunkov，Vladislav 等（2020）构建了高等职业教育中基于项目的学习框架，并基于创建优先发展区（PDA）背景下现代社会的需求，为相关的人员培训提出了实用建议。[2]

3. 关于高职教育质量评估的研究

高等职业教育质量的高低是高职院校人才培养质量重要的影响因素，而评估是保障高等职业教育质量的重要举措。因此，不少学者非常关注高等职业教育的评估，对现有的评估方法及其改进策略进行了研究。例如：Sturing，L 等（2011）对荷兰基于综合能力的职业教育模型（CCBE 模型）进行了研究，该模型由针对四个实施级别制定的基于能力的职业教育（CBE）的八项原则构成，用于评估职业教育项目学习。[3] Baartman，L 等（2013）研究了一所大型高等职业教育机构对九门课程的自我评价，每门课程有 4~11 名老师和 3~10 名学生参加。其目的是批判性地检查高等职业教育的评估质量，确定影响评估质量的关键因素，并研究自我评估是否能带来具体的改进点。研究结果表明，开发适合于评估高等职业教育专业能力的工具，需要重新考虑评估方法，关键是要制定质量评估标准和完善自我评估方法。[4] Baartman，LKJ 和 Gulikers，JTM（2014）分析了 11 个高中和高等职业教育的评估计划。他们认为，评估是高质量职业教育的基石，要从需要评估的内容出发来完善并实施评估方案。[5]

二、国内研究现状

国内关于高职院校人才培养模式的研究起始于 20 世纪末，进入 21 世纪之后，随着高等职业教育的发展，相关研究大量涌出，研究成果颇为丰富，主要聚

---

[1] Christian，Helms，Jørgensen. From apprenticeships to higher vocational education in Denmark – building bridges while the gap is widening [J]. Journal of Vocational Education & Training，2017.

[2] Lizunkov，V；Politsinskaya，E；Gazin，K. The Architecture of Project-Based Learning in the Supplementary Vocational Education System in a Higher Education [J]. INTERNATIONAL JOURNAL OF EMERGING TECHNOLOGIES IN LEARNING. 2020：227-234.

[3] Sturing L，Biemans H J A，Mulder M，et al. The Nature of Study Programmes in Vocational Education：Evaluation of the Model for Comprehensive Competence-Based Vocational Education in the Netherlands [J]. Vocations and Learning，2011，4（03）：191-210.

[4] Baartman，L；Gulikers，J；Dijkstra，A. Factors influencing assessment quality in higher vocational education [J]. ASSESSMENT & EVALUATION IN HIGHER EDUCATION. 2013（08）：978-997.

[5] Baartman，LKJ；Gulikers，JTM. Assessment as the cornerstone of high quality vocational education：an analysis of 11 assessment programmes in senior secondary and higher vocational education [J]. PEDAGOGISCHE STUDIEN. 2014（01）：54-68.

焦于高职院校人才培养模式的构成要素研究、类型研究、问题与对策研究、集团化办学研究、国际经验研究等几个方面。

1. 关于高职院校人才培养模式的构成要素研究

关于高职院校人才培养模式的理论研究主要是对其构成要素的研究。龚怡祖是较早开始探索我国职业教育人才培养模式的学者之一，在他的著作《论大学人才培养模式》中第一次较系统的从理论上阐述人才培养模式的概念、具体的构成要素，初步确立了我国高等职业教育人才培养模式研究框架。[1] 吕鑫祥（2002）从理论层面指出，高职院校人才培养模式的构成要素包括培养目标、专业设置、课程模式等方面。[2] 王冰清（2014）从培养目标、专业设置、课程设置、教材建设、教学工作、教师队伍建设、人才培养评估7个方面对高职院校人才培养模式的构成要素进行了理论阐述。[3]

学者们关于高职院校人才培养模式构成要素的观点较为一致，可总结为以下几个要素：①培养目标。高等职业院校设定的根本目标就是为社会培养集生产、服务、管理为一体的高级职业技术人才（林启德，2020）[4]。②专业设置。高职院校的专业体现着一所高职院校的办学方向和特色，因此需要适应职业岗位技术工作，要具有针对性、适应性和应用性等特点（李建求，2003）[5]。③课程设置。高职教育的课程要形成专业技术基础模块、职业模块和人文科技素质三大模块（许锁坤，2004）[6]。④教学方式。高职院校要坚持教育与生产实践相结合的方式。⑤教材建设。高职教材改革要定位科学，服务高职教育，注重“必需、实用、够用”原则，可读性要强，体例风格上要新颖，利教利学，案例贴近现实，编写应紧扣职业要求，要融入与国家职业技能证书相关的知识，与人力资源和社会保障部门颁发的技能鉴定标准对接，具有前瞻性，组织校企共编，整合学科知识，打造科学的教材体系（秦宗槐，2011）[7]。⑥师资队伍。师资队伍多元构成与协同创新建设是高职院校提高人才培养水平的关键（杨彦，2016）[8]，要坚持构建“双师型”师资队伍。⑦人才培养评估。高职教育评估由特色专业建设、课程建设、实践教学、师资队伍、领导作用、教学管理、社会评价七项一级指标

---

[1][3] 王冰清．我国高职院校人才培养模式研究［D］．天津：天津大学，2014：2.

[2] 吕鑫祥．对技术、技术型人才和技术教育的再认识［J］．职业技术教育，2002（22）：6.

[4] 林启德．校企合作机制下试论高职院校机械设计专业学生工学结合人才培养模式——评《机械设计实践与创新》［J］．机械设计，2020，37（01）：6.

[5] 李建求．论高职院校的专业建设［J］．高等教育研究，2003，（7）：75-79.

[6] 许锁坤．高职院校课程设置的探讨［J］．中国高教研究，2004，（12）：52-72.

[7] 秦宗槐．论高等职业教育教材改革与建设［J］．中国大学教学，2011（08）：89-91.

[8] 杨彦．高职院校师资队伍多元化建设与协同创新路径研究［J］．高等工程教育研究，2016（02）：163-166.

及对应内容组成。然而，其中前六项评估内容是高职院校完成人才培养的基本条件和保障，并非教育质量本体，因而在教育质量评估时往往会发生偏颇（朱军，张文忠，2020）❶。

2. 关于高职院校人才培养模式的类型研究

目前，关于高职院校人才培养模式类型的研究主要聚焦于以下几种模式：

第一，“工学结合”人才培养模式。2006年《关于开展工学结合、半工半读试点工作的实施意见》发布以来，“工学结合”模式成为我国高职院校人才培养模式改革的主要切入点，相关研究如雨后春笋般涌出。工学结合是把理论学习与工作实践相结合的一种教育模式，其主体包括学生、企业和学校。该模式以职业为导向，以培养学生的职业能力为主线，利用学校、企业所处的不同环境以及不同形式的教育资源，把以系统理论知识为主线的学校教育和突出实践操作以获取实际经验的校外教育进行有机结合，使学校的培养目标与用人单位的需求更加契合，使学生能够成长为真正的高素质高级技能型人才。（冯占红，2012❷；严丽丽，2015❸）依托工学结合推进人才培养模式创新是解决高职院校毕业生供需脱节的有效方法（刘紫婷，2007）❹。工学结合模式呈现出“企业参与教育过程，突出职业关键能力的培养，重视学生终身学习能力和长远职业生涯的发展”的特点（闫娟，2013）❺。廖建华和刘慧娟（2009）指出，“工学结合”是双主体的结合和全过程的结合。❻ 在工学结合的人才培养模式下，高职院校的专业教师既有丰富的专业知识又有较强专业技能，是“导师”“教练”“师傅”三个角色的统一（娄淑敏，何向华，2013）❼，而学生在“学生”和“员工”两个角色之间交替，此外，还包括具有洞察力的检验员、具有创造力的知识主人和具有影响力的信息员等隐形角色（赵良梅，2012）❽。各类高职院校都形成了各具特色的“工学结合”人才培养模式，例如：雅安职业技术学院坚持以就业为导向，以服务为宗旨，主动适应市场，主动贴近企业，构建并完善了“学校育才、学生成才、企

---

❶ 朱军，张文忠．高职院校数字出版专业人才培养模式探究［J］．编辑学刊，2020（01）：25-30.

❷ 冯占红．建设类高职院校工学结合人才培养模式的思考［J］．教育理论与实践，2012，32（27）：29-31.

❸ 严丽丽．财经高职院校工学结合人才培养模式的实践与思考［J］．教育与职业，2015（30）：83-85.

❹ 刘紫婷．高职院校工学结合人才培养模式的实践与探讨［J］．中国高教研究，2007（08）：48-49.

❺ 闫娟．高职院校“工学结合”人才培养模式的构建与实施［J］．中国成人教育，2013（16）：92-93.

❻ 廖建华，刘慧娟．高职院校“工学结合”人才培养模式的构建［J］．职业技术教育，2009，30（16）：46-49.

❼ 娄淑敏，何向华．工学结合人才培养模式下高职院校专业教师的角色定位［J］．中国成人教育，2013（03）：98-100.

❽ 赵良梅．高职院校工学结合人才培养过程中学生角色功能探析［J］．中国人才，2012（08）：221-222.

业用才”的“三才”有机结合人才培养模式。❶重庆电子工程职业学院在示范性高等职业院校建设过程中，总结形成了“能力标准、模块课程、工学交替、职场鉴定”“四环相扣”的工学结合人才培养模式。❷ 王仲英（2009）指出，高职院校“工学结合”人才培养模式主要包括顶岗实习、工学交替和订单式模式三类。❸ 还有不少学者从具体专业出发，对高职院校的“工学结合”人才培养模式进行了探索，例如：孟娟娜（2015）对电子商务专业的“工学结合”人才培养模式进行了探索。❹ 安伟娟和张硕（2014）对金融保险专业的“工学结合”人才培养模式进行了讨论。❺ 肖付良（2012）对商务英语专业“工学结合”人才培养模式进行了探索。❻ 汪善锋等（2012）对畜牧兽医专业“工学结合”人才培养模式进行了思考。❼ 周建松和谢峰（2009）对经济类高职院校“工学结合”人才培养模式进行了探索和研究。❽ 冯占红（2012）对建设类高职院校“工学结合”人才培养模式进行了探讨。

第二，“校企合作”人才培养模式。校企合作是企业、高职院校在各自不同利益基础上寻求共同发展、谋求共同利益的一种合作形式，是一种以培养技术应用型人才和高技能人才为主要目标的人才培养模式。这一模式的最大特点在于改变了单纯讲授理论知识而忽略技能培养的弊病，将理论专业知识与实践技能紧密地结合到一起，既提升了学生的动手能力和竞争力，同时也最大限度地发挥了企业的生产实践优势和学校的专业优势，对于高技能人才的培养、学校育人水平的提升以及企业获得充足的人才资源等方面都具有不同程度的推动作用（陈慧等，2019）❾。高职院校与企业深度合作是促进和推动职业教育持续、健康发展，提高人才培养质量

❶ 卢台生，张大凯，夏安琼．高职院校“三才”有机结合人才培养模式探索与实践［J］．职业技术教育，2013，34（23）：69-71.

❷ 王荣辉，吕红．高职院校工学结合“四环相扣”人才培养模式探索［J］．职教论坛，2012（18）：18-21.

❸ 王仲英．高职院校工学结合人才培养模式的探索与思考［J］．中国职业技术教育，2009（16）：30-32.

❹ 孟娟娜．高职院校电子商务专业工学结合人才培养模式的探索与实践［J］．中国教育学刊，2015（S1）：46-47.

❺ 安伟娟，张硕．浅议高职院校金融保险专业“工学结合”的人才培养模式［J］．中国职业技术教育，2014（08）：86-88.

❻ 肖付良．地方性高职院校商务英语专业“工学结合”人才培养模式研究［J］．教育与职业，2012（18）：101-102.

❼ 汪善锋，邢军，徐孝宙，丁威．高职院校畜牧兽医专业工学结合人才培养模式的实践与思考［J］．黑龙江畜牧兽医，2012（12）：40-41.

❽ 周建松，谢峰．经济类高等职业院校工学结合人才培养模式改革的系统设计与实践［J］．中国高教研究，2009（01）：79-81.

❾ 陈慧，韩忠培，陈瑶．论基于校企合作视角的高职院校高技能人才培养模式［J］．教育与职业，2019（16）：44-47.

的重要途径，（费小平，缪宁陵，2012）[1] 可以有效促进校企协同、产教对接、工学结合，对于创新应用型人才培养模式，培养应用型技术技能型人才、服务区域经济有着重要的现实意义。（刘峥，2017）[2] 赵凤梅（2014）指出，校企合作主要有基地培养、双向性培养、订单式培养、产学研相结合培养 4 种模式。[3] 在校企合作机制下，学校不再是唯一的教育教学主体，而是一种通过引入社会化的实践机构，将“学校和企业”作为高职院校相关设计专业学生的核心领导，以内涵建设和课程开发作为教育教学核心手段，以实践教育和经济作为教育教学核心宗旨，以实践性人才培养为核心目的的新型工学结合人才培养模式（林启德，2020）。[4] 季瑶娴（2020）以浙江商业职业技术学院为例，探索了高职院校产教融合“三链合一”人才培养模式，指出，校企专业链、人才链与产教链“三链合一”双向交流是培养高水平“双师型”教师队伍的重要途径，也是提升学生综合职业能力的关键。[5] 金华职业技术学院经过十几年的探索，形成了校企合作人才培养“金华模式”。[6] 陕西铁路工程职业技术学院建立了“五位一体、四级对接”的校企合作机制即由政府代表、学校代表、高职教育专家、企业代表和校友代表组成的“五位一体”校企合作办学理事会，和学院对接集团公司，系部对接分公司（项目部），教研室（专业）对接项目部（工区），教师对接工程技术人员“四级对接”的校企合作运行机制。[7] 河南机电职业学院在探索高职院校人才培养模式的过程中，先后历经了“三化”“四共五衔接”“三式一型”及“产学研创”四位一体的四个阶段，凸显了人才培养模式的递进式和有效性。[8] 赵凤梅（2014）对高职院校电子信息专业校企合作模式进行了探索。[9] 邱雪峰和余构雄（2014）对基于校企合作的高职院校会展专业人才培养模式进行了研究。[10] 林艳芬和江传英（2014）讨论了校企合作人才培养模式下的高职院校思想

[1] 费小平，缪宁陵．高职院校校企深度合作人才培养的探析［J］．黑龙江高教研究，2012，30（03）：129-131.

[2] 刘峥．地方应用型本科院校校企合作人才培养模式探索——以物流管理专业为例［J］．高教探索，2017（03）：41-44.

[3][9] 赵凤梅．高职院校电子信息专业校企合作模式探索［J］．教育与职业，2014（36）：106-107.

[4] 林启德．校企合作机制下试论高职院校机械设计专业学生工学结合人才培养模式——评《机械设计实践与创新》［J］．机械设计，2020，37（01）：6.

[5] 季瑶娴．高职院校产教融合“三链合一”人才培养模式探索——以浙江商业职业技术学院为例［J］．职教论坛，2020（01）：133-138.

[6] 胡晓杭．关于高职院校校企合作人才培养“金华模式”的实践与思考［J］．浙江大学学报（人文社会科学版），2016，46（06）：99.

[7] 杨云峰．高职院校校企合作培养模式的研究与实践［J］．中国职业技术教育，2013（24）：89-92.

[8] 张震，王本亮．基于校企合作的高职院校人才培养模式创新探究［J］．中国高教研究，2017（12）：101-103.

[10] 邱雪峰，余构雄．基于校企合作的高职院校会展专业人才培养模式研究［J］．中国成人教育，2014（21）：166-168.

政治教育，他们认为，改进校企合作人才培养模式下的高职院校思想政治教育，必须树立全面育人、全程育人、全员育人的理念，加强思想政治教育队伍建设，拓展思想政治教育内容，丰富思想政治教育途径。❶

第三，“现代学徒制”人才培养模式。在我国，现代学徒制的提出是在2011年（鲁婉玉，2011）❷，2014《关于开展现代学徒制试点工作的意见》发布以来，我国高职院校积极进行了关于现代学徒制人才培养模式的改革，相关研究大量涌出。现代学徒制是将传统学徒培训方式与现代学校教育相结合的一种学校与企业合作式的高职教育制度，是解决用工荒和就业难的“突破口”，是学生正式就业前的“有效过渡”（刘秀敏，2019）❸，对高职院校增强学生的综合素质及技术水平有着至关重要的作用（陈冬梅，2015）❹。李兵和笵人伟（2019）指出，现代学徒制是在现有校企合作基础上进一步深化产教融合、工学结合，实现“招生即招工、入校即入厂、校企联合培养”的一种合作教育制度。两位学者还提出了“双主体管理、五个对接”的高职院校现代学徒制人才培养模式，即企业管理与学校管理对接，实现人才培养管理全覆盖，专业开设与产业发展对接，实现人才培养专业精准化，课程设置与职业标准对接，实现人才培养内容无缝隙，教学环境与生产过程对接，实现人才培养需求零距离，学校考核与企业考核对接，实现人才培养考核全过程。❺ 高职院校现代学徒制人才培养模式具有集聚了政府、行业协会、企业、学校等多元培育主体，叠加了学校和企业双重育人优势，融合了职业培训、学历教育与职业资格制度，激发了学生学习的主动性和创造性，充分体现就业导向原则等特征（谢俊华，2013❻；杨伟等，2019❼）。刘秀敏（2019）提出了基于项目引领的高职院校现代学徒制人才培养模式，即以项目作为牵引，实施培训项目，创建学习资源，试岗顶岗实战，并对培训项目进行评价和反思。其实施路径为精心策划项目，创立项目引领的模块课程，构建专业级导师团队，充分盘活校企资源，发掘专业特色，激发现代学徒制的核心竞争力，改革传统考核评价方式，全面提升学生职业技能。❽吴吟颗和秦炳旺（2016）提出，高职院校现代学徒制的实施基础包括：基于“因材施教”原则确定学徒遴选标准，确

---

❶ 林艳芬，江传英．论校企合作人才培养模式下的高职院校思想政治教育［J］．学校党建与思想教育，2014（08）：95-96.

❷ 鲁婉玉．高职教育中现代学徒制人才培养模式研究［D］．大连：大连大学，2011.

❸❽ 刘秀敏．基于项目引领的高职院校现代学徒制人才培养模式［J］．教育与职业，2019（15）：61-66.

❹ 陈冬梅．高职院校现代学徒制人才培养模式研究［J］．教育理论与实践，2015，35（30）：31-32.

❺ 李兵，笵人伟．高职院校“双主体管理、五个对接”的现代学徒制人才培养模式研究［J］．教育与职业，2019（01）：50-54.

❻ 谢俊华．高职院校现代学徒制人才培养模式探讨［J］．职教论坛，2013（16）：24-26.

❼ 杨伟，李晓华，谢德体，邓军．典型工程项目引领的现代学徒制人才培养模式实践探索［J］．西南师范大学学报（自然科学版），2019，44（05）：154-160.

立以职业标准为基线的人才培养目标与培养标准，构建校企深度融合协同育人模式，依托校企人力资源建设适应培养需求的师资队伍，并基于职业能力与职业素养创新人才培养评价体系。❶李祥（2015）指出，要确保现代学徒制人才培养目标的实现，高职学生管理工作要完善规章制度，对学生进行综合素质教育、企业文化熏陶，引导学生进行自我管理，充分利用网络，创建高职学生管理工作新平台。❷ 葛玲妹（2017）为酒店管理专业提出现代学徒制“四维立体”校企联合培养模式。❸ 姚水洪等（2018）对现代学徒制的高职院校护理人才培养进行了探索。❹ 张晓晖（2018）对财经类高职院校现代学徒制人才培养模式进行了研究。❺ 梁业梅（2018）对应用型院校现代学徒制人才培养模式进行了研究。❻

第四，“订单式”人才培养模式。“订单式”人才培养模式是“校企合作”人才培养模式的一种（赵凤梅，2014）❼，是指学校与用人单位根据培养对象今后的工作岗位需要，共同制订人才培养计划，签订用人订单，双方共同参与人才培养全过程的管理，学生毕业后直接到订单用人单位就业的一种人才培养模式（袁清武，2013）❽。高职院校推行“订单式”人才培养，是落实“以服务为宗旨、以就业为导向”高职教育办学方针的需要，是校企合作实现互利多赢的需要，是高职院校办出专业特色、确保人才质量规格的需要（袁清武，2013）❾。“订单式”人才培养模式要实现良性运行，必须确立好目标机制，构建完善的动力机制，建立严格的约束机制。❿ 张伟贤（2011）对江苏城市职业学院武进办学点轴承班的“订单式”人才培养模式进行了详细分析，该模式的内容主要包括为企业量身打造教学计划、制定面向企业的管理方法、共同开发校企合作课程，并对该模式的利弊进行了深入分析。⓫ 深圳职业技术学院把握“以企业需求为导

❶ 吴吟颗，秦炳旺．高职院校现代学徒制的实施基础与推进策略［J］．中国职业技术教育，2016（30）：86-91.

❷ 李祥．现代学徒制模式下高职学生管理工作研究［J］．教育探索，2015（08）：52-54.

❸ 葛玲妹．现代学徒制“四维立体”校企联合培养模式研究——以高职酒店管理专业为例［J］．职教论坛，2017（11）：53-57.

❹ 姚水洪，崔戴飞，邱惠萍．基于现代学徒制的高职院校护理人才培养［J］．教育与职业，2018（01）：91-95.

❺ 张晓晖．财经类高职院校现代学徒制人才培养模式问题研究［J］．职业技术教育，2018，39（32）：6-10.

❻ 梁业梅．应用型院校现代学徒制人才培养模式研究［J］．教育与职业，2018（23）：53-56.

❼ 赵凤梅．高职院校电子信息专业校企合作模式探索［J］．教育与职业，2014（36）：106-107.

❽❾ 袁清武．高职院校订单式人才培养模式初探——基于教育创新的视角［J］．中国教育学刊，2013（S1）：6-8.

❿ 张翔云．高职院校订单式人才培养模式良性运行机制的构建［J］．学术论坛，2013，36（02）：221-225，229.

⓫ 张伟贤．高职院校“订单式”人才培养模式的案例分析［J］．中国职业技术教育，2011（32）：8-10.

向，以能力培养为中心，以就业质量为目标”的人才培养规律，形成了“订单+联合”人才培养模式，即学校根据企业用人标准和岗位要求，与企业共同确立人才培养目标、制定人才培养方案、签订人才就业订单，并在师资、技术、设备、场地等办学条件方面密切合作，通过学校、企业两个教学地点实施教学计划，学生毕业后直接到企业就业的一种人才定向培养的教育模式。[1][2] 柏叶等（2009）以永州职业技术学院为例，探索了农林高职院校“订单式”人才培养模式，其实践主要包括：校企共签用人及人才培养协议、校企共订专业培养计划、校企共享教育资源、校企共选订单学生、校企共管教学过程和校企文化共融教育教学全过程。[3]

第五，“创新创业”人才培养模式。构建创新创业人才培养新模式，有利于提升高职院校的核心竞争力，促进经济的协调发展和社会的人才结构优化，必须深度挖掘校企联合，构建新型的培养模式，进行创新创业教育的深入改革，培养学生的创新意识，改革传统教学模式，大力推广仿真模拟教学模式（陈怡，2015）[4]。许馨苓和潘建林（2019）以义乌工商职业技术学院为例，提出了高职院校“专业+创业”人才培养模式，即将专业教育与创业教育进行有机融合，其核心是转变培养观念与教学体系，凸显创业教育协同发展的生态需求，从而提升专业教育内涵，增强创业教育竞争力。[5] 宣翠仙等（2019）也指出，专业教育与创新创业教育深度融合是高职教育服务国家创新发展的迫切需要，是高职院校内涵发展的必然要求，是提高毕业生就业创业质量的重要保障，并提出了以“学”启维度、以“研”掘深度、以“创”立高度、以“用”拓宽度的基于专创融合的“学研创用”一体化人才培养模式。该模式包括产业创新创业需求与培养目标融合、创新创业项目与课程体系融合、创新创业实践平台与实验实训平台融合、竞赛标准与评价标准融合的“四融合”人才培养框架，和“三阶段四层次多孵化器”的实践训练体系。[6] 何晓敏（2019）从性别角度出发，对高职院校女大学生创新创业人才培养模式进行了探索，研究发现，高职院校女生对创业教育的政策、环境、平台、制度保障等方面有着极大的需求，但对现况的满意度较

---

[1] 荀慧霞．“订单式”人才培养模式的深层思考［J］．太原城市职业技术学院学报，2010（1）：144-145.

[2] 刘鹅根，陈侃贞．高职院校“订单+联合”人才培养模式的探索［J］．职业技术教育，2011，32（14）:51-54.

[3] 柏叶，唐小芬，黄营满．农林高职院校“订单式”人才培养模式的实践与研究——以永州职业技术学院为例［J］．职教论坛，2009（05）：8-9.

[4] 陈怡．高职院校创新创业人才培养模式研究［J］．教育与职业，2015（03）：34-35.

[5] 许馨苓，潘建林．高职院校“专业+创业”人才培养模式实践探索——以义乌工商职业技术学院为例［J］．职教论坛，2019（06）：104-107.

[6] 宣翠仙，陈海荣，王成福，张雁平．专创融合视角下高职院校“学研创用”人才培养模式探索［J］．黑龙江高教研究，2019（06）：80-83.

低。其原因在于教育目标不细化、资源配置不匹配、课程体系缺乏针对性、创业平台较少等方面，因此需要建立创业教育课程体系、完善创业教育政策和制度的配套、加强创业教育实践平台孵化、帮助女大学生养成积极的有利于创新能力发展的人格品质、营造有利于创新能力培养的文化氛围，从而为高职院校女大学生创新创业人才培养提供一些思路。❶ 许远（2019）指出，高职院校现有创新创业教育模式缺乏自身特色，形式化、表层化现象严重，有待进一步发展完善。高职院校创新创业教育应本着创新带动创业、创业带动就业、双创带动人才培养质量提升的理念，将“具有开创性的技术技能人才”作为培养目标，坚持创新创业与就业结合、与专业结合、与企业结合、与实践结合，打造教育、培育、指导、服务“四位一体”的创新创业服务体系，构建与人才培养质量相适应的课程体系、实践教学体系、教学方法体系、评价指标体系，加强文化氛围建设和培养制度创新，建设全面的创新创业教育外部支持体系。❷ 曾锦（2018）对“中国制造2025”背景下高职院校创新创业型人才培养模式改革进行了研究，他们指出，创新创业型人才必须具备四种能力：扎实的理论知识、全面的实践能力、与时俱进的创新思维和过硬的心理素质。❸ 林琳（2018）对基于区域经济对接的高职创新创业人才培养模式进行了研究，并指出，该模式不仅是新常态时代的要求，更是高职院校自身发展与区域经济转型的内在需求。❹ 陈玲（2018）探讨了农林院校创新创业人才培养模式，农林院校培养创新创业人才需要坚持“理论性与实践性相结合、思想性与科学性相结合、创新型与开放性相结合”的原则。❺

有学者从高等职业教育专业设置和学科角度出发，对高职院校的人才培养模式进行了研究。朱军和张文忠（2020）对高职院校数字出版专业人才培养模式进行了探究，他们指出，数字出版是一门近十年才发展起来的新兴专业，尚未形成适应当前和未来专业发展的成熟人才培养方案，在课程体系建设、教学内容和实践创新教育等具体细节上缺乏统一标准，其教学设计、培养体系中仍有许多尚待完善之处。目前，高职院校数字出版专业人才培养亟须解决“体现人人成才的正确人才观，明确能力与素质并重的数字出版人才培养目标，树立‘四维度检验’评价为主要标志的教育质量观，突出高职院校专业教学特点，基于‘五个对接’

---

❶ 何晓敏．高职院校女大学生创新创业人才培养模式探索［J］．湖南社会学，2019（02）：166-172.

❷ 许远．高职院校创新创业教育人才培养模式研究［J］．职业技术教育，2019，40（02）：61-66.

❸ 曾锦．“中国制造2025”背景下高职院校创新创业型人才培养模式改革［J］．教育与职业，2018（18）：53-56.

❹ 林琳．基于区域经济对接的高职创新创业人才培养模式研究［J］．职教论坛，2018（07）：138-144.

❺ 陈玲．农林院校创新创业人才培养模式的探讨［J］．安徽农业科学，2008（26）：11556-11558，11562.

构建以职业能力培养为主线的课程体系，强化专业基础课程的有效设置和技术课程的及时更新，完善‘三位一体’教学模式，提升产教融合深度，注重培养学生在职场环境下运用知识分析问题和解决问题的能力，增强师资队伍，规范教学设施、教学资源等教学基本条件，落实教育质量保障”九个重点问题。同时指出，当下高职院校数字出版专业人才培养的难点在于人才培养定位上学生知识结构未及时跟上行业发展需求，人才培养模式上产教融合深度不足，人才培养质量标准受师资结构和教学技能两级化制约，专业课程设置结构不合理4个方面。❶尹玉杰和刘允涛（2019）对高职院校计算机应用专业“分方向三段式学徒制”人才培养模式进行了探索，即三年制高职学生分三个阶段进行培养：第一阶段，以学校为主、企业为辅进行培养，学生不分职业方向，主要完成公共基础课、专业基础课和基本职业素养的学习；第二阶段，由学校和合作企业组建若干学徒专班，把学生根据兴趣、爱好和特长分不同职业方向，进入相应的专班进行学习，以企业为主、学校为辅进行培养；第三阶段，学生以准员工身份到学校的合作企业预就业，由企业师傅指导，顶岗实习半年到一年，实现由学生向社会人的转变。以此模式来破解高职院校计算机应用专业学生的专业培养和就业难题。肖绪信（2018）对旅游供给侧改革背景下高职旅游人才培养模式进行了研究，他指出，高职旅游人才培养模式创新是旅游供给侧改革的需要，是高职院校自身发展的主观需求。❷杨如安和潘中多（2019）对民族地区医药类高职院校“HPPC”人才培养模式进行了研究，这种模式是在新时代产教融合背景下，新疆医专对接地方产业发展调整专业结构，广泛吸纳新疆地区的产业机构、行业部门全方位参与学校管理和实验实训平台建设，按照高水平应用型人才培养目标的要求，在完善人才培养方案的基础上，积极探索建立的长效机制，实现了学校、医药企业、种植基地、临床医院四方面的对接与融通。❸浦毅（2019）指出，以智能工业的发展需求和学生的需求为导向，以智能制造专业所需的人才素质、技术或技能为目标，推进复合型人才培养，促进学生可持续发展，已成为智能工业时代高职院校机械制造与自动化专业人才培养的主流。智能工业所需的复合型人才不仅要具备“多接口”、一专多能的特征，还要有创新能力、绿色能力等可持续发展能力。并提出了“三段渐进式”的复合型人才培养模式——以专业与产业、职业岗位结合为导向，确定培养目标，以岗位职业能力为导向，重构专业课程体系；以工作任务为导向，开展“做学教合一”教学活动。❹张怡（2017）对高职院校

❶ 朱军，张文忠．高职院校数字出版专业人才培养模式探究［J］．编辑学刊，2020（01）：25-30.

❷ 肖绪信．旅游供给侧改革背景下高职旅游人才培养模式创新［J］．教育与职业，2018（24）：84-90.

❸ 杨如安，潘中多．民族地区医药类高职院校“HPPC”人才培养模式研究——以新疆维吾尔医学专科学校为例［J］．中国职业技术教育，2019（08）：64-68.

❹ 浦毅．高职院校智能制造复合型人才培养模式研究［J］．教育与职业，2019（16）：48-52.

英语专业人才培养模式变革与创新进行了研究。[1] 何光明（2011）对高职院校经济类专业人才培养模式进行了创新，试图从厚基础、宽口径、复合型路径，校企合作、教学工厂路径，素质拓展路径，国际视野路径，师生动手能力培养路径等方面进行突破，以培养出社会所需的经济类专业人才。[2] 郭云瑶[3]、郭海滔[4]对高职院校技能型人才培养模式进行了研究。

还有学者从不同视角出发，对高职院校人才培养模式进行了研究。闫娟（2019）对高本衔接视角下的高职院校校企协同育人模式进行了探索，她指出，高职院校和应用型本科院校实施协同育人有助于高职院校培养具有创新能力且具备良好职业素养的优秀专业人才。以高等职业教育中三二分段高本衔接视域下高职院校实施校企协同育人模式改革为出发点，以广州铁路职业技术学院为例，对校企协同育人模式在高本衔接实施过程中的重要作用进行了详细的分析，以期通过协同育人形成高本衔接一体化的新型高职院校人才培养模式。[5]张文（2018）对基于"互联网+"的高职院校人才培养模式创新进行了研究，认为高职院校必须革新人才培养理念，树立"互联网+"思维，创新教学模式，构建新型师生关系；推进现代化课程建设，构建动态化的课程体系，创新教育评价模式，构建多维评价体系。[6]韩春燕（2015）对利益相关者视角下高职院校政校企协同人才培养机制进行了研究。认为高职院校应遵循利益共享、责任共担、优势互补的原则，建立政校企协同人才培养的外部保障机制，健全政校企协同人才培养的内部管理机制，为提升高职人才培养质量和创新高职人才培养模式进行有益的探索。[7] 2010 年之前，部分学者（杨林生，王伟麟，2007[8]；陈跃，佘高波，2008[9]，等）对民营企业视角下的高职院校人才培养定位进行了研究。

3. 关于高职院校人才培养模式的问题与对策研究

为促进我国高职院校人才培养模式改革创新，提高高职院校专业人才培养水

---

[1] 张怡．高职院校英语专业人才培养模式变革与创新［J］．教育与职业，2017（13）：109-112.

[2] 何光明．高职院校经济类专业人才培养模式的创新［J］．教育与职业，2011（35）：121-122.

[3] 郭云瑶．基于"工作室"的高职院校技能型人才培养模式研究［D］．杭州：浙江师范大学，2019.

[4] 郭海滔．"一带一路"倡议背景下内蒙古地区高职院校技能人才培养模式改革研究［D］．南昌：江西科技师范大学，2018.

[5] 闫娟．高本衔接视角下高职院校校企协同育人模式探索——以广州铁路职业技术学院为例［J］．职教论坛，2019（12）：115-119.

[6] 张文．基于"互联网+"的高职院校人才培养模式创新［J］．教育探索，2016（12）：34-39.

[7] 韩春燕．利益相关者视角下高职院校政校企协同人才培养机制研究［J］．教育与职业，2015（19）：10-12.

[8] 杨林生，王伟麟．民企视角下的高职院校应用型人才培养定位［J］．教育与职业，2007（21）：28-30.

[9] 陈跃，佘高波．民营企业视角下湖南高职院校人才培养定位研究［J］．职业技术教育，2008，29（25）：26-28.

平，众多学者对我国高职院校人才培养模式中所存在的问题进行了分析研究，并提出了相应的改进策略。《高职校企协同人才培养模式的研究与实践》一书对高职院校培养人才中所存在的问题与不足之处进行了深入分析与研究。

从高职院校人才培养模式的构成要素出发，我国高职院校人才培养模式中主要存在以下问题（王冰清，2014[1]；孙婕，2019[2]）：第一，培养目标定位模糊，对产业、就业、经济结构以及自身条件考虑不足，无法明确认识自身发展条件与人才需求标准；第二，专业设置与人才需求结构不符，过于迎合大众，缺乏特色，创新力度有待加强；第三，课程设置偏离“五个统一”；第四，教材选用和设计不合理；第五，德育教学缺失，理论教学与实践教学关系失衡；第六，师资队伍准入体制不完备，师资队伍培训体系不健全，师资队伍整体数量、素质及结构不足以满足高职教育的需求；第七，在人才培养工作的评估过程中，企业和行业参与度不高，评估指标体系刚性化，评估方案落实过程中对学生品德、知识和技能的评估不足，评估过程缺乏时效性和长期性。针对以上问题，学者们（王冰清，2014[3]；孙婕，2019[4]）提出了相应的解决策略：第一，明确我国高职院校在整个人才培养模式中的地位和作用；第二，通过分析产业结构、就业结构、经济结构和自身条件，编写使命陈述，准确定位培养目标；第三，实现与政府、企业和行业的对接，共设专业，专业要体现人文性、技能性、超前性和独特性；第四，课程设置要实现“五个统一”；第五，完善教材选用制度和教材设计，优化教材编写团队；第六，重视德育教学工作，合理安排理论教学与实践教学；第七，师资队伍准入制度具体化、规范化，构建从入职前到入职后的培训体系，与企业、行业联合培养师资队伍；第八，高职院校积极配合企业和行业参与人才评估，评估指标体系柔性化、评估方案落实过程中加强对学生品德、知识、技能的评估。

刘松林（2009）基于对第一批国家示范性高职院校建设方案的分析发现，我国高职人才培养模式中存在人才培养模式过多、培养模式表述不清、培养模式结构紊乱、培养模式内容的浅表化、培养模式的关键要素缺损等表象问题，使许多方案中的模式与高职理论或实践中的人才培养模式并不相符，以及认知上存在偏差、构建上存在缺陷等深层问题。基于此，他对高职人才培养模式建设提出以下建议：更新教育理念；完善构成要素。优化结构，发挥整体功能，准确命名培养模式；实现多样化，树立品牌意识。[5] 陈冬梅（2015）指出，高职院校人才培养存在人才培养模式改革不彻底、课程教学方法不明确和职业道德教育不重视的问

---

[1][3] 王冰清．我国高职院校人才培养模式研究［D］．天津：天津大学，2014.

[2][4] 孙婕．高职院校专业人才培养模式——评《高职校企协同人才培养模式的研究与实践》［J］．中国高校科技，2019（12）：102.

[5] 刘松林．高职人才培养模式研究——基于第一批国家示范性高职院校建设方案的分析［J］．教育发展研究，2009，29（01）：72-75，83.

题，并提出通过构建现代学徒制人才培养模式来解决这些问题。❶

还有不少学者对高职院校具体的人才培养模式中存在的问题与对策进行了研究。例如：陈慧（2019）指出，校企合作视角下我国高职院校高技能人才培养模式存在以下问题：校企双方缺少完善的合作机制和有效的沟通体系，尚未形成深度合作和双赢局面等问题，并提出要创新校企合作的高技能人才培养模式，构建科学的产学研机制、双赢的利益驱动机制、完善的保障机制和共享机制等对策建议。❷ 孙岩（2013）的研究发现，高职院校工学结合的教育模式目前面临课程体系难以体现职业岗位的要求，企业参与性不高、师资队伍实践能力欠缺、保障条件不足等现实问题，需要深化教学改革、强化校企合作、加强“双师型”师资队伍建设和保障条件建设。❸ 冯占红（2012）指出，当前，建设类高职院校工学结合人才培养模式不能突显专业特色，课程体系构建学科化，岗位职业能力不突出，且普遍存在“结而不合”的现象，因此应构建符合专业特色的工学结合人才培养模式，课程体系要体现“职业岗位能力本位化”，教学过程要“项目化或产品化”，考核方式要多样化，企业锻炼要关联化，充分发挥工学结合人才培养模式在高素质、高技能专门应用型人才培养中的重要作用。❹ 顾文明（2008）❺、郭娟（2014）❻ 和王莹等（2014）❼ 的研究发现，高职院校“订单式”人才培养模式中存在校企合作层次较浅，在培养目标与课程设计要求上有距离、“双师型”师资质低量少、校企合作“订单式”培养机制的不健全、企业参与校企合作“订单式”人才培养积极性不高等问题。基于此提出了相应的对策，建立“订单式”人才培养长效机制；构建校企合作“订单式”人才培养质量评价体系；建立结构合理的高素质师资队伍，加强校企合作“订单式”人才培养模式的内涵建设。张晓晖（2018）的研究发现，我国财经类高职院校现代学徒制人才培养模式存在企业方热情不高，参与力度不够，缺乏行业标准，交易成本较高；“双导师”队伍薄弱，协同育人机制不易建立等问题。为解决这些问题，需要加大政策支持与保障，提高企业参与积极性，加快行业协会发展，强化行业协

---

❶ 陈冬梅．高职院校现代学徒制人才培养模式研究［J］．教育理论与实践，2015，35（30）：31-32.

❷ 陈慧，韩忠培，陈瑶．论基于校企合作视角的高职院校高技能人才培养模式［J］．教育与职业，2019（16）：44-47.

❸ 孙岩．高职院校工学结合培养模式存在的问题及破解思路［J］．现代教育管理，2013（05）：69-72.

❹ 冯占红．建设类高职院校工学结合人才培养模式的思考［J］．教育理论与实践，2012，32（27）：29-31.

❺ 顾文明．高职院校“订单式”人才培养在实践中存在的问题及对策［J］．中州学刊，2008（05）：143-144.

❻ 郭娟．高职院校订单培养模式的现状问题及对策［J］．中国职业技术教育，2014（33）：81-83.

❼ 王莹，王华，贾纪萍，丁宁．高职院校校企合作“订单式”人才培养模式存在的问题及其对策分析［J］．黑龙江畜牧兽医，2014（02）：114-116.

会育人功能，多方协同、多措并举，加强“双导师”队伍建设。❶

4. 关于高职院校集团化办学的研究

进入21世纪，集团化办学成为高职院校深化校企合作，加强产教融合，促进资源整合，提高人才培养水平的重要途径，也是当前高职院校人才培养模式改革的重要方向和趋势。我国职业教育集团化办学起步虽晚，但发展却很快，国内多所高职院校都积极进行了集团化办学的实验，取得了很多宝贵经验，但也存在不少问题，亟须解决。在这一背景下，国内不少学者对高职院校集团化办学模式进行了研究。

田佳琦（2018）指出，高等职业教育集团化办学也呈现出多种办学形式。根据不同的主导实体，可将高等职业教育集团化办学分为：政府主导、院校主导、企业或行业主导、中介主导等多个办学模式。根据合作形式，可将高等职业教育集团化办学分为显性模式和隐性模式。前者是在建立的实体职教集团内部采用的校企合作办学模式。后者是指办学中借鉴现代企业经营与管理理念，将各办学参与者以资金、技术等要素联合起来的办学形式。❷ 丁继安和吴建设（2008）也指出，职教集团的联盟形式多种多样，主体结合的紧密程度也有所不同。职教集团通过多种结合方式增强实力，产生服务效应，主要包括联盟效应和集约效应。他们还认为，解决制约职教集团产生办学效应的实际问题，需要借鉴国际经验，比较职教集团与企业集团的联系和区别，结合我国实际，突出职教集团的社会性和教育性，寻求主体之间更为系统和有效的结合策略，具体来说就是创新政府主导的产学教育框架和机制，建设职教集团的合作载体，建构产学结合的育人价值观。❸ 刘向红和段峻（2012）对高职教育集团化办学改革进行了探索，他们指出，高职教育集团化办学改革内容和目标包括深入研究集团化办学定义及内涵、探索高职教育集团化办学新模式、确立高职教育集团化办学的合法性和规范性、探索高职教育集团化办学管理体制、探索高职教育集团化办学运行机制、高职教育集团化办学评价体系。为此，要为高职教育集团化办学提供政策保障、经费保障、机构保障、人员保障等保障条件。❹

张爽（2014）指出，高职教育集团化办学是一种新型的高职教育办学模式，

---

❶ 张晓晖．财经类高职院校现代学徒制人才培养模式问题研究［J］．职业技术教育，2018，39（32）：6-10.

❷ 田佳琦．企业主导型的高等职业教育集团化办学模式研究［D］．哈尔滨：哈尔滨理工大学，2018.

❸ 丁继安，吴建设．试析基于职教集团的高职院校办学模式［J］．高等教育研究，2008（09）：71-74.

❹ 刘向红，段峻．高职教育集团化办学改革的研究与探索［J］．中国大学教学，2012（05）：71-73.

经过多年的探索与发展，成为我国高职教育改革的一项重要内容。特别是处在社会转型的关键时期，更是高职教育发展的一个契机。但是，目前我国高职教育集团化办学的实践中存在着很多问题。通过完善相关立法、加强政府的引导扶持、建立健全办学体制机制、协调集团成员关系、注重品牌建设等措施能够解决当前办学存在的问题，提升高职教育集团化办学水平，推动地方经济的发展。❶ 梁幸平（2011）认为，发挥职教集团在高职院校办学中的作用，应建立相应的高职院校集团化办学制度，深化集团化办学体制与机制建设，加强内部管理改革，建立集团化办学的保障机制。构建政府主导、行业指导、企业和职业院校共同参与高职人才培养的体制与机制，推进高职教育由校企合作的初级形态向其高级形态发展，从而很好地实现教育资源重组，在集团内部构建生源链、产业链、师资链、实训链、信息链、成果转化链、技术服务链、就业链等有效载体，有序组织社会资源与职教资源的有机结合，使校企从一对一的合作到集群式合作，提高高职院校的办学效率，形成“共建、共享、共赢、共长”的长效机制。❷ 雷芸（2014）的研究发现，中高职院校在推进集团化办学模式建构过程中面临着理念困境、组织建构困境、资源整合困境及教学实践困境。基于对这些困境的深入剖析，他提出从理念创新、组织治理制度优化、教育资源整合及教学实践路径创新等角度对中高职教育的集团化办学模式进行完善，即践行顶层设计理念，秉持以企业意志为核心的办学理念。以优化职教集团的所有权配置方案为切入口来完善职教集团治理结构，以优化职教集团的组织结构为平台来提升中高职教育实效。基于各职业院校的优势专业来建设特色化专业，与行业企业联合建立行业教育联盟。以职教集团为平台来着力推进中高职教育衔接模式创新，探索开放式职业教育模式，促进职业教育活动的价值增值。❸

还有学者从职教集团的运行机制出发，对高职院校的集团化办学模式进行了研究。例如：崔炳辉（2019）的研究表明，江苏省高职教育集团化办学起步早、规模大、数量多、效益好，在运行机制方面，办学主导以院校为主，办学形式以契约为主，办学内容以育人为主，办学机构以兼职为主。在实际运行中仍存在政府的法律制度没有充分保障，企业的主体地位没有充分发挥，院校的主导作用没有充分体现，内部治理的运行效能没有充分提升等问题。为此提出政府要加快立法、健全制度，企业要创新模式、强化责任，院校要提升内涵、增强实力，内部治理要利益共享、优化管理，才能有效解决问题，推进集团化办学全面、内涵、

---

❶ 张爽．高职教育集团化办学的现状、存在问题及对策研究//辽宁省高等教育学会．辽宁省高等教育学会 2014 年学术年会优秀论文二等奖摘要集［C］：86.

❷ 梁幸平．建立高职院校集团化办学体制机制的思考［J］．职教论坛，2011（04）：25-27.

❸ 雷芸．中高职教育集团化办学模式问题与对策［J］．教育与职业，2014（33）：18-20.

持续、科学发展等对策。[1]梁俊（2017）[2] 和赵忠见（2018）[3] 对高职教育集团化办学的治理机制进行了研究与分析。梁俊认为，优化职教集团的治理机制是提升高职办学水平的有效手段，并提出通过明晰高职教育集团治理目标，优化其治理结构和提升其治理效能来优化高职教育集团化办学的治理机制。具体来说就是调和高职教育集团内外部利益攸关者之间关系和促进产教融合为目标来明晰集团治理目标。优化高职教育集团的紧密层治理体制，松散层治理体制和外部治理体制，建构"均衡利益"导向的高职教育集团治理模式。而赵忠见则在正确认识职业教育集团化办学内涵及治理机制要义的基础上，从宏观、中观、微观三个方面提出了完善职业教育集团化办学治理机制的路径：宏观层面，完善职业教育集团化办学的法律、政策体系；中观层面，完善职业教育集团成员的利益协调机制；微观层面，完善职业教育集团内部的运行机制。蔡晨晨和蒋承杰（2017）研究了信息化背景下高职院校集团化办学的管理机制。研究发现，当前我国高职院校集团化办学管理机制存在管理体系缺乏系统性、管理平台缺乏科学性、管理制度缺乏保障性、管理人员缺乏专业性等问题。针对这些问题，并根据实际发展方向，他们提出要完善信息化管理机制，其具体实施路径为：依托职教集团架构，构建信息化管理框架体系；搭建管理服务平台，建立集团信息联通机制，推进管理制度建设，加强各级规章执行力度，强化管理队伍建设，提升人员信息化管理水平。[4]

随着我国职教集团化办学水平的提高，我国高职院校集团化办学进入了新的阶段，追求更高的目标。沈建锋和武群堂（2019）就探索了"双高计划"背景下高水平职业院校集团化办学的理念与路径。他们指出，"双高计划"下的集团化办学体现"三高"内在特点：高开放性、高协同性、高质量性，彰显校政行企深度合作要求；追求社会与经济效益并举。高水平职业院校集团化办学仍面临缺乏法律法规支撑、存在理念困境、面临资源整合障碍、存在管理创新难题等严峻的现实挑战。结合高水平职业院校集团化办学的主要思路，他们提出了高水平职业院校集团化办学的实践路径：全面发挥政府主导职能，强化集团化办学法律保障；提升职教集团办学理念，深化集团化办学内涵建设，破除资源整合利益壁垒，增强集团化办学驱动合力，创新职教集团运行管理，提升集团化办学治理水平。[5]

---

[1] 崔炳辉．职业教育集团化办学运行机制研究：现状、问题与对策——以江苏省高职教育集团化办学为例［J］．职教论坛，2019（07）：142-147.

[2] 梁俊．高职教育集团化办学的治理机制研析［J］．职教论坛，2017（20）：82-86.

[3] 赵忠见．职业教育集团化办学治理机制的现实逻辑及完善路径［J］．教育与职业，2018（08）：26-31.

[4] 蔡晨晨，蒋承杰．信息化背景下高职院校集团化办学管理机制研究［J］．中国职业技术教育，2017（10）：52-54，58.

[5] 沈建锋，武群堂．高水平职业院校集团化办学：理念与路径［J］．职业技术教育，2019，40（30）：48-51.

5. 关于高职院校人才培养模式的国际经验研究

发达国家职业教育起步较早，高等职业教育发展也相对成熟，在专业人才培养方面具有很多成功经验，因此，国内不少学者热衷于研究发达国家高职院校的人才培养模式，以期借鉴宝贵经验，促进我国高等职业教育的发展，进而提升高职院校人才培养水平。李立新（2006）指出，发达国家高等职业教育各具特色的人才培养模式虽各有优劣，但都具有一些共同特点。借鉴发达国家高等职业教育人才培养模式的成功经验，对发展我国高等职业教育有重要意义和启示作用。[1] 王冰清（2014）也指出，国外发达国家教育人才培养的理论相对完备，故需要借鉴国外先进的教育人才培养模式经验，结合我国产业结构、就业结构和经济结构，运用系统理论，对政府、行业、企业、高职院校功能和作用进行深入研究后，提出高职院校的人才培养模式。[2]

石伟平的《职业技术教育比较研究》以及《STC-美国职业技术教育 21 世纪走向》等著作就介绍了国外先进的人才培养模式。国外职业教育比较典型的人才培养模式有：德国的双元制模式，加拿大、美国的 CBE（Competency-Based Education）模式，英国的 BTEC（The Business and Technology Education Council）模式，澳大利亚的 TAFE（Technical and Further Education）和国际劳工组织的 MES（MODULES of Employable Skills）模式。这些模式虽然形成背景不同，也各有优劣，但都有一些共同的特点。例如：就业导向与人本导向兼顾，人才培养体系完善，办学主体多元，学生实习实训机会多，教育工作者的准入制度完备，工作者素质高，人才培养体系完善，衔接较好，财政保障力度强调筹资渠道多样化，人才培养和产业结构、经济结构紧密结合，政府统筹与社会支持功能健全。（王冰清，2014）[3] 人才培养目标明确，即培养技术型人才，以职业岗位能力要求为目标组织教学，形成了以“职业能力为基础”的教学指导思想，培养途径为校企合作共同培养人才，职业能力标准由具有实际工作经验的专家制定，并以此为依据进行课程开发，注重实践。（李立新，2006）[4]

李立新（2006）通过对发达国家高职人才培养模式的比较研究，得到了以下成功经验：人才培养目标的准确定位是高职教育健康发展的前提、产学研结合是高等职业教育人才培养的有效途径、国家职业资格认证制度的建立与完善是高职教育发展的必然趋势。[5] 袁靖宇（2015）通过对中德职业教育模式的比较发现，中德职业教育发展差异来源于文化传统、经济发展阶段、劳动力市场和产教融合模式不同。中国高职院校要借鉴德国经验，适应现阶段国情要求，促进骨干职教

---

[1][4][5] 李立新．发达国家高职人才培养模式的比较研究及启示［J］．职业教育研究，2006（03）：11-13.

[2][3] 王冰清．我国高职院校人才培养模式研究［D］．天津：天津大学，2014：46.

集团完善本行业职业标准，围绕岗位胜任和岗位迁移能力提升，突出通用技能培养，定位应用性人才培养，提高学生的自学习能力。❶ 李卓梅和王学军（2012）通过对新加坡南洋理工学院“能力开发”系统的内涵、特点及其运行管理模式的分析与探讨，提出了对我国高职院校人才培养模式改革的启示：一是要创新“工学结合”人才培养模式的新机制，二是要建立教学运行新平台，三是要出台师资发展新举措，从而促进高职院校的“工学结合”教学模式和科技研发一体化改革，以培养教职员能力、学生能力以及学校能力（即竞争力），实现通过以技术研发为核心的创新力带动高职院校的可持续发展。❷ 程晓红（2013）指出，国外职业院校创新人才培养的有益经验对我国高职院校创新人才培养具有以下启示：培养目标以职业能力为本位、注重实践能力的培养、重视师资队伍建设、注重校内外教育资源的整合。❸ 宋红霞（2013）指出，国外经验给高职院校复合型高技能创业人才培养模式以下借鉴与启发：采用产学结合的模式，重视理论教学与实践操作的结合，设计科学合理的教学体系，优化师资结构，加强师资队伍建设，争取政府支持，投入更多教育经费，实施科学、严格的学业考评。❹

众多学者还通过对国外职业教育集团化办学模式的研究，得出了对我国高职院校集团化办学的经验与启示。张宪立（2013）通过对中外职教集团化办学模式的总结，得出以下启示：树立和落实现代职教集团化办学理念，增加和完善职教集团化办学资金保障制度，实现中国职教集团化办学的企业化管理。❺ 张美（2014）通过纵览美、德、澳这些国家职业教育集团化的办学模式，总结出以下经验：政府在职业教育集团化办学的过程中起到统筹管理和调控的关键作用，企业和行业的参与是实现职业教育集团化办学的重要条件，完善的职业教育集团化办学管理体系，职业教育集团化办学模式的多元化。❻ 刘海霞和张继河（2017）借鉴了德国、荷兰及澳大利亚三国的职业教育集团化办学典型模式，提出四点经验借鉴：社会各界的清晰认识是职业教育集团化办学发展的前提，内部完善的运行机制是职业教育集团化办学发展的内在动因，企业行业的积极参与是职业教育集团化办学发展的活力源泉，政府部门的大力推动是职业教育集团化办学发展的

---

❶ 袁靖宇．中德职业教育模式比较与借鉴［J］．江苏高教，2015（06）：144-147.

❷ 李卓梅，王学军．“能力开发”系统对高职院校人才培养模式改革的启示——以新加坡南洋理工学院为例［J］．中国高教研究，2012（10）：95-98.

❸ 程晓红．国外高职院校创新型人才培养模式的借鉴及启示［J］．办公室业务，2013（20）：52.

❹ 宋红霞．国外经验给高职院校复合型高技能创业人才培养模式研究带来的借鉴与启发［J］．时代金融，2013（33）：297.

❺ 张宪立，张宁宁，冷书君．中外职教集团化办学模式及启示［J］．现代教育管理，2013（06）：97-100.

❻ 张美．国外职业教育集团化办学基本模式及经验探析［J］．当代教育科学，2014（17）：39-41，64.

外部保障。[1] 鲁雁飞等（2013）通过对国内外高职教育集团化办学的比较研究提出，国外高职教育集团化办学对我国高职教育集团化办学具有以下启示：完善有关高职教育集团化办学方面的立法，并严格执法，优化高职教育集团化办学的运行机制，转变政府职能，增强办学开放力度。[2]

6. 其他研究

张秋霞和刘朋（2019）强调工匠精神在高职院校人才培养中明确高职院校人才培养方向、契合高职院校应用型人才培养目标、提高高职院校学生综合素质的作用。[3] 杨建新（2019）对高水平高职院校建设的人才培养模式改革的新特征进行了研究，他指出，高水平高职院校建设的人才培养模式改革必须贯彻“德、智、体、美、劳”全面发展理念，积极应对职业教育人才培养体系面临的新机遇新挑战，以职业技能养成为落脚点，以教育教学规律为基本遵循，以更高质量产教融合为突破口，以完善课程体系为关键点，以加强教学管理为基本保障，以教师队伍建设为基础工作，不断深化人才培养模式改革。[4] 舒乔生和谢立亚（2019）以重庆水利电力职业技术学院为例，提出了高职院校人才培养“三全”质量管理模式，即社会环（目标环）、校内环（标准环）、课堂环（实施环）“三环把控”实现全过程质量管理。专业学习课堂、社会实践课堂、宿舍文化课堂、素质拓展课堂“四堂联控”实现全方位质量管理，制度监控、督导监控、实时监控、常态监控和评价监控“五维监控”实现全员质量管理。[5]

三、研究述评与展望

通过文献阅读和梳理可以发现，德国、美国、日本、澳大利亚等发达国家由于工业化起步较早，职业教育的起步也相对较早，发展较为成熟，形成了各具特色的人才培养模式，最为典型的是德国的双元制模式，加拿大、美国的 CBE 模式，英国的 BTEC 模式，澳大利亚的 TAFE 模式和国际劳工组织的 MES 模式。这些人才培养模式虽然产生的政治经济文化背景不同，也都各有优劣，但也有一些

---

[1] 刘海霞，张继河．不同主导实体视角下国外职业教育集团化办学的典型模式及经验借鉴［J］．教育与职业，2017（01）：37-41.

[2] 鲁雁飞，张文，刘信波．国内外高职教育集团化办学的比较研究［J］．国家教育行政学院学报，2014（01）：14-18.

[3] 张秋霞，刘朋．基于工匠精神的高职院校应用型人才培养［J］．教育与职业，2019（22）：45-47.

[4] 杨建新．全面发展理念：高水平高职院校建设的人才培养模式新特征［J］．中国职业技术教育，2019（05）：11-14，19.

[5] 舒乔生，谢立亚．高职院校人才培养“三全”质量管理模式研究——以重庆水利电力职业技术学院为例［J］．中国职业技术教育，2019（14）：61-64，76.

共同特征，例如：兼顾理论知识学习和实践能力提升，注意整合多方资源，以就业为导向等，为我国高职院校的人才培养提供了很多宝贵经验。我国高等职业教育起步较晚，但发展很快。发展初期以借鉴国外发达国家的人才培养模式为主，21 世纪以来，由于社会经济发展和人才质量提升的需要，结合我国产业发展实际，我国高职院校形成了多种具有中国特色的人才培养模式，较为典型的是“工学结合”人才培养模式、“订单式”人才培养模式、“现代学徒制”人才培养模式等，各种模式之间也不是相互独立的关系，存在一定的共性，这些共性反映了未来的发展趋势。尤其是校企合作贯穿其中，并逐步向深层次发展，集团化办学是其高级形态，已经成为我国高职院校人才培养模式改革的方向，和提高我国高职院校人才培养水平的重要途径。

国内外关于高职院校人才培养模式的研究紧随高职教育的发展进程。国外学者的研究主要聚焦于高职教育的地位和作用、人才培养模式的类型及其基本特征，以及高职教育质量评估研究三大方面。但由于国外职业教育层级划分不同，近年来才开始强调高职教育在高等教育体系中的重要地位，及其在劳动力市场中的重要作用，而对其在促进劳动者个人全面可持续发展中的重要作用的论述相对较少，后续有待加强。与高职教育发展的特点相同，国内学者起初热衷于对国外职业院校人才培养模式的研究，以期获得国际经验与启示。进入 21 世纪，我国高等职业教育人才培养模式改革研究倍受重视，相关研究大量涌出，主要聚焦于高职院校人才培养模式的构成要素研究、类型研究、问题与对策研究、集团化办学研究、国际经验研究等几个方面。关于具体的人才培养模式的研究尤其较多，这部分研究大多基于实践模式展开，以个案研究为主。总体来看，相关研究偏向总结性，理论研究相对较少，且不够深入。人才培养模式总结较为混乱，命名较为随意，与相关理论并不相符，例如：很多学者将“办学模式”和“人才培养模式”混为一谈。关于高职院校集团化办学的研究缺乏理论性、系统性和前瞻性，需要进一步加强。在此需要明确的是，在职教集团背景下，有多种高职院校人才培养模式，需要不断改革和创新，以充分发挥集团在促进资源整合、深化校企合作等方面的作用，而并非只是对集团化办学模式的研究。

基于高职院校人才培养的实践与研究现状，在未来一段时间内，研究者们将会在以下几个方面加大研究力度。第一，从人才培养模式的构成要素出发，加强对高职院校人才培养理论的研究，构建中国特色的高职院校人才培养理论，为高职院校人才培养实践提供超前的理论指导。第二，从实践出发，概括具有特色的高职院校人才培养模式，并将其上升到理论高度，构建其理论框架，明确其基本内涵和运作模式，为国内外高职院校的人才培养模式改革提供经验与借鉴。第三，从职教集团背景出发，加强对高职院校人才培养模式的改革创新研究，同时加大对职教集团运行机制、治理机制和管理体制的研究力度，完善职教集团在提高高职院校人才培养水平中的重要作用。第四，加强对战略联盟理论、系统理论、利益相关者理论等的研究，将其深入贯穿到高职院校人才培养模式改革中，从而解决“理论生搬硬套”和“理论与实践相脱节”的问题，同时扩展这些理论的内涵与外延。

第二章　中华人民共和国成立后高等职业教育的发展历程

我国高等职业教育虽然萌芽于20世纪50年代，正式起步于20世纪80年代，但实际上，早在清朝末年就已经出现了培养高级技能型人才的教育形式——高等实业学堂教育。清末民初，西风东渐，大办实业学堂（清末民初各种农工商矿学校的总称），旨在培养农工商矿等各行业所需的技艺型专业技术人才，以促进实业经济的发展，从而服务于国家的“救亡图存”。实业学堂分为初等、中等和高等三个级别，分别培养不同层次的专业技术人才。其中，高等实业学堂旨在培养高级技艺型人才。后来，高等实业学堂改为专门学校，分类培养法政、医学、药学、农业、工业、商业、美术、音乐、商船、外国语等高级应用型专门人才，并将其归入高等教育之列，与大学平行，也分为预科、本科和研究科三个层次。不管是高等实业学堂，还是专门学校，都是实业教育性质，与职业教育在本质上还是有所区别，因此不能将其看作是真正意义上的高等职业院校，只能说是具有高等职业教育的影子，是高等职业教育的前奏。我国高等职业教育真正出现萌芽是在中华人民共和国成立初期，表现为高等专科教育，此后得以不断发展，并走向成熟，形成了具有中国特色的高等职业教育体系。

“高等职业院校”是具有中国特色的表述，是职业教育发展的产物，也是社会发展的产物，是培养高级技能型人才的主要场所和途径。本章对中华人民共和国成立后我国高等职业教育的发展历程进行了回顾与分析，以此来审视我国高职院校人才培养模式的历史沿革。中华人民共和国成立以来，我国高等职业教育主要经历了4个发展阶段：1949~1977年的萌芽阶段；1978~1998年的起步和地位确立阶段；1999~2004年的规模化扩张阶段；2005年以来的内涵式发展阶段。此外，本部分还对我国高等职业教育的集团化发展历程进行了简单论述。

第一节　高职教育的萌芽阶段

中华人民共和国成立之初，全国上下百废待兴，急需恢复国民经济。国民经济的恢复、社会主义改造和社会主义现代化的全面建设都需要大量技术人才，尤其是技术干部。在此背景下，中央政府非常重视发展职业技术教育。毛泽东同志在1951年召开的第一次全国中等技术教育会议上指出："培养技术人员是我们国家的根本之图"。❶ 周恩来同志在1952年发布的《关于整顿和发展中等技术教育的指示》中指出："我们的国家正在积极地准备进行大规模的经济建设。培养技术人才是国家经济建设的必要条件"。❷ 在中央政府的领导下，各地积极开办各类职业技术学校，职业教育得到快速发展，尤其是中等职业教育于1965年达到高峰，为建国初期国民经济的恢复和国家建设培养了各类技术人才。此外，高等专科教育也得到一定发展，主要包括专科学校和普通高等学校附设专修科两种形式，为社会主义现代化建设培养了一批高水平技术人才。其在办学形式和人才培养模式上是高等职业教育的初探❸，是我国高等职业教育的萌芽。

一、中等技术教育

要探索我国高等职业教育的发展历程，就离不开讨论中华人民共和国成立初期的中等技术教育，因为这一时期中等技术教育的蓬勃发展为20世纪80年代之后我国高等职业教育的兴起和发展奠定了厚实的基础，对我国高等职业教育的起步非常关键。

1951年6月21日，教育部召开了第一次全国中等技术教育会议。会议确定中等技术教育采取以调整、整顿为主，有条件发展的方针。规定中等技术学校的任务是：以理论与实际一致方法，培养大批具有一般文化科学基本知识，掌握现代技术，身体健康，全心全意为人民服务的初、中级技术人才。学制分初、中级两种，多办初级，发展方向则以中级为主。设校分科要逐步专门化、单一化，又要注意培养综合性人才。❹ 会议修正通过了《关于整顿与发展中等技术教育的指示》《中等技术学校暂行实施办法》《各级中等技术教育委员会暂行组织条例》《关于加强领导私立技术补习教育的指示》4项草案。

1951年10月1日，政务院发布《关于改革学制的决定》，对原有学制进行了改革，明确规定了各类技术学校在学制中的地位，在层级上属于中等专业教育。其任务为培养工业、农业、交通、运输等方面的中级和初级技术人才，按程度分为技术学校（相当于高级中学程度）和初级技术学校（相当于初级中学程度），分别招收初级中学毕业生或具有同等学力者和小学毕业生或具有同等学力者。修业年限均为两年至四年，入学年龄都不做统一规定。学校毕业生都应在生产部门服务，在服务满规定年限后，得经过考试，分别升入技术学校、高级中学

---

❶ 何东昌．中华人民共和国重要教育文献：1949~1975［G］．海口：海南出版社，1998：95.

❷ 中央教育科学研究所．周恩来教育文选［M］．北京：教育科学出版社，1984：66.

❸ 赵惠莉，薛茂云．新中国成立70年高等职业教育的崛起、创新与变革［J］．中国职业技术教育，2020（09）：24-31.

❹ 顾明远．教育大辞典［M］．上海：上海教育出版社，1998.

或各种高等学校。各类技术学校得附设短期技术训练班或技术补习班。10月7日，教育部颁发《关于工业、农业、财经性质中等技术学校教学计划的指示》，对全国中等技术学校学生人民助学金标准及实施办法做出规定。

1952年3月31日，政务院又发布了《关于整顿和发展中等技术教育的指示》，强调各级人民政府应领导各有关部门共同积极整顿与发展中等技术教育，以解决国家建设所迫切需要的中级和初级技术干部问题。对中等技术教育的办学方针、课程设置、教材开发、教学方法、师资经费等人才培养相关事宜做出了具体详细的规定。在办学模式上，强调由各级人民政府有关业务部门以及各主要工矿企业和农场，在各级人民政府教育部门的指导协助和统一计划下，来共同进行。在办学类型上，强调除整顿和发展正规的技术学校外，根据实际需要举办各种速成性质的技术训练班，或在各工矿企业农场中以及各技术学校中附设各种业余性质的技术补习班或训练班，使正规的、速成的、业余的各种技术学校或训练班得到适当的配合发展。在办学方针上，强调掌握革命建设初期的特点，采取革命的办法。在培养目标方面，强调培养适合各业务部门的需要的人才，因此要根据各业务部门的具体需要，明确规定其方针与任务。在课程设置方面，强调各类各级中等技术学校的课程应包括普通课、技术课及实验实习，给学生以专门的技术训练，政治教育和基本的文化与科学知识教育，以纠正与防止只学技术忽视政治、文化学习的偏向。在培养方式上，强调学校必须与有关的工厂、矿山、农场等建立密切联系，重视校内和校外的实验与实习，实验实习的时间应与技术课的讲授时数大体相等。在教材开发方面，强调教育部门应主要负责普通课教材的编审工作，各有关业务部门应主要负责技术课教材的编审工作。在师资方面，除了由师范学院培养的专门人员担任外，还鼓励各业务部门动员一定数量的工厂、矿山、农场等方面的技术人员到附近的中等技术学校教课，并规定对这类的兼职教员，均应按学校的规定给予报酬。❶

根据政务院《关于整顿和发展中等技术教育的指示》，教育部于1952年8月29日颁发《中等技术学校暂行实施办法》《各级中等技术教育委员会暂行组织条例》和《关于加强领导私立技术补习学校的指示》，对中等技术教育发展的相关内容做了更为具体详细的规定，使中等技术教育的发展有法可依、有章可循。其中，《中等技术学校暂行实施办法》被认为是新中国第一部职业技术教育法规，对中等技术学校的设置、领导、课程、学时、成绩考查、组织、编制、会议、教师与学生、经费、设备等都做了明确规定。例如，规定中等技术学校的培养目标为初级和中级技术人才，学校分工业、交通、农业、林业等大类，按程度分技术学校和初级技术学校两级，强调要有计划地特别吸收具有相当文化程度的工人、

---

❶ 政务院关于整顿和发展中等技术教育的指示［EB/OL］.（1952-03-31）［2020-04-02］. http://law. china-aseanlawinfo. org/chl/160198. html.

农民、革命工作干部及烈士、工人的子女入学，并予以各种入学便利。❶

1953 年之后，在学习苏联教育模式的背景下，我国对职业教育学制体系进行了调整，将职业教育主要定位为中等专业教育。政务院/国务院和教育部依次发布了《关于中等技术学校（中等专业学校）设置专业的原则的通知》（1953 年）、《关于中等专业学校毕业生分配工作的指示》（1953 年）、《关于加强高等学校与中等技术学校学生生产实习工作的决定》（1953 年）、《关于改进中等专业教育的决定》（1954 年）、《中等专业学校章程》（1954 年）、《中等专业学校学科委员会工作规程》（1955 年）、《技工学校标准章程草案》（1956 年）、《技工学校编制标准定额暂行规定（草案）》（1956 年）、《关于中国高等学校、中等专业学校和苏联高等学校、中等专业学校直接联系的暂行规定》（1956 年）等政策法律文件，对中等专业学校和技工学校的招生、专业设置、师资、实习、毕业生分配以及中等专业教育的发展等方面做了详细规定。中等专业学校、技工学校、半工半读学校和职业补习班等给中等专业教育得到蓬勃发展。为“一五计划”的顺利实施和社会主义改造的顺利完成培养了大批初级、中级技术人才和技术干部，推进了新民主主义向社会主义的顺利过渡。到“一五计划”末，各类中等专业学校在校生人数达到 67. 1 万，是 1952 年的 105. 6%。❷

1958 年以来，我国各类中等专业学校尤其是农业中学和职业中学的数量猛增，中等专业教育发展规模大幅扩大。例如：1960~1965 年，全国农业中学数量由 22597 所增长到 54332 所；1963~1965 年，职业中学由 546 所增长到 7294 所，在校生数从 6. 21 万人发展到 126. 05 万人。❸ 但由于带有“大跃进”的意味，中等专业教育违背了发展规律，办学质量较低。但总体看来，有很大发展。

总体看来，中华人民共和国成立初期，在党和政府的高度重视下，各地区、各部门开办了大批技术学校和职业培训班，中等职业技术教育得到了良好发展。尤其是 1953 年之后，我国职业教育学制进行了压缩，把职业教育主要定位于中等专业教育，与高等教育分离，职业技术学校主要分为中等专业学校和技工学校两种，专科学校被不断裁减和分化，中等职业教育得到迅速发展，为国民经济的恢复、社会主义的改造和建设培养了大量技术人才和劳动后备力量。1949 年，全国仅有中等职业学校 564 所，学生 77095 人。❹ 到 1965 年，全国各类中等职业学校（包括中专、技校、农业中学、半工半读学校）发展到 6 万多所，在校生达

---

❶ 顾明远 . 教育大辞典［M］. 上海：上海教育出版社，1998.

❷ 上海人民出版社编辑 . 论勤工俭学［M］. 上海：上海人民出版社，1958：46.

❸《中国教育年鉴》编辑部 . 中国教育年鉴（1949－1981）［M］. 北京：中国大百科全书出版社，1984：181－182.

❹ 杨金土 . 职业教育兴衰与新旧教育思想更替——百年职业教育回顾［J］. 教育发展研究，2004（02）：1－4.

到500多万人，其中高中阶段在校生中，职业学校学生占到53%，超过了普通高中生，❶ 中等职业教育达到高峰。

这一时期，中等专业技术教育的蓬勃发展为20世纪80年代之后高等职业教育的兴起和发展奠定了厚实的基础。高职教育的发展历史显示，近百所高职院校的建校基础均为1950~1960年由各行各业开办的中专学校。这些高职院校中有30所后来发展为国家高职示范（骨干）校，覆盖工业、铁道、交通、航空、煤炭、水利、经贸、冶金、电力、林业、出版、电子、建筑、石化、航运等诸多领域。❷ 为我国经济社会的发展培养了大量高水平的专业技术人才。

二、高等专科教育

这一时期的高等专科教育主要包括专科学校教育和普通高等院校附设专修科两种形式，其发展较为曲折，几经沉浮。

1.《专科学校暂行规程》和《关于改革学制的决定》

1950年8月14日，经政务院批准，教育部发布《专科学校暂行规程》，规定专科学校的办学宗旨是以理论与实际一致的教育方法，培养能掌握现代科学和技术成就、全心全意为新民主主义建设服务的专门技术人才。学校具体任务是进行革命的政治及思想教育，培养通晓基本理论并能实际运用的专门技术人才，如工业技师、农业技师、教师、医师、药剂师、财政经济干部、文艺工作者等，普及科技知识，传播文艺成果。《专科学校暂行规程》还规定学校的设立或停办，学科的设立或变更，由中央教育部决定或与政府其他业务部门协商决定，修业年限为2~3年。招收高中毕业生或有同等学力者，对革命干部、工农青年、少数民族学生、华侨学生的入学应予以特别照顾，采取校长负责制，设校长一人，由教育部任命，在校长领导下，设校务委员会，议决全校重大事项，校长为主席。此外，还对教学的组织管理、总务工作、工会及学生会职责等方面均做了明确规定。❸

1951年，政务院《关于改革学制的决定》正式规定了专科学校在学制中的地位，在层级上属于高等教育，与大学和专门学院平行，旨在为国家培养具有高级专门知识的建设人才。修业年限为2~3年，招收高级中学及同等学校毕业生或具有同等学力者。入学年龄不做统一规定。同时规定各种高等学校得附设专修科，修业年限为1~2年，招收高级中学及同等学校毕业生或具有同等学力者，

---

❶ 王继平．基于回顾、展望的职业教育现状分析［J］．中国职业技术教育，2008（24）：5-6.

❷ 郭文富，马树超．新中国成立70年来职业教育发展的历史阶段特征与经验［J］．教育与职业，2019（19）：5-10.

❸ 顾明远．教育大辞典［M］．上海：上海教育出版社，1998.

其入学年龄也不做统一规定。同时要附设先修班或补习班，以便利工农干部、少数民族学生及华侨子女等入学。专科学校毕业生的工作由政府统一分配。

《专科学校暂行规程》和《关于改革学制的决定》这两部法规明确了专科学校的办学方向和具体的人才培养方式。在这两个法规的引领下，我国高等专科学校教育得到一定发展。中华人民共和国成立后，人民政府对旧的专科学校进行了接管和调整。1949 年，调整后的专科学校有 55 所。到 1950 年，专科学校增至 63 所，在校学生 12820 人。1951 年，全国专科学校共有 71 所，在校专科生 40941 人。[1] 专科学校和学生数量都有所增长。

2. 高等专科学校萎缩，大学附设专修科

1952 年，我国学习苏联教育模式，对高等院校进行了全面的院系调整。由于苏联的学制体系中没有高等专科这个层次，我国也决定压缩高专，发展普通中等专业教育。大多数专科学校被拆并到本科院校或降级为中专，一部分专科学校则被撤销，只有为数不多的培养国家急需人才的专科学校才得以保留下来，例如：俄文专科学校一类。当年，全国专科学校缩减至 29 所（其中俄文专科学校 7 所，艺术类专科学校 8 所，师范专科学校 5 所）。但出于经济建设对高水平技术人才的需求，高等专业教育依然以普通高等院校附设专修科的形式在举办。1953 年 5 月 6 日出台的《关于专修科问题的决议》指出："高等学校的专修科以培养高级的技术员为目标，专修科是高等学校的一个组成部分，属于高等学校的范围之内。"不少大学甚至曾一度动员已经进入本科学习的学生改入专科学习，以应急需。因此，虽然专科学校数量大减，但专科学生数量却没有减少，反而大增，高等专科教育仍有较大发展。从 1950~1953 年，全国本科生从 12 万多人增加到 15 万多人，只增长了 21.5%，专科生却增长了 3.7 倍。到 1953 年，全国有高等专科学校 29 所，而高专学生数多达 60648 人，占本专科学生总数的 28.6%。[2]

3. 高等专科教育几经沉浮

高教部 1954 年的工作总结和 1955 年的工作要点提出："根据国务院指示，专修科应及早停办。""从今年起即减少专修科招生任务。"加上国家坚持发展中等专业教育，高等专业教育有很大萎缩，1953~1957 年，专科学生从 6 万多人降

---

[1] 陈娟莉，张新民．新中国成立后十七年的高等职业教育［J］．文史博览（理论），2013（11）：71-74，87．

[2] 杨金土．20 世纪我国高职发展历程回顾［J］．中国职业技术教育，2017（09）：5-17．

至4.7万人，在本专科学生总数中的占比由28.6%降为10.8%，至1958年初，全国仅存专科学校10所。[1]

"大跃进"期间，在"赶英超美""十五年普及高等教育"等口号下，专科学校一哄而上，到1960年，全国专科学校增至360所，学生187108人，占本专科学生总数的38%，[2] 学校和学生数量均达到中华人民共和国成立以来的顶峰。然而由于学校数量和学生数量剧增，办学条件严重滞后，不能满足教学要求，办学质量不尽人意，高等专科教育没有实质性发展。1959年，上海14所专科学校的教师队伍中，具有讲师以上职称者只有2人，专任教师人数最多的为53人，最少的1人。上海中华工商专科学校虽设有土木、机械工程、会计、工商管理等科，在校学生800余人，但仅有一幢四层楼房，无任何仪器设备。在这种办学条件下，办学质量低下就在情理之中了。办学条件较好的上海尚且如此，更不必说其他地区。

1961年，根据国民经济"调整、巩固、充实、提高"的方针，教育部对全国高等教育进行了调整，强调全国高等学校要缩短战线、压缩规模、合理布局、调整工作，集中力量提高教学质量。1962年4月，教育部召开全国教育会议，进一步讨论了调整教育事业的问题，明确提出"大幅度裁并高等学校，特别是专科学校"。基于此政策，1961~1965年，全国专科学校大大缩减，至1964年，全国仅剩专科学生23429人，只占本专科学生总数的3.4%。[3]

1949~1965年专科生占大学生比重见表2-1。

表2-1　1949~1965年专科生占大学生比重[4]

年　份	专科学生数	大学生总数	专科生占大学生比重/%
1949	22587	116504	19.4
1950	12820	137470	9.3
1951	40041	153402	28.7
1952	59860	191147	31.3
1953	60648	212181	28.6
1954	58573	252978	23.2
1955	43802	287653	15.2
1956	52789	403176	13.1
1957	47852	441181	10.8
1958	140860	639627	21.4

[1][2][3] 杨金土.20世纪我国高职发展历程回顾［J］.中国职业技术教育，2017（09）：5-17.

[4] 陈娟莉，张新民.新中国成立后十七年的高等职业教育［J］.文史博览（理论），2013（11）：71-74，87.

续表 2-1

年　份	专科学生数	大学生总数	专科生占大学生比重/%
1959	151574	811947	18.7
1960	187108	961623	19.5
1961	139285	947166	14.7
1962	64182	829699	7.7
1963	32385	750118	4.3
1964	23429	685314	3.4
1965	30428	674436	4.5

数据来源：《教育成就统计资料（1949—1983）》

可见，中华人民共和国成立后的 17 年，我国高等专科教育发展较为曲折，经历了“两起两落”。虽然这一时期的高等专科教育随着国家方针政策的变动而变动，或者一哄而上，或者大幅缩减，发展很不稳定。但通过专科学校和大学附设专修科两种途径为国家培养了一批高水平的技术人才，缓解了中华人民共和国成立初期国民经济恢复和社会主义全面建设的人才需求压力。同时，在“教育与生产劳动相结合”等教育方针的引领下，高等专科教育强调理论与实践相结合，探索了“半工半读”“半农半读”的办学模式。这一时期，高等专科教育对“应用性”“实践性”“高等性”等的强调表明这一时期的高等专科学校教育已经具备了高等职业教育的一些特征，可以说是我国高等职业教育的萌芽，其在培养目标、办学形式和人才培养模式上是高职教育的初探，有部分学者甚至将《专科学校暂行规程》称为新中国第一个高职教育法规。[1][2]

从整体上来看，中华人民共和国成立初期，我国初步确立了为国家经济建设服务的社会主义职业教育体系。职业教育尤其是中等职业教育发展良好，为国民经济的恢复和社会主义建设培养了大批初级和中级技术人才以及少量高水平技术人才。同时，可以看出，中华人民共和国成立初国家比较重视职业教育法制建设。据不完全统计，1949~1966 年间，政务院和各部门颁布的职业教育法规、规章、政策等规范性文件约 50 部，初步形成了以中等技术教育立法为主体、以专科学校教育和工农业余（半工半农）教育立法为补充的职业教育法律体系。[3]在政策法律的引领下，迅猛发展的中等职业教育为 20 世纪 80 年代我国高等职业教育的正式起步奠定了充实的基础，而高等专科教育对其进行了初步探索，共同推进了我国高等职业教育的起步和发展。这一时期，高等职业教育虽然已出现萌

[1][3] 陈久奎．中国职业教育立法的百年历程及反思［J］．现代教育管理，2014（10）：63-69.

[2] 陈娟莉，张新民．新中国成立后十七年的高等职业教育［J］．文史博览（理论），2013（11）：71-74，87.

芽，但真正意义上的高等职业教育院校还没有出现，高等职业教育主要通过高等专科学校和普通高等院校附设专修科两种途径开展。

第二节　高职教育的起步及其地位确立阶段

1978 年，党的十一届三中全会之后，我国社会主义建设进入改革开放的高速发展时期，对各类技术技能型人才在数量和质量上都提出了更高的要求。在此背景下，党和政府高度重视建立并完善现代职业教育体系，尤其重视加强高等职业教育发展，以满足社会主义经济建设和社会发展对高水平专业技术型人才的大量需求。我国高等职业教育开始起步并得以长足发展。与此同时，产业结构的不断升级和经济结构的不断调整为我国高等职业教育提供了发展机遇，同时也带来很大的挑战，要求我国高等职业教育不断深化改革，全面提高人才培养质量，以满足社会主义现代化建设对高素质人才的要求。随着人才培养标准的不断提高，我国高等职业院校非常重视人才培养模式改革，以培养社会发展真正需要的技术型人才，增强高职教育服务经济社会发展的能力，同时促进高职学生的全面可持续发展。

一、高职教育的起步

党的十一届三中全会以后，为了适应国民经济的恢复和发展，满足社会主义现代化全面建设的要求，缓解地方经济飞速发展与高技能人才奇缺的矛盾，我国经济发达地区提出了创办职业大学的设想。1980 年 8 月 27 日，我国第一所职业大学——金陵职业大学在江苏省南京市诞生。有学者认为金陵职业大学的创办“开创了中心城市举办大学的先河，成为高等职业教育兴起的先导，标志着高等职业教育类型的诞生。”❶ 同年，教育部又陆续批转成立了无锡职业大学、武汉江汉大学、杭州工业专科学校、西安大学、本溪大学等 12 所职业大学。1982 年，第五届全国人民代表大会第五次会议批准了《中华人民共和国国民经济和社会发展第六个五年计划（1981—1985）》，在其第二十八章“高等和中等专业教育”中提出：“提高大学专科比重。试办一些花钱少、见效快、酌收学费、学生尽可能走读、毕业生择优录用的专科学校和短期职业大学。”正式将创办短期职业大学列入经济发展规划之中，并明确了短期职业大学的办学方向和办学特色。1983 年 4 月 28 日，国务院批转教育部、国家计委的《关于加速发展高等教育的报告》中提出：“积极提倡大城市、经济发展较快的中等城市和大企业举办高等专科学校和短期职业大学。”要求职业大学“为本地区、本单位培养人才”。此后又多次强调要创办多种形式的短期职业大学，来开展高等职业教育。

❶ 赵惠莉，薛茂云．新中国成立 70 年高等职业教育的崛起、创新与变革［J］. 中国职业技术教育，2020（09）：24-31.

1985 年 5 月 27 日，《中共中央关于教育体制改革的决定》（以下简称为《决定》）提出“发展职业技术教育要以中等职业技术教育为重点，发挥中等专业学校的骨干作用，同时积极发展高等职业技术院校，优先对口招收中等职业技术学校毕业生以及有本专业实践经验、成绩合格的在职人员入学，逐步建立起一个从初级到高级、行业配套、结构合理又能与普通教育相互沟通的职业技术教育体系。”《决定》正式提出要“积极发展高等职业技术院校”，强调建立一个从初级到高级的职业技术教育体系。“高等职业技术院校”和“高等职业教育”正式出现在官方政策文件中，确立了高等职业教育在职业技术教育体系中的重要地位，明确了高等职业教育在教育体制中的定位。

1980~1985 年，在国家和政府的鼓励与支持下，全国各地共开办了 120 多所职业大学，它们面向地方中小企业、服务社会经济发展，投入量小、节约资源，快速培养了一批高层次的技术型劳动者，缓解了当时高技术人才匮乏的局面。[1]从严格意义上来讲，这是我国最早的高等职业教育学校，标志着我国高等职业教育的正式起步。然而，由于这类职业学校在我国发展时间不长，经验不足，政府重视不够等问题，多数职业大学把高职教育办成了“压缩式”本科，其在人才培养目标、人才培养标准、专业设置、人才培养方案等方面与普通高等专科学校相比实质上差别不大，职业教育特色不明显，存在一定缺陷。

1986 年 7 月 2 日，国家教委、国家计委、国家经委、劳动人事部联合召开了第一次全国职业技术教育工作会议。时任副总理兼国家教委主任李鹏在会上做报告说：“一般地讲，像我们的高等职业学校、相当一部分广播电视大学、高等专科学校……，是不是应该算高等职业教育这个层次。”大体划分了高等职业教育的范围。[2] 同年 12 月 15 日，国务院发布《普通高等学校设置暂行条例》，正式将高等职业学校纳入普通高等学校，与全日制大学、独立设置的学院和高等专科学校并列，规定高职学校主要培养高等专科层次的专门人才，以职业技术教育为主，全日制在校学生计划规模在一千人以上，对高职学校的招生条件、课程设置、师资配置、基础设施建设等相关方面做出具体规定。高等职业学校在高等学校中的地位得以确立，高等职业学校的人才培养模式逐步清晰，并不断得以完善。

从整体上看，20 世纪 80 年代是我国高等职业教育的正式起步阶段。短期职业大学是我国第一批真正意义上的高等职业院校。1985 年《中共中央关于教育体制改革的决定》在政策文件中正式提出发展“高等职业技术院校”，建立一个从初级到高级的职业教育体系，将高等职业教育正式纳入国民教育体系。1986

[1] 井文．改革开放 40 年我国高等职业教育结构的历史演进与未来展望［J］．职教通讯，2019（07）：53-59.

[2] 杨金土．20 世纪我国高职发展历程回顾［J］．中国职业技术教育，2017（09）：5-17.

年《普通高等学校设置暂行条例》正式将高等职业学校纳入普通高等学校，首次明确了高等职业教育的高等属性，并对高职院校的人才培养目标和具体的人才培养方式做出了明确规定。我国高等职业教育正式起步，高等职业院校的人才培养模式初具模型。

二、高职教育的探索

1. 五年制技术专科

20 世纪 80 年代，除了短期职业大学办高等职业教育外，还兴起了“五年制高职教育”新模式。1984 年 4 月 10 日，教育部在《关于高等工程教育层次、规格和学习年限调整改革问题的几点意见》中提出了试办从初中毕业生中招生，学习年限为五年的专科班的设想。14 日，教育部批准集美航海专科学校试办招收初中毕业生、学制五年的专科班。这是改革开放以来第一次试办五年制专科。当年集美航海专科学校试计划招生 60 人，实际录取 53 人。1985 年，原国家教委同意在上海电机制造学校、西安航空工业学校和北京国家地震局天水地震学校 3 所普通中专学校试办“五年制技术专科”教育。1991 年 1 月 25 日，国家教委又同意邢台高等职业技术学校试办初中后五年制技术专科教育。五年制技术专科教育实现了中职教育和高职教育的有机衔接，探索出一种新的具有中国特色的高职教育办学模式。五年制高职教育以普通专科技术学校为依托，招收初中毕业生，进行两个阶段的学习。第一阶段，用两年时间按中专教学计划学习文化课和部分专业基础课；第二阶段，用三年时间按专科教学计划学习相关课程；最终颁发专科学历证书。

与短期职业大学相比，五年制技术专科具有很大的优势，一是有效衔接了中等和高等职业教育，便于统筹安排教学计划，从而节约了时间，提高了办学效率和教育效益。二是招收初中毕业生，学生年龄小、可塑性强，有效教学时间长，为学生职业意识和职业能力的培养创造了良好的条件，使得学生的职业技能非常扎实。此外，五年制技术专科教育非常重视实践性教学，通过实验、实习、实训、课程设计、毕业设计等方式来提升学生的职业能力，学生的动手能力和实践能力非常强。

1985 年 9 月至 1991 年 1 月，国家教委三次召开三所试办学校座谈会，分别就培养目标、职教特色、如何加强学生实践动手能力、外语能力、新技术运用能力、分流办法、教学计划制订、师资建设、教师职务评定等新问题进行探索交流，完善办学模式。到 1995 年，经过 10 年的试点工作，五年制高职教育取得了重大成果。一方面培养了一大批高水平的技术人才，缓解了经济建设对高级技术人才的需求。另一方面探索并完善了五年制技术专科办学模式，促进了高职教育的多样化发展。以上海电机制造学校为例，1985~1995 年，五年制专科毕业生共计 863 名，全部分配就业。1990 年，在校学生 1479 人，1995 年猛增至 3018 人。1990~1994 年，学校就业率每年均达到 100%，因素质好、有特色受到用人单位好评。五年制技术专科教育不仅推动了学校的规模化发展，为国家经济建设培养了大批高级技术人才，还完善了五年制高职教育办学模式，推动了高职教育的发展。显然，五年制技术专科试点非常成功。

从总体上来看，五年制技术专科满足了当时国家经济建设和生产第一线岗位对高技术应用型人才的迫切需求，促进了高等职业教育的多样化发展，拓宽了高水平技术人才的培养渠道，受到了用人单位和社会的认可与欢迎。同时，五年制技术专科促进了中等职业教育和高等职业教育的有效衔接，有助于中高职教育的一体化发展。

2. “三改一补”政策

进入 20 世纪 90 年代，随着中国特色社会主义建设事业的全面推进，经济建设对应用性技术人才在质和量上都提出了更高的要求，党和政府强调要大力发展职业教育，尤其重视高等职业教育的发展。

1991 年 10 月 17 日，国务院发布《关于大力发展职业技术教育的决定》，对职业技术教育的性质、地位、作用以及方向、任务、措施等都做了明确规定，并提出“积极推进现有职业大学的改革，努力办好一批培养技艺性强的高级操作人员的高等职业学校”，再一次强调要积极发展高等职业教育，并重申了建立初等、中等、高等职业教育体系的问题，强调了高等职业教育是职业教育体系的重要组成部分。1993 年，全国教育工作会议明确指出我国教育今后发展的两个重点，一是基础教育（重中之重），二是职业技术教育。会后由国务院颁布的《教育改革和发展纲要》更加明确指出：“职业教育是现代教育的重要组成部分，是工业化和生产社会化、现代化的重要支柱。”再次强调了发展职业教育的重要性。1994 年 7 月，《国务院关于<中国教育改革和发展纲要>的实施意见》提出：“有计划的实行小学后、初中后、高中后三级分流，大力发展职业教育，逐步形成初等、中等、高等职业教育和普通教育共同发展、相互衔接、比例合理的教育系列。”强调了举办高等职业教育的重要作用及其在整个国民教育体系中的重要位置。在此背景下，党和政府更加重视发展职业技术教育，尤其重视高等职业教育的发展，强调高等职业教育办学主体的多元化和办学形式的多样化。

1994 年，在第二次全国教育工作会议上，国家领导人更系统地提出发展高等职业教育的任务。李鹏同志在会上指出：“今后一个时期，适当扩大规模的重点是高等专科教育和高等职业教育。”同时，提出要将“三改一补”政策作为此后我国高等职业教育发展的基本方针，即“通过现有的职业大学、部分高等专科学校和独立设置的成人高校改革办学模式，调整培养目标来发展高等职业教育。

仍不满足时，经批准利用少数具备条件的重点中等专业学校改制或举办高职班等方式作为补充来发展高等职业教育”。同年，《国务院关于〈中国教育改革和发展纲要〉的实施意见》再次提出：“通过改革现有高等专科学校、职业大学和成人高校以及举办灵活多样的高等职业班等途径，积极发展高等职业教育”。[1] 基于此，国家开始对高等职业教育的结构进行初步调整与完善，我国高等职业教育的办学途径和发展思路基本确定。

基于“三改一补”的基本方针，成人高校、职业大学、高等专科学校改革人才培养目标和办学模式，积极开办高等职业教育。高职教育的办学途径得以拓宽，办学规模得以扩大。一部分有条件的成人高校试办高职教育，并逐步开展试点，至1994年，全国有10个省、2个部委共41所成人高校和4所普通高校的成人教育学院试办了35种专业的高职班。[2] 1995年11月9日，国家教委印发《关于成人高等学校试办高等职业教育的意见》，要求培养“德、智、体全面发展的实用性、技能性较强的生产、工作第一线的专科层次（含管理、操作、服务等）人才，毕业生应掌握职业岗位所要求的专业知识（技术理论），具有较高的职业技能和实际工作能力”。对成人高校开办高职教育的办学模式和人才培养目标进行了明确规定。至1999年，开办高职教育的成人高校试点学校达到563所。[3]

1995年10月，《国家教委关于推动职业大学改革与建设的几点意见》中强调要“进一步明确职业大学在我国高等职业教育事业发展中的地位和作用”“切实加强对职业大学的领导”，并对推动职业大学改革与建设的基本要求和主要措施做了详细说明，旨在促进职业大学的健康发展，使其在我国高等职业教育的发展和经济建设中发挥更大的作用。同年12月19日，国家教委又印发《关于开展建设示范性职业大学工作的原则意见》，提出了示范性职业大学建设的标准，并对示范性职业大学建设工作进行了部署。至1988年全国职业大学回升到101所，当年招收新生62751人，在校生共达148561人，学校数和在校生数达到1990年以来最高。[4]

这一阶段，高等专科教育强调规模化发展和特色化发展，重视对现有高等专科学校的改革。在人才培养目标上，高等专科学校除了要培养在一定学科领域应用性很强的人才之外，还要培养一部分技艺性较强、岗位针对性较强的人才，即肩负开展高等职业教育的使命。至1998年，我国有专科学校428所，比1978年

---

[1] 何东昌．中华人民共和国重要教育文献（1991-1997）[M]．海口：海南出版社，1998：3661-3666.

[2][4] 杨金土．20世纪我国高职发展历程回顾［J］．中国职业技术教育，2017（09）：5-17.

[3] 刘彩琴，郭俊朝．新中国成立60年来高等职业教育的回顾与展望［J］．黑龙江高教研究，2009（10）：127-130.

增加 300 所，专科学生 117.4 万人，占普通本专科学生总数 340.87 万人的 34.4%。[1] 但由于高等专科学校教育定位不明确、政策支持不足、投入不足、办学条件较差等原因，其在发展高等职业教育中的作用并没有充分发挥。

在高等技术专科十年试点的基础上，国家在多所中专学校试办高职班，继续探索五年制高职教育。1994 年，原国家教委批准成都航空工业学校等 10 所中等专业学校试办五年制高职班，继续探索五年制高职教育。其中，试点专业共计 22 个，要求从职业分析入手制订教学计划和教学大纲，课程设置注重职业能力训练，实践性教学环节课时数应在教学计划中占 50%左右。1995 年 11 月 18 日，10 所五年制高职试点学校在无锡市举行例会，系统讨论了五年制高职教育的内涵、培养目标、教学计划、特色和优势。1996 年 6 月 14 日，国家教委批准大连海运学校等 8 所中等专业学校举办初中后五年制高职班。1996 年 11 月 16 日，五年制高职试点校在郑州举行会议，成立了“全国五年制高等职业学校协作会”，通过了《全国五年制高等职业学校协作会工作条例》，并决定编发《全国五年制高等职业教育信息》。1997 年 5 月 19 日，国家教委办公厅发文同意 1994 年始办的高职班扩大试点专业点数和招生规模。至此，试办初中后五年制高职的学校共有 22 所，试点专业 66 种，试点专业点 74 个。[2] 五年制高职教育模式渐趋完善，办学特色渐趋明显，成为我国高等职业教育的重要组成部分。

“三改一补”政策整合了现有的高等教育资源，明确了我国高职教育的办学主体、发展方向和办学特色，拓宽了我国高等职业教育的办学渠道，是我国高等职业教育发展的重要转折点，极大地推动了我国高职教育的发展，适应了当时中国特色社会主义经济建设对高技术人才的需求状况。

3. 高职教育的规范化

在“三改一补”政策实施的背景下，我国高职院校大量增加，高职教育规模迅速扩大。1997 年，针对我国对高职院校数量不断增加的情况，原国家教委出台了《关于高等职业学校设置问题的几点意见》，就学校名称、招生规模、专业数量、师资情况、实训条件等方面提出基本条件和具体要求。在学校命名方面规定：“新设高等职业学校一般称为职业技术学院，可根据学校所在地、隶属关系、学科门类等因素冠以某些适当的限定词，高等职业学校的英文译名必须与中文名称相一致。”自此，我国高等职业院校的设置趋于规范，高等职业教育开始步入规范化发展轨道。

三、高职教育法律地位的确立

20 世纪 90 年代中后期，为贯彻落实科教兴国和人才强国战略，大力发展职业

[1][2] 杨金土 . 20 世纪我国高职发展历程回顾［J］. 中国职业技术教育，2017（09）：5-17.

教育，全面推进社会主义现代化建设，党和政府非常重视职业教育立法，先后颁布了《职业教育法》和《高等教育法》，以法律的形式明确了高等职业教育在整个国民教育体系中的重要位置，确立了高等职业教育在我国国民教育体系中的法律地位。

1.《职业教育法》

1996 年，中华人民共和国第八届全国人民代表大会常务委员会第十九次会议修订通过了《职业教育法》，该法是为了实施科教兴国战略，发展职业教育，提高劳动者素质，促进社会主义现代化建设，根据教育法和劳动法，制定的法规。该法第十三条规定："职业学校教育分为初等、中等、高等职业学校教育。初等、中等职业学校教育分别由初等、中等职业学校实施，高等职业学校教育根据需要和条件由高等职业学校实施，或者由普通高等学校实施。其他学校按照教育行政部门的统筹规划，可以实施同层次的职业学校教育。"《职业教育法》正式将"高等职业学校教育"写入法律，并对其办学原则进行了规定，标志着高等职业教育法律地位的正式确立。该法以法律的形式明确了高等职业教育在职业教育体系中的地位。我国高等职业教育开始走向法制化发展道路。需要注意的是，这里的高等职业教育是指专科层次的高等职业教育，还未涉及本科层次。

2.《高等教育法》

1998 年，中华人民共和国第九届全国人民代表大会常务委员会第四次会议通过了《高等教育法》，该法是为了发展高等教育事业，实施科教兴国战略，促进社会主义物质文明和精神文明建设，根据宪法和教育法，制定的法规。该法第六十八条规定"本法所称高等学校是指大学、独立设置的学院和高等专科学校，其中包括高等职业学校和成人高等学校。"将高等职业院校写入《高等教育法》，以法律的形式明确了高等职业教育在高等教育体系中的地位，进而明确了高职教育的高等教育属性，再次确立了高等职业教育的法律地位。

至此，我国高等职业教育在"职业性"和"高等性"两个方面的法律地位都得以确立，为我国高等职业教育的发展，以及现代职业教育体系的建设和完善提供了法律依据和保障。

四、高职教育的人才培养

这一阶段，我国高等职业教育还没有形成典型的人才培养模式，人才培养处于探索阶段。各类高职院校以学习国外发达国家职业教育的人才培养模式为主，主要借鉴的是德国的"双元制"模式，北美的 CBE 模式等。高职教育的办学主体有高等专科学校、职业大学、成人高校和中等专业学校的高职班。在课程设置方面，打破了传统的学科教育课程体系，建立了由公共课、专业理论课和实践课组成的新课程体系。在专业设置方面，强调要根据社会的需求而定。人才培养目标为培养专科层次的专门技术人员，以满足经济建设和社会发展对高水平技术人员的要求。实行在一定范围内自主择业，以拓宽就业领域。实行学历证书和职业资格证书制度。多种办学形式朝着共同的方向发展，共同探索培养高等职业技术应用型人才的目标、规格和模式。

综上所述，20 世纪八九十年代是我国高等职业教育的起步和地位确立阶段。短期职业大学和“五年制技术专科”是 80 年代高职教育的主要办学形式，培养了一批高素质技术人才，暂时缓解了国民经济恢复和社会主义建设对高素质专门技术型人才的需求压力，同时为高等职业教育的发展进行了初步的探索。其中，短期职业大学是我国第一批真正意义上的高职院校，标志着我国高等职业教育的正式起步。五年制技术专科则标志着我国高等职业教育开始走向多样化办学。进入 90 年代，我国高等职业教育实施了“三改一补”的政策方针，实现了高职教育办学形式的多样化，办学主体、发展方向和办学特色逐渐清晰。90 年代中后期，《职业教育法》和《高等教育法》的颁布则标志着我国高等职业教育法律地位的确立，高职教育的职业属性和高等属性以法律的形式明确下来，我国高等职业教育发展开始走向法制化。对于逐步建立起一个从初级到高级、行业配套、结构合理又能与普通教育相互沟通的职业技术教育体系具有重要意义，同时为社会主义现代化建设提供了强有力的人才支持，推进了社会主义现代化建设进程。

第三节　高职教育的规模化扩张阶段

随着社会主义市场经济体制的逐步完善，科技进步和社会发展对高素质人才的要求越来越高。在此背景下，国家实施高等教育扩招政策。高等职业教育作为我国高等教育的重要组成部分，在高等教育扩招中承担着重要任务，我国高等职业教育进入快速发展期。为了贯彻落实“科教兴国”战略，适应社会经济发展对高素质人才的要求，高职教育积极进行改革，重点是人才培养模式改革和教学改革，以提高高职院校的人才培养质量。高职教育的扩招和改革共同推进了我国高职教育的规模化发展。

一、高职教育扩招

为适应高等教育大众化的国际趋势，同时也为满足我国社会主义市场经济发展对高素质人才的大量需求，1999 年，我国高等教育启动扩招计划，拉开了我国高等教育大众化的序幕。高等职业教育作为我国高等教育的重要组成部分，在扩招计划中承担着重要任务，是扩招的重点，也开始了大规模的招生。自此，我国高等职业教育进入快速发展期，走上了规模化发展道路。

1999年1月，教育部和原国家计委下发《试行按新的管理模式和运行机制举办高等职业技术教育的实施意见》，决定在当年普通高等教育年度招生计划中，安排10万人专门用于部分省（市）试行与现行办法有所不同的管理模式和运行机制举办高等职业技术教育，被称为“新高职”。新的管理模式和运行机制强调“三不一高”和“六路大军齐办高职”。“三不一高”是指“毕业生不包分配，不再使用《普通高等学校毕业生就业派遣报到证》，国家不再统一印制毕业证书内芯，教育事业费以学生缴费为主”。“六路大军”是指短期职业大学、职业技术学院、具有高等学历教育资格的民办高校、普通高等专科学校、本科院校内设立的高等职业教育机构（二级学院）、办学条件达到国家规定合格标准的成人高校以及经教育部批准的极少数国家级重点中等专业学校。按新的管理模式和运行机制举办高等职业技术教育对于积极探索以多种形式、多种途径和多种机制发展高等职业教育具有重要意义。

1999年2月24日，教育部发布《面向21世纪教育振兴行动计划》，再次强调“积极发展高等职业教育”的迫切性，重申“三改一补”政策，提出“部分本科院校可以设立高等职业技术学院，基本不搞新建”“挑选30所现有学校建设示范性职业技术学院”。同时提出“要通过试点逐步把高等职业教育的招生计划、入学考试和文凭发放等方面的责权放给省级人民政府和学校，省级人民政府在国家宏观指导下，对本地区高等职业教育的现有资源进行统筹”。同时对高等职业教育的人才培养目标和招生办法进行了说明。

1999年6月13日，中共中央国务院颁布了《关于深化教育改革 全面推进素质教育的决定》。该决定指出：“高等职业教育是高等教育的重要组成部分。要大力发展高等职业教育，培养一大批具有必要的理论知识和较强实践能力，生产、建设、管理、服务第一线和农村急需的专门人才。现有的职业大学、独立设置的成人高校和部分高等专科学校要通过改革、改组和改制，逐步调整为职业技术学院（或职业学院）。支持本科高等学校举办或与企业合作举办职业技术学院（或职业学院）。省、自治区、直辖市人民政府在对当地教育资源的统筹下，可以举办综合性、社区性的职业技术学院（或职业学院）。”“职业技术学院（或职业学院）可采取多种方式招收普通高中毕业生和中等职业学校毕业生。职业技术学院（或职业学院）毕业生经过一定选拔程序可以进入本科高等学校继续学习。”“经国务院授权，把发展高等职业教育和大部分高等专科教育的权力以及责任交给省级人民政府，省级人民政府依法管理职业技术学院（或职业学院）和高等专科学校。高等职业教育（包括高等专科学校）的招生计划改由省级人民政府制定，其招生考试事宜由省级人民政府自行决定。”该决定从宏观层面对下一阶段高职教育的发展思路进行了规划，再次强调了高等职业教育的“高等教育”类型属性，明确提出了高等职业教育的人才培养目标和人才培养途径，同时强调高职教育的多种办学形式要走向统一化，提出“校企合作”办学的思想，并将高职院校的办学权力和管理权力下放到省级人民政府。在此背景下，各地采取积极措施推动区域高职教育发展，大批建立职业技术学院。2000 年，经省级政府审批，报教育部备案的高等职业院校就有 235 所。

1999 年 6 月 15~18 日，中共中央、国务院召开了第三次全国教育工作会议。会议再次强调要较大幅度增加高校招生数量，特别是大力发展高等职业教育。同时，把高等职业教育的院校设置权、专业审批权和招生权都下放到了省级教育管理部门，大大增强了高职教育的办学活力。会议决定全国普通高校在 1999 年初扩招 23 万人的基础上，再扩招 33 万 7 千人，使当年高招总人数达到 160 万，成为当年最具震撼力的重大事件。2000 年，全国高校招生 221 万人，2001 年又招生 250 万人。这就是高等教育“三年扩招”，中国迅速崛起为世界头号高等教育大国。高等职业教育作为高等教育的重要组成部分，是扩招的重点，得到大规模发展。[1] 到 2000 年，我国高职院校在校生已占当时全国高校在校学生总数的 18.14%。2000 年年底，我国高职高专教育在校生达 141.85 万人，在 1999 年 93.66 万人基础上增长 51%。

到 2004 年底，我国共有普通高校 1731 所，其中高职高专院校 1047 所，占普通高校总数的 60.49%；高职高专在校生 595.65 万人，占本专科在校总数的 44.67%，[2] 成为高等教育的“半壁江山”。

2000~2004 年我国高等职业院校办学规模见表 2-2。

表 2-2　2000~2004 年我国高等职业院校办学规模

年　份	学校数/所	毕业生数/万人	招生数/万人	在校生数/万人
2000	442	17.9	48.7	100.9
2001	628	19.3	66.6	146.8
2002	767	27.7	89.1	193.4
2003	908	94.8	199.6	479.4
2004	1047	119.5	237.4	595.7

这一时期，在高等教育大众化政策引领下，国家明确提出了“大力发展高等职业教育”的政策方针，进一步明确了高职教育的高等教育类型属性。政府通过改制、改组高等专科学校和成人高校，升格中专，普通高等学校开设高等职业学院等方式丰富了高职教育的办学形式。高职教育办学形式呈现出“六路大军齐办

---

[1] 赵惠莉，薛茂云．新中国成立 70 年高等职业教育的崛起、创新与变革［J］．中国职业技术教育，2020（09）：24-31.

[2] 2004 年全国教育事业发展统计公报［EB/OL］．http：//www.moe.gov.cn/jyb_ sjzl/moe_ 364/moe_ 1172/moe_ 1178/moe_ 1179/tnull_ 18549.html.2005- 04/2020-04-10.

高职”的多样化特点。在高职教育类型方面，兼顾学历教育和非学历教育，非学历高等教育主要进行职业资格证书教育。同时，高职院校通过扩大招生名额和招生途径增加来扩大招生规模。在此背景下，我国高职教育实现了规模化扩张。尤其是国务院将高职院校的审批权下放到省级政府后，地方建立了大批职业技术学院，促进了高职教育的快速发展。

二、高职教育改革

高职教育在扩招的同时也非常注重改革，目的是为了探索有效的人才培养模式，提高高职院校的人才培养质量，以满足应经济建设和社会发展的要求，同时促进高职教育的健康发展。高职教育改革是高职教育规模化扩张的重要保障条件。

1999 年 11 月，第一次全国高职高专教学工作会议在北京举行，会议确定了今后高职高专教育教学改革和建设工作的思路和主要任务，启动了教学改革和建设项目。高教司提出了高职高专教育的六条特征，并指出高职高专教育基本的培养目标是“培养拥护党的基本路线，适应生产、建设、管理、服务第一线需要的，德、智、体、美等方面全面发展的高等技术应用性专门人才。”进一步明确了我国高等职业教育的人才培养目标。

在第一次全国高职高专教学工作会议基础上，2000 年 1 月 17 日，教育部印发《关于加强高职高专教育人才培养工作的意见》，根据我国社会主义现代化建设事业的需要和高职高专教育的实际状况，提出了我国高职高专教育的办学指导思想、人才培养工作重点和工作思路，明确了人才培养目标和人才培养模式的基本特征，强调要加强教学基本建设和专业建设，加强课程、教学内容体系和教学方法改革，建立相对独立的实践教学体系，提高教育教学质量。其中，高职高专教育人才培养模式的基本特征是：“以培养高等技术应用性专门人才为根本任务。以适应社会需要为目标、以培养技术应用能力为主线设计学生的知识、能力、素质结构和培养方案，毕业生应具有基础理论知识适度、技术应用能力强、知识面较宽、素质高等特点，以‘应用’为主旨和特征构建课程和教学内容体系，实践教学的主要目的是培养学生的技术应用能力，并在教学计划中占有较大比重。‘双师型’（既是教师，又是工程师、会计师等）教师队伍建设是提高高职高专教育教学质量的关键，学校与社会用人部门结合、师生与实际劳动者结合、理论与实践结合是人才培养的基本途径。”[1] 这是 21 世纪初我国高职高专教育人才培

[1] 关于印发《教育部关于加强高职高专教育人才培养工作的意见》的通知［EB/OL］. http：//old. moe. gov. cn//publicfiles/business/htmlfiles/moe/s7056/201401/xxgk_162628. html. （2000-01-17）［2020-04-10］.

养工作的指导性文件，强调要加强高职高专人才培养模式改革，包括教学内容、教学方法、师资队伍等方面的改革，以满足社会主义现代化建设对高水平技术人才的需求。可见，此次改革的力度之大，程度之深。

为了整体推进高等职业教育教学改革，教育部还制定了《新世纪高职高专教育人才培养模式和教学内容体系改革与建设项目计划》及其实施办法，就项目的指导思想、选题、开展、保障等方面做出了详细说明。其中，研究项目涉及高职高专教育的地位、作用、性质、培养目标、培养模式、教学内容与课程体系、教学方法与手段、教学管理等诸多方面。但重点是人才培养模式的改革和教学内容体系改革，先导是教育思想的改革和教育观念的转变。从当年 4 月开始，项目组组织专家对 720 个单位申报的 1000 余个项目进行初审，当年 6 月底组织复审，最后确定第一批 60 个项目正式立项，发出立项通知后正式启动。

在学校设置方面，2000 年 3 月，教育部发布《高等职业学校设置标准（暂行）》，对高等职业学校校系两级领导以及专业负责人的配备、专兼职教师队伍建设、土地和校舍面积、实习实训场所、教学仪器设备和图书资料的要求，以及专业与课程设置、基本建设投资和经费等基本条件以及 4 年内需要达到的要求做出了明确规定。高等职业院校的设置趋于规范化，为高职人才培养模式改革和教学内容体系改革提供了良好的环境。2000 年至 2003 年，教育部先后共批准建设 31 所重点建设示范性职业技术学院、33 所重点支持高职学院和 35 所示范性软件职业技术学院，改善了它们的基础教学条件，提高了教育教学质量。2003 年，在 26 所高职院校试点评估的基础上，教育部建立了 5 年一轮的高职教育人才培养工作水平评估制度，2004 年至 2008 年是高职院校人才培养工作水平评估的第一个周期。[1] 这一周期主要针对基础设施展开评估，属于基础性的评估，对于提高高职院校的人才培养质量具有重要的促进作用。

在教材改革方面，1999 年 6 月召开了“教育部高职高专推荐教材”评审会，8 月召开了“高职高专教育基础课程教学基本要求”制订工作会议。自此，高等职业教育教材建设被提上议事日程。2000 年 3 月 23 日，教育部高教司印发《关于加强高职高专教育教材建设的若干意见》，成立了教育部高职高专规划教材编写委员会，制定了各类基础课程教学基本要求和专业大类培养规格，组织教材编写、出版队伍，力争经过 5 年的努力，编写、出版 500 本左右高职高专教育规划教材。其中，2000 年拟出版的高职高专规划教材书目有 123 门，拟出版五年制高等职业教育规划教材书目有 6 门。该《意见》还强调要开展高职高专教材评价工作，建立健全教材质量评价反馈制度。高职高专教育教材建设是高职高专教育教学改革的重点内容，同时也是高职教育人才培养模式改革的重要内容，对于提高

---

[1] 刘彩琴，郭俊朝．新中国成立 60 年来高等职业教育的回顾与展望［J］．黑龙江高教研究，2009（10）：127-130.

高职教育的办学质量具有重要意义。从2000年秋季学期开始，针对高职教育的公共基础课和主干专业课，教育部委托高等教育出版社等相继推出了“21世纪高职高专规划教材”，并推出了一批“教育部高职高专推荐教材”。除了教育部组织编写教材外，各高职院校还尝试着自己编写教材。自编教材不仅是高职教育教材的重要组成部分，还是学校特色教育的重要体现。这一系列教材改革为各类高职院校的教材提供了更多选择，推动了高职教育的教材建设。

在专业改革方面，2000年6月12日，教育部高等教育司下发《关于在高职高专教育中开展专业教学改革试点工作的通知》，决定从2000年起，在各省市的高等职业学校、高等专科学校、成人高等学校以及本科院校的职业技术学院（以下简称高职高专院校）中广泛开展专业教学改革试点工作。旨在“在全国高职高专院校中，遴选若干专业点，进行以提高人才培养质量为目的，人才培养模式改革与创新为主题的专业教学改革试点，经过五年的努力，力争在全国建成300个左右特色鲜明、在国内同类教育中具有带头作用的示范专业，推动高职高专教育的改革和发展”。高教司还成立了专业教学改革咨询评议委员会，协助其对全国的专业教学改革试点工作进行组织、培训、咨询和指导，制订教育部高职高专示范专业建设标准，以及组织评估验收教育部高职高专示范专业，加强了对专业教学改革试点工作的宏观管理和指导。自此，全国高职高专院校开始开展专业教学改革试点工作。截至2002年9月，27个省、市的415个专业被评为国家级教育改革试点专业，此项改革促进了高职院校的专业建设。❶ 2004年10月，教育部又颁布了《普通高等学校高职高专教育指导性专业目录（试行）》及其管理办法，并从2005年开始实行。进一步加强了高职教育专业建设。

在课程改革方面，2003年4月，教育部启动了全国高等教育精品课程建设工作，促进了高职院校课程建设。到2008年，教育部共评出605门高职高专国家级精品课程，促进了高职院校的课程建设。❷

2002年7月28~30日，国务院在北京召开了全国职业教育工作会议，明确了“十五”期间职业教育改革的指导思想、目标与思路，强调要从实施科教兴国的战略高度，大力推进高职教育的改革与发展。8月24日，国务院发布《关于大力推进职业教育改革与发展的决定》，进一步确立职业教育的战略地位，明确“十五”期间职业教育改革与发展的目标，提出：“‘十五’期间，职业教育要为社会输送800多万名高等职业学校毕业生。”“大中城市和经济发达地区要在继续发展中等职业教育和职业培训的同时，积极发展高等职业教育，有条件的市（地）可以举办综合性、社区性的职业技术学院。”高职教育改革不断深化。

---

❶❷ 刘彩琴，郭俊朝．新中国成立60年来高等职业教育的回顾与展望［J］．黑龙江高教研究，2009（10）：127-130.

可见，这一时期，我国高等职业教育改革涉及面非常广，涉及院校设置、专业、课程、教材等多个方面。其中，改革的重点是教学和人才培养模式。在积极的政策支持下，我国高等职业教育改革取得重大成就，不管是在规模还是质量上都有较大提升，大大促进了我国高职教育的发展。

三、高职教育的人才培养模式

这一阶段，我国高职教育已初步形成了具有中国特色的“校企合作，工学结合”人才培养模式。为适应社会主义现代化建设，贯彻落实科教兴国战略，国家大力推进高等职业教育改革。其中，人才培养模式是高职教育改革的重点所在，在这里单独展开讨论。

在培养目标方面，高职院校的人才培养目标逐渐清晰，先后提出了培养“适应生产、建设、管理、服务第一线的高等技术应用性专门人才”和培养“高技能人才”的人才培养目标。2003 年 12 月，教育部长周济在第二次全国高职教育产学研结合经验交流会上指出：“高等职业院校如果定位在高技能人才培养上，就会有很大的发展空间。”❶ 首次提出高职教育“高技能人才”的培养目标。高职院校人才培养目标的变化表现了不同时期社会主义现代化建设对人才的不同要求。

1999~2004 年高职教育人才培养目标见表 2-3。

表 2-3 1999~2004 年高职教育人才培养目标

时间	文件/会议	高职院校人才培养目标表述
1999 年 2 月 24 日	《面向 21 世纪教育振兴行动计划》	培养生产、服务、管理第一线需要的实用人才
1999 年 6 月 3 日	中共中央 国务院《关于深化教育改革 全面推进素质教育的决定》	培养一大批具有必要的理论知识和较强实践能力，生产、建设、管理、服务第一线和农村急需的专门人才
2000 年 1 月 17 日	《关于加强高职高专教育人才培养工作的意见》	培养拥护党的基本路线，适应生产、建设、管理、服务第一线需要的，德、智、体、美等方面全面发展的高等技术应用性专门人才
2004 年 4 月 2 日	《关于以就业为导向，深化高等职业教育改革的若干意见》	培养“下得去、留得住、用得上”的高技能人才

在办学主体上，形成了多元办学格局。一方面，依旧强调职业技术院校、高等专科学校、成人高校、普通高等院校等“多路大军齐办高职教育”，但举办高职教育的院校逐步向职业技术院校调整，在院校名称和学校设置方面都趋于规范

❶ 教育部高等教育司．高职高专教育改革与建设—— 2003~2004 年高职高专教育文件资料汇编［G］．北京：高等教育出版社，2004：32.

化，并强调举办综合性和社区性的职业技术学院。另一方面，强调政、行、校、企多元主体办学。2002 年 8 月，国务院发布《关于大力推进职业教育改革与发展的决定》，明确提出要“深化职业教育办学体制改革，形成政府主导、依靠企业、充分发挥行业作用、社会力量积极参与的多元办学格局。”

在办学形式上，强调工学结合，校企合作，且将工学结合作为高职院校人才培养模式的重要切入点。2004 年，针对高职院校在办学中出现的定位不准确、办学方向不明确的问题，教育部提出“以服务为宗旨，以就业为导向，走产学研结合的发展道路”的要求❶，促进了高职教育的健康发展。2004 年《关于以就业为导向，深化高等职业教育改革的若干意见》提出了要加大人才培养模式的改革力度，培养“下得去、留得住、用得上”的高技能人才，明确提出了要以工学结合为重要切入点，推进人才培养模式改革。在这个文件的指导下，全国高等职业院校结合自身特点，从课程体系改革入手，就生产性实训与顶岗实习等环节进行了强化，使工学结合成为高等职业院校人才培养模式改革的导向与共识。为实现工学结合，职业院校非常重视实习实训产所的建立。

在师资队伍建设方面，强调培养“双师型”师资队伍，形成了一支理论与实践并重，专职与兼职相结合的高职教育师资队伍。2003 年，教育部启动了高校教师学位提升工程，并为高职院校教师设立了专门的培训基地，主要通过短期培训的方式来增强他们的实践能力，以突出“双师型”教师队伍的特征。至 2004 年，仅职业技术学院（不包括高等专科学校、成人高校等）的教职工就接近 33 万人，其中专任教师有 19.3 万。至 2005 年，全国独立设置高职院校的教职工有近 44 万人，其中专任教师有 26.8 万人。专任教师中“双师型”教师 5.7 万人，占比 21.3%。其中，山东、天津、湖南等城市“双师型”教师比例已超过 25%。❷

在专业设置、课程设置和教材改革方面，同时注重专业的建设、课程的改革和教材的编写。相关内容在前面已有详细论述，在此不做赘述。

此外，这一时期的高职教育人才培养模式改革有专门的机构——高职高专教育人才培养工作委员会负责。1999 年 5 月 5~7 日，全国高等专科教育人才培养工作委员会成立大会在北京举行，委员会成员由高等专科学校、职业技术学院和成人高等学校的部分院校长 50 余人组成。会议决定，将该委员会定名为“全国高职高专教育人才培养工作委员会”，承担全国高职高专教育人才培养工作的研究和指导任务。大大推进了高职教育人才培养模式改革。

这一阶段，高等教育大众化政策推动我国高职教育向规模化方向发展，尤其是 2000 年国务院授权省、自治区、直辖市人民政府审批设立高等职业学校以来，

---

❶ 教育部高等教育司．高职高专教育改革与建设——2003~2004 年高职高专教育文件资料汇编［G］．北京：高等教育出版社，2004：73.

❷ 陈嵩，郭扬．我国高职教育十年发展的成就与经验［J］．教育发展研究，2006（19）：18-21.

调动了地方办学的积极性，我国高职院校大幅增加，高等职业教育规模大幅扩张。在高职教育规模扩张的同时，教育部非常重视高职教育的改革，重点是人才培养模式改革和教学改革，重视高职院校的规范化建设、专业建设、课程建设和教材建设，探索了“校企合作，工学结合”的人才培养模式，强调政行校企合作办学，建立“双师型”师资队伍。高职教育人才培养模式的改革和教学改革是促进高职教育规模化扩张的重要条件。只有探索出有效的人才培养模式，提高高职院校的人才培养质量，高职教育才会健康的发展。这一时期的教学改革和人才培养模式改革也为我国高等职业教育的内涵式发展创造了良好的条件。高职教育的规模化发展为整个高等教育的规模扩张和结构优化做出了非常重要的贡献，最终促进了人力资源素质的提升和结构的优化，是我国实施科教兴国战略和人才强国战略的重要途径，为我国产业升级和经济结构转变培养了大批高技能人才。

第四节 高职教育的内涵式发展阶段

在高等教育大众化政策背景下，我国高职教育进入了快速发展期，规模得以扩张，并探索出了具有中国特色的“校企合作，工学结合”的人才培养模式。然而，随着社会主义现代化进程的推进，经济发展和产业结构升级对技术技能型人才提出了更高的要求，迫切需要提高高等职业教育的人才培养能力，尤其需要提升其人才培养质量。在此背景下，自 2005 年以来，我国大力推进高等职业教育改革与发展，高职教育从规模化扩张向内涵式发展转变。

一、国家示范性高等职业院校建设计划

2005 年，《国务院关于大力发展职业教育的决定》提出“加强示范性职业院校建设。实施职业教育示范性院校建设计划，在整合资源、深化改革、创新机制的基础上，重点建设高水平的培养高素质技能型人才的 1000 所示范性中等职业学校和 100 所示范性高等职业院校。大力提升这些学校培养高素质技能型人才的能力，促进他们在深化改革、创新体制和机制中起到示范作用，带动全国职业院校办出特色，提高水平。”同时提出：到 2010 年，高等职业教育招生规模要占高等教育招生规模的一半以上。“十一五”期间，要为社会输送 1100 多万名高等职业院校毕业生。[1]

为进一步落实《国务院关于大力发展职业教育的决定》精神，提高高等职业教育质量，增强高等职业院校服务经济社会发展的能力，教育部和财政部于 2006 年 11 月 3 日发布《关于实施国家示范性高等职业院校建设计划 加快高等职

---

[1] 国务院关于大力发展职业教育的决定［EB/OL］. http：//www. gov. cn/zwgk/2005-11/09/content_94296. htm.（2005-10-28）［2020-04-11］.

业教育改革与发展的意见》，对实施国家示范性高等职业院校建设计划的重大意义、国家示范性高等职业院校建设计划的目标任务、主要内容和具体步骤等做出明确规定，正式启动了“国家示范性高等职业院校建设计划”。这一计划从2006年至2010年按年度、分地区分批推进实施。其具体的发展目标为“支持100所高水平示范院校建设，60万以上在校生直接受益，为社会提供各类培训200万人次。重点建成500个左右产业覆盖广、办学条件好、产学结合紧密、人才培养质量高的特色专业群，培养和引进高素质“双师型”专业带头人和骨干教师，聘请企业行业技术骨干与能工巧匠，专兼结合的专业教师队伍建设取得明显成效。建成4000门左右优质专业核心课程，1500种特色教材和教学课件，每个专业带动区域和行业内3个以上相关专业主干课程水平的提高，教学质量显著提升。围绕国家重点支持发展的产业领域，研制并推广共享型教学资源库，为学生自主学习提供优质服务。运用现代信息手段，搭建公共服务平台，为共享优质教学资源提供技术支撑，推动示范院校与经济欠发达地区的对口支援，与区域内中高等职业院校的对口交流，促进高等职业教育整体质量的提升。”

2006年11月16日，教育部又发布了《关于全面提高高等职业教育教学质量的若干意见》，再次强调“国家将实施示范性高等职业院校建设计划，重点支持建设100所示范性院校，引领全国高等职业院校与经济社会发展紧密结合，强化办学特色，全面提高教学质量，推动高等职业教育持续健康发展。”[1] 自此，高等职业教育开始从规模化增长向内涵式发展转变，重在提高高等职业院校的人才培养质量和特色化办学模式。因此，高职院校的人才培养目标也从数量增长向质量提升转变。2006~2008年，教育部、财政部先后分三批遴选了100所高职院校进行重点建设。至2010年，经过4年的探索，示范建设院校在探索校企合作办学方式、工学结合人才培养模式、单独招生试点等方面取得了显著成效，引领了全国高职院校的改革与发展方向。

2010年11月23日，教育部和财政部联合下发了《关于进一步推进“国家示范性高等职业院校建设计划”实施工作的通知》，启动了国家示范性高等职业院校建设计划骨干高职院校建设项目，决定在原有已建设100所国家示范性高等职业院校的基础上，新增100所左右国家骨干高职院校，以此继续推进国家示范性高等职业院校建设。该计划按照“地方推荐、评审立项、年度考核、动态管理、分期安排经费的方式，分年度、分步骤实施”。2010~2012年，教育部、财政部先后分三批遴选了100所骨干高职院校。至此，我国国家示范性（骨干）高等职业院校共计200所。为高等职业教育创新发展发挥了示范引领作用，有力促进了高职教育事业的改革发展与全面提高。2014年，教育部、财政部组织专家对2011年度启动建设的国家骨干高职院校（以下简称项目学校）建设项目进行

[1] 教育部关于全面提高高等职业教育教学质量的若干意见［EB/OL］. http：//old. moe. gov. cn/publicfiles/business/htmlfiles/moe/moe_737/201001/xxgk_79649. html. （2006-11-16）［2020-04-11］.

了验收，验收工作以项目学校《建设方案》《任务书》《项目总结报告》《项目建设情况进展表》和《审计报告》等为依据，重点审议了项目学校在校企合作体制机制创新、人才培养模式改革与课程开发、实训条件与师资队伍建设、就业质量与社会贡献等方面的建设情况。在这次验收中，有 28 所项目学校的建设项目通过验收，其中，15 所学校的建设项目结论等级为“优秀”，10 所学校的建设项目结论等级为“良好”。至 2016 年初，骨干高职院校建设项目全部完成验收。至此，长达 10 年的“国家示范性高等职业院校建设计划”圆满完成。

二、高等职业教育创新发展行动计划

2014 年，《国务院关于加快发展现代职业教育的决定》提出，“创新发展高等职业教育。”为落实《国务院关于加快发展现代职业教育的决定》精神，教育部于 2015 年 10 月 9 日印发了《高等职业教育创新发展行动计划（2015—2018 年)》（以下简称“行动计划”），提出了一系列高等职业教育高质量发展的任务和举措，其中之一为“坚持以示范建设引领发展，鼓励支持地方建设一批办学定位准确、专业特色鲜明、社会服务能力强、综合办学水平领先、与地方经济社会发展需要契合度高、行业优势突出的优质专科高等职业院校。”

2016 年，各省份和有关行指委共启动承接任务 1329 项，启动率为 80%；启动项目 501 个，启动率为 70%；启动项目实际布点 12283 个；启动率为 87%。28 个省份和 25 个行指委投入专项资金 470561 万元。其中，23 个省份启动 292 所优质专科高等职业院校建设；30 个省份启动 3159 个骨干专业建设，23 个行指委启动 298 个骨干专业建设；22 个省份建立“双师型”教师培养培训基地 641 个，18 个行指委建立“双师型”教师培训基地 114 个，147 所国家示范（骨干）高职院校制定“双师型”教师标准，认定“双师型”教师 74564 人。29 个省份建设 389 个职业教育集团，17 个行指委建设 35 个职业教育集团；28 个省份推进 427 家单位开展现代学徒制试点工作，7 个行指委推进 29 家单位开展现代学徒制试点工作。教育部备案审核了 163 家首批现代学徒制试点单位（牵头单位为高职院校的试点单位共计 100 所），共计参与企业 1878 家，院校 370 所，试点专业 535 个，涉及学生 36228 人，各试点共承诺投入资金 5.9 亿元，推动职业院校和企业共同开展试点工作。23 个省份建立 362 个省级应用技术协同创新中心，7 个行指委建立 29 个应用技术协同创新中心。[1] 在师资队伍建设，人才培养模式探索、技术协同创新等方面取得了重大成就。

2017 年，各地共启动任务 1234 项，启动率 93%；启动项目 367 个，启动率 88%；启动项目实际布点 19895 个，布点率 160%。其中，新疆任务启动率低于

[1] 高职创新发展扬帆起航 行动计划落实后程可期——《高等职业教育创新发展行动计划（2015—2018 年)》2016 年执行情况综述［EB/OL］.（2017-06-13）［2020-07-23］教育部 . http://www.moe.gov.cn/s78/A07/zcs_ztzl/ztzl_zcs1518/zcs1518_zcjd/201706/t20170613_306783.html.

70%；黑龙江、海南、西藏、宁夏4个省份项目启动率低于70%；黑龙江、海南、西藏等3个省份启动项目实际布点率低于70%。天津等30个省份（含兵团）省级财政投入经费共计171.3亿元。行指委共启动任务244项，启动率74%；启动项目241个，启动率79%；启动项目实际布点1245个，布点率69%。包装、广播影视、粮食、煤炭、美发美容、文物保护、邮政等7个行指委任务启动率低于70%，环境保护行指委未启动承接任务，煤炭、外经贸、文物保护等3个行指委项目启动率低于70%；包装、船舶工业、电子商务、工业和信息化等13个行指委启动项目实际布点率低于70%。安全等34个行指委合计安排投入经费13.1亿元。❶ 31个省份启动优质校建设项目，26个省份发文确定优质学校建设名单的省份，立项院校数量由2016年的130所增至403所，已占全国高职院校总数近三成。31个省份启动骨干专业建设项目，覆盖834所高职院校的408种专业，建设布点数达3815个，全国校企共建生产性实训基地实际启动项目布点1933个，建设骨干职教集团359个。❷

至2018年11月，31个省份启动优质校建设项目，29个省份发文确定优质学校建设名单并给予重点支持。已立项建设的省级“优质院校”“一流院校”“卓越院校”增至456所，占全国高职院校总数超三成，教育部已立项建设了112个职业教育专业教学资源库，覆盖了高职教育19个专业大类、56个专业类。同时打造了一批特色鲜明的骨干专业，提升了专业整体发展水平。❸ 三年内，各地共启动任务1310项，启动率99%；启动项目397个，启动率96%；启动项目实际布点22806个，布点率184%。截至2019年2月28日，32个省份发文立项建设优质专科高等职业院校490所、骨干专业（群）4208个。有关行业职业教育教学指导委员会（简称“行指委”）共启动任务286项，启动率86%；启动项目277个，启动率91%；启动项目实际布点1553个，布点率86%。其中，包装、广播影视、美发美容、食品工业、卫生等5个行指委任务启动率未达到100%；包装、船舶工业、纺织服装、航空工业、外经贸等5个行指委项目启动率未达到100%。❹

---

❶ 关于2017年《高等职业教育创新发展行动计划（2015—2018年）》执行情况及有关工作完成情况的通报［EB/OL］.（2018-04-14）［2020-07-28］. 搜狐网. https://www.sohu.com/a/228293302_284449.

❷ 童卫军.《高等职业教育创新发展行动计划（2015—2018年）》2017年执行绩效报告［J］. 中国职业技术教育，2018（19）：37-43.

❸ 《高等职业教育创新发展行动计划（2015—2018年）》实施情况［EB/OL］.（2018-11-07）［2020-04-12］. http://www.moe.gov.cn/jyb_xwfb/xw_fbh/moe_2069/xwfbh_2018n/xwfb_20181107/sfcl/201811/t20181107_353846.html

❹ 关于《高等职业教育创新发展行动计划（2015—2018年）》执行情况及2018年有关工作完成情况的通报［EB/OL］.（2019-03-22）［2020-07-28］搜狐网. https://www.sohu.com/a/303086051_229991.

经过三年努力，“高职教育创新行动计划”取得重大成效，教育部职业教育与成人教育司司长王继平其成效总结为 5 方面：一是重点项目有引领。以高职学校骨干专业等重点项目为引领，推进任务项目整体落实，全国一共启动建设优质学校 456 所，骨干专业 3815 个，校企共建生产性实习基地 1933 个，省级协同创新中心 727 个。二是主要任务有亮点。坚持立德树人根本任务，实现专业教育与思政教育同向同行，合力打造“双师”团队，校企合作共建双师型教师培养培训基地一共 660 个，与“一带一路”沿线国家开展了 351 项国际合作项目。三是类型特色有彰显。初步形成了与经济社会发展同频共振的发展格局，制造业十大重点产业相关的专业，新增了 1253 个专业点。年度招生 43 万，全国建设职教集团 1400 多个，有将近 3 万家企业来参与，分批布局了 558 个现代学徒制试点，覆盖了 1480 多个专业点，9 万多名学生，学徒直接受益。另外，56 个行指委发布了 60 个行业人才需求预测与职业院校专业设置指导报告。四是短板环节有补齐。高职生均拨款制度进一步落实，全国平均水平已经达到 12000 元，职业教育国家标准体系进一步完善，专业目录、专业教学标准等国家职业教育教学标准相继发布，教学诊断与改进制度进一步健全。五是改革成果制度化，探索符合职业教育培养规律和特点的人才评价选拔模式，分类考试招生的改革已经成为主渠道。完善职业院校治理结构一校一章程实现了全覆盖，依法办学、按章办事已成共识，定期发布国家、省、校三级质量年度报告，接受社会监督已经成为高职战线的自觉行动。❶

2019 年，教育部根据项目实施方案和实际建设成效，对建设结果进行了检查认定，认定优质专科高等职业院校 200 所、骨干专业 2919 个、生产性实训基地 1164 个、“双师型”教师培养培训基地 440 个、虚拟仿真实训中心 46 个、协同创新中心 480 个、技能大师工作室 98 个。❷ 高职教育不管是在办学体制机制、管理机制、人才培养模式，还是技术协同创新方面都取得了重大成效。高职教育的办学水平和服务社会发展水平得以大大提高。

三、高职教育“双高计划”

高职教育“双高计划”是指“中国特色高水平高职学校和专业建设计划”，

❶ 介绍《高等职业教育创新发展行动计划（2015—2018 年）》《职业院校管理水平提升行动计划（2015—2018 年）》实施成效及职业教育贯彻落实全国教育大会精神的工作举措［EB/OL］（2018-11-07）［2020-07-28］教育部. http：//www. moe. gov. cn/jyb_xwfb/xw_fbh/moe_2069/xwfbh_2018n/xwfb_20181107/wzsl/.

❷ 赵惠莉，薛茂云. 新中国成立 70 年高等职业教育的崛起、创新与变革［J］. 中国职业技术教育，2020（09）：24-31.

是教育部在职业教育领域的一次重要制度设计，面向独立设置的专科高职学校，坚持质量为先、改革导向、扶优扶强，项目遴选不分所有制性质、地域和规模大小，重点支持就业率高、毕业生水平高、社会支持度高，且校企结合好、实训开展好、“三教”质量好的学校。是高职教育追求卓越高质量发展的重要举措。

《教育部2018年工作要点》提出要“启动中国特色高水平高职学校和专业建设计划”。2019年1月24日，国务院印发《国家职业教育改革实施方案》，提出了“到2022年，一大批普通本科高等学校向应用型转变，建设50所高水平高等职业学校和150个骨干专业（群）”的目标。并提出“推进高等职业教育高质量发展。启动实施中国特色高水平高等职业学校和专业建设计划，建设一批引领改革、支撑发展、中国特色、世界水平的高等职业学校和骨干专业（群）。”❶

为进一步落实《国家职业教育改革实施方案》，推动高职教育持续深化改革，强化内涵建设，实现高质量发展，教育部、财政部于2019年4月1日印发《关于实施中国特色高水平高职学校和专业建设计划的意见》，对计划实施的指导思想、基本原则、总体目标、改革发展任务和组织实施等方面做了详细规定。其中，改革发展任务包括：加强党的建设，打造技术技能人才培养高地、技术技能创新服务平台、高水平专业群和高水平双师队伍，提升校企合作水平、服务发展水平、学校治理水平、信息化水平和国际化水平。“双高计划”每五年一个支持周期，2019年启动第一轮建设。旨在“集中力量建设50所左右高水平高职学校和150个左右高水平专业群，打造技术技能人才培养高地和技术技能创新服务平台，支撑国家重点产业、区域支柱产业发展，引领新时代职业教育实现高质量发展。”

为落实“双高计划”，教育部、财政部于2019年4月16日又印发了《中国特色高水平高职学校和专业建设计划项目遴选管理办法（试行）》，对“双高计划”项目遴选、项目实施和项目管理的具体方法做了详细说明。正式启动了第一轮高职教育“双高计划”，集中力量建设50所左右高水平高职学校和150个左右高水平专业群。5月31日，“双高计划”省级推荐工作完成，全国共推荐了230所高职院校，451个专业群。❷ 12月13日，教育部、财政部发布《中国特色高水平高职学校和专业建设计划建设单位名单》，共有197所高职学校入选，其中，56所高职学校入选高水平学校建设，141所高职学校入选高水平专业群建设。

2019年“双高计划”建设单位统计表见表2-4。

---

❶ 国务院关于印发国家职业教育改革实施方案的通知［EB/OL］.（2019-01-24）［2020-04-12］. http：//www. gov. cn/zhengce/content/2019-02/13/content_5365341. htm.

❷ 赵惠莉，薛茂云．新中国成立70年高等职业教育的崛起、创新与变革［J］. 中国职业技术教育，2020（09）：24-31.

表 2–4　2019 年“双高计划”建设单位统计表　（所）

	A 档	B 档	C 档	总计
高水平学校建设单位	10	20	26	56
高水平专业群建设单位	26	59	56	141

（资料来源：《中国特色高水平高职学校和专业建设计划建设单位名单》）

四、高职院校的人才培养模式改革

这一阶段，为提高办学水平和人才培养质量，我国高职院校非常重视人才培养模式改革，“工学结合”“现代学徒制”等人才培养模式不断完善。

2005 年，《国务院关于大力发展职业教育的决定》提出要“大力推行工学结合、校企合作的培养模式。与企业紧密联系，加强学生的生产实习和社会实践，改革以学校和课堂为中心的传统人才培养模式。”2006 年，教育部又下发《关于职业院校试行工学结合、半工半读的意见》和《关于在部分职业院校开展半工半读试点工作的通知》，不断深化“工学结合，校企合作”人才培养模式改革。2011 年 9 月 29 日，教育部印发《关于推进高等职业教育改革创新引领职业教育科学发展的若干意见》再次强调“以区域产业发展对人才的需求为依据，明晰人才培养目标，深化工学结合、校企合作、顶岗实习的人才培养模式改革。”2014 年，《国务院关于加快发展现代职业教育的决定》提出“推进人才培养模式创新。坚持校企合作、工学结合，强化教学、学习、实训相融合的教育教学活动。推行项目教学、案例教学、工作过程导向教学等教学模式。加大实习实训在教学中的比重，创新顶岗实习形式，强化以育人为目标的实习实训考核评价。健全学生实习责任保险制度。积极推进学历证书和职业资格证书‘双证书’制度。开展校企联合招生、联合培养的现代学徒制试点，完善支持政策，推进校企一体化育人，开展职业技能竞赛。”2017 年，国务院印发《关于深化产教融合的若干意见》，将产教融合上升为教育改革和人力资源开发的国家战略高度。2018 年，《职业学校校企合作促进办法》明确了产教融合、校企合作具体的操作性措施。各地也纷纷出台地方法规，促进校企合作落地生效。江苏省、山东省等出台了地方职业教育校企合作促进条例，实施政府推动、行业引导、校企共同参与办学的一体化运行机制。至此，我国“工学结合 校企合作 产教融合”的高职院校人才培养模式改革不断深化。

为落实《国家职业教育改革实施方案》，推进国家教学标准落地实施，提升职业教育质量，教育部于 2019 年 6 月 11 日印发《关于职业院校专业人才培养方案制订与实施工作的指导意见》，对职业院校专业人才培养方案的制定和实施工作提出了具体要求。强调要“坚持育人为本，促进全面发展，坚持标准引领，确保科学规范，坚持遵循规律，体现培养特色，坚持完善机制，推动持续改进”的基本原则，明确培养目标，规范课程设置，合理安排学时，强化实践环节，严格毕业要求，促进书证融通，加强分类指导。[1]

随着高职教育从“示范性院校”“骨干院校”到“优质院校”，再到“高水平院校”建设计划的推进，我国高职院校的人才培养模式改革也在不断深化。强调复合型技术技能人才、高层次应用型人才的培养，推动学生理论、实践能力和综合素质的全面发展。强调开展委托培养、定向培养、订单式培养试点，丰富人才培养方式。在师资队伍方面，强调建立“双师型”教师培养培训基地，已建立数量充足、专业过硬、实践能力过强的“双师型”师资队伍。在教学方面，强调以就业为导向，开展工学结合、弹性学制、模块化教学等试点，建立基础设施完备的实训基地，加强特色专业建设和精品课程建设。经过多年的改革，各类型，各专业高职院校形成了各具特色的人才培养模式。其中，“工学结合”“现代学徒制”“订单式”人才培养模式已渐趋成熟，彰显出中国特色。

这一阶段，我国高等职业教育注重内涵式发展。从“示范性院校”到“优质院校”再到“高水平院校”，标志着我国高职院校的建设标准越来越高，同时意味着我国高职院校的人才培养能力和服务经济发展能力不断提高。我国高职教育在规模和质量上都有很大提高，为区域经济转型和产业升级培养了大批高素质技术技能型人才，促进了现代职业教育体系的建设和服务经济发展目标的实现，同时为促进就业做出很大贡献。对于实现推进我国的现代化进程具有重要意义。目前，中国已建立世界上规模最大的高等职业教育体系。2018 年，高职院校数量 1418 所，招生 368.83 万人、在校生 1133.7 万人，[2] 分别占全国普通高校的 53%、46%和 40%，成为我国高等教育的“半壁江山”。2019 年《政府工作报告》做出高职学校大规模扩招 100 万人的重大决策，进一步推动我国高等教育由大众化迈向普及化阶段。为满足产业升级和经济结构转变对高素质技能型人才的需求，我国高职院校人才培养模式改革逐渐深化，强调高等职业学校要培养服务区域发展的高素质技术技能人才，不断推动体制机制创新，深化产教融合、校企合作，进一步促进高等职业学校办出特色。同时强调对高职教育进行全面改革，加强“双师型”教师队伍建设，“骨干专业”建设，促进教育教学改革，激发多主体办学活力，从而完善现代高等职业教育体系，全面提升高职院校的人才培养能力。

[1] 教育部关于职业院校专业人才培养方案制订与实施工作的指导意见［EB/OL］.（2019-06-11）［2020-04-12］. http：//www. moe. gov. cn/srcsite/A07/moe_953/201906/t20190618_386287. html.

[2] 李孝轩．高职百万扩招，迎来发展春天［EB/OL］.（2019-04-25）［2020-04-11］. http：//www. sohu. com/a/310272669_100886.

第五节　高职教育的集团化发展

职业教育集团化发展是政府主导、行业指导、企业参与的职业教育办学体制的重要实现形式，对于促进资源共享、深化产教融合，提升规模化办学水平具有重要作用。自20世纪90年代以来，我国高等职业教育就重视多主体合作办学，以实现办学主体之间的资源共享和优势互补，进而提高办学质量，这便是高职教育早期的集团化办学形式。随着高职教育规模的不断扩大，办学资源的供需矛盾也越来越突出。在办学资源匮乏的情况下，为提高资源的利用率，实现优质资源的重组与共享，集团化办学模式更加受到重视。国家发布了一系列政策，鼓励多元主体组建职业教育集团，深化高职教育办学体制机制改革。经过多年的探索与改革，我国高职教育的集团化办学模式渐趋成熟，为现代职业教育体系的构建和高职院校人才培养模式改革做出了重要贡献。

一、高职教育集团化发展政策

2005年《国务院关于大力发展职业教育的决定》提出要“推动公办职业学校办学体制改革与创新。公办职业学校要积极吸纳民间资本和境外资金，探索以公有制为主导、产权明晰、多种所有制并存的办学体制。推动公办职业学校与企业合作办学，形成前校后厂（场）、校企合一的办学实体。推动公办职业学校资源整合和重组，走规模化、集团化、连锁化办学的路子。”政府在政策层面提出了职业教育集团化办学的思想。

《国家中长期教育改革和发展规划纲要（2010—2020年）》第二十一章六十七条提出要开展“职业教育办学模式改革试点”，具体方向是“以推进政府统筹、校企合作、集团化办学为重点，探索部门、行业、企业参与办学的机制”。明确提出职业教育办学模式改革要重视集团化办学。

2014年《国务院关于加快发展现代职业教育的决定》提出要“鼓励多元主体组建职业教育集团。研究制定院校、行业、企业、科研机构、社会组织等共同组建职业教育集团的支持政策，发挥职业教育集团在促进教育链和产业链有机融合中的重要作用。鼓励中央企业和行业龙头企业牵头组建职业教育集团。探索组建覆盖全产业链的职业教育集团。健全联席会、董事会、理事会等治理结构和决策机制。开展多元投资主体依法共建职业教育集团的改革试点。”正式提出要组建职业教育集团。

《现代职业教育体系建设规划（2014—2020年）》明确提出要“推动职业教育集团化发展”。一是要科学规划职业教育集团发展。“完善现有职业教育集团的治理结构、发展机制，逐步扩大各类职业院校参与率，到2020年基本覆盖所有职业院校，初步建成300个富有活力和引领作用的骨干职业教育集团。开展多元投资主体依法共建职业教育集团的改革试点。”二是要创新职业教育集团的发展机制。“按照市场导向、利益共享、合作互赢的原则，吸引各类主体参与职业教育集团建设。通过中央企业和行业龙头企业牵头、骨干职业院校牵头、行业和职业院校联合、地方政府整合职业教育资源、区域内职业院校资源共享等方式多样化发展职业教育集团。鼓励各地在重大产业建设工程中，同步规划覆盖全产业链的职业教育集团。”三是要提升职业教育集团的发展活力。“研究制定促进职业教育集团发展的支持政策。支持符合条件的职业教育集团统筹中高职衔接、专业课程建设、实训基地建设、教师队伍建设。鼓励通过领导干部交叉任职、共建技术创新平台和生产性实训基地、建立混合所有制职业院校等方式强化集团内部的利益纽带。鼓励行业特色明显的普通高等学校参与职业教育集团。鼓励职业教育集团与跨国企业、境外教育机构等开展合作。”对职业教育集团化发展的目标和具体任务做出了详细说明。

2015年《教育部关于深入推进职业教育集团化办学的意见》对职教集团化办学的重要意义、实现形式、综合服务能力和保障机制做了系统部署。该《意见》提出：“到2020年，职业院校集团化办学参与率进一步提高，规模以上企业参与集团化办学达到一定比例，初步建成300个具有示范引领作用的骨干职业教育集团，建设一批中央企业、行业龙头企业牵头组建的职业教育集团，教育链与产业链融合的局面基本形成。”主要通过积极鼓励多元主体组建职业教育集团、规范完善职业教育集团治理结构、建立健全职业教育集团化办学运行机制来促进职业教育集团化办学的实现。高职教育集团化办学开始快速推进。

此后，《国家职业教育改革实施方案》等政策文件中也多次提及要大力组建职教集团，强调深化高职教育集团化办学模式改革。高职教育集团化办学得到了政府政策的大力支持和保障。

二、高职教育集团化发展实践

虽然职业教育集团化办学正式出现在政策文件中是在21世纪初，但早在20世纪90年代，以一校或几校为主导，以相关院校和合作企业为主体，以行政区域或行业领域为边界，以促进职教资源优化配置为原则，以“利益共赢”为目的，以专业和课程产品等为纽带的职教集团基本框架已初步形成。[1] 不过当时集团成员之间的联系较为简单，校企合作还不够深入，没有充分发挥集团作用。

进入21世纪，在高职教育规模化扩张背景下，集团化办学成为解决高职教育办学资源短缺的重要途径，高职教育集团化发展成为高职教育改革的重要方

---

[1] 马成荣．关于职教集团基本问题的思考［J］．教育发展研究，2005（19）：83-86.

向。在国家政策的大力支持下，我国高职教育积极探索集团化办学模式，取得了重大成效。第一，形成了多种类型的职教集团。我国职教集团按主导机构可分为政府主导型、院校主导型、企业主导型和行业主导型 4 类，其中，院校主导型的职教集团占绝大多数。按集团法人类型可分为事业法人型、企业法人型、社团法人型、民办非企业单位法人型及联盟型 5 类。每种类型的职教集团都有各自独特的办学模式和人才培养模式。第二，职教集团的规模得以大幅扩大。在相关政策的支持下，我国各省份积极组建职教集团。至 2018 年 11 月，我国共组建职教集团 1400 余个，覆盖 90%以上的高职院校、100 多个行业部门，有近 3 万家企业参与。[1] 第三，职业教育集团化办学模式改革不断深化。职教集团的内涵和类型逐渐清晰，运行机制和管理机制不断完善。人才培养模式改革涉及专业设置、课程安排、教材开发、师资培养等众多方面，人才培养质量得以大幅提升。

目前，集团化办学已成为我国高等职业教育改革与发展的重要方向。职教集团在促进资源整合、加强校企合作、深化产教融合等方面发挥着重要作用，对于提高高职教育的办学水平和人才培养质量具有重要意义。为充分发挥职教集团在高职教育发展中的重要作用，还需不断进行改革，探索更加有效的人才培养模式。

---

❶ 新华社．我国已建设职教集团 1400 余个近 3 万家企业参与［EB/OL］.（2018-11-08）［2020-07-29］https：//baike. baidu. com/redirect/c20dIV488E1hFV4RLu0iKoJ40Npk75oGs6t6vaw_DXzlQYc6qYQfud1Ei5t-Twx9ECDpyfr4_JDq7gzwccfS3NU5SBsRUlUe2uaqSfsdVf04qztlTZDR3Fulyd889z0IW5tw.

第三章　高职院校人才培养模式的现状与问题

人才培养模式是根据一定教育理念，实现理想的培养目标，通过专业建设、课程设置、教学改革、教学评价与质量保障等途径制定的人才培养运行方式。人才培养模式兼具理论性与实践性、静态与动态同职业教育跨界、融合的特性，高职人才培养模式在实践探索中走出了特色化道路，国内外形成了典型模式，深受经济社会发展需求、科技发展、教育体制改革等因素影响，我国高职人才培养模式仍存在技术技能人才需求不适应等部分问题。

第一节　国外高职院校人才培养的典型模式

一、德国的“双元制”模式

1. 基本发展概况

德国双元制（Berufsbildondon Schule，BBS）职业教育培育模式是指青少年学生在学校受系统的专业技能知识理论与普通文化教育，奠定通识素养基础的同时，也在企业接受与岗位技能切身相关的专业技能培训，“工学结合、校企双制”的培育理念深深渗透其中。德国双元制通过横向与纵向发展，总体上经历了三个时期：手工作坊时期的双元制；中等职业教育阶段的双元制；高等职业教育阶段的双元制。

手工作坊时期的学徒制职业教育是德国职业教育的开端，最早可以回溯到12世纪，也是德国双元制发展的开端。主要是“师傅带徒弟”这种传授手工艺和技能的学徒培训方式，但这并不是师徒双方个人的事情，而是要受到行业学会（协会）的监督。[1] 学徒制、手工作坊的职业教育在各国手工业生产时期并不鲜见，但是企业行业参与是德国职业教育发展伊始的特色，为后期校企双制奠定坚实的发展基础。

中等职业教育学校阶段“双元制”职业教育的发展是德国职业教育横向突

---

[1] 崔岩．德国“双元制”职业教育发展趋势研究［J］．中国职业技术教育，2014（27）：71-74.

破的重要结果。近代工业革命以来，对技术技能人才的需求旺盛，手工作坊已经不能满足，传统学徒制开始逐渐崩溃。受教育者对学校教育权的争取，以及技术技能需求使得职业教育转向学校，职业教育仍属于义务教育阶段范畴，德国职业教育与企业制度的关系更加紧密，“双元制”思想得到了更好的发展。1896 年，北德意志联邦颁布工商条例，规定未满 18 岁的学徒必须到当地的进修学校接受教育，并要求企业主必须保证学徒的学习时间，1920 年，德国全国学校大会将进修学校正式命名为“职业学校”，它是双元制职业学校的雏形。❶ 1964 年，德国教育委员会在《对历史和现今的职业培训和职业学校教育的鉴定》中将这一职业教育模式命名为双元制职业教育。1969 年，联邦政府颁布了《职业教育法》确立了双元制职业教育的法律地位，它标志着德国职业教育新纪元的开始，这是中等职业阶段双元制取得重大发展的标志。根据学生学习技能类型的选择，企业将学生送到相应类型的学校，然后学校接受并按要求办理入学手续，企业和学校配合一致，在接受培训过程中，学生具有双重身份，一是企业的学徒，二是职业学校的学生，培训结束时进行技术工人考试或学徒满徒考试。

德国高等职业教育阶段“双元制”模式的发展是对新时期高素质技术技能人才发展需求的进一步提升。企业培训不能满足学生综合素养培育，职业学校学习不能满足专业技能实践学习的需求，因此从传统学徒制到职业学校教育再到校企双制，各个国家始终在探索理论与实践结合的路径。社会发展对高素质技术技能人才要求的提升，理论与实践课时在中等职业学校无法完全安排，德国职业教育逐步延伸到高等教育阶段，“双元制”也有了更大的发展空间。双元制是德国复杂教育体系的一个组成部分，德国的教育体系中，高等教育分为综合大学（大学）、应用科技大学（FHS）、职业学院（BA）及双元制职业学校（中职），高等教育阶段，双元制培育模式的实施主要在应用科技大学内完成。将学生理论与实践紧密相连，为学生在企业工作做好了充分准备，有工程师本科毕业证。应用科技大学的学生没有普通学生的寒暑假，但有企业假期，学制一般为 4 年，一般的程序是学生在进学校之前，先在企业工作 5 个星期，开学后在学校学习半个学期，第一学期后半段和第二学期在企业工作，第二学年学生在企业学习，第三学年第一学期在学校学习，第二学期在企业学习，年底必须通过行业学会（协会）的资格考试，最后一年在企业做毕业设计。❷

德国双元制与企业制度相互依赖，社会人才需求很快会传递到学校，未来在更高层次学校实施贯彻双元制是必然趋势，德国已经开始与综合大学联合培养，在博士人才培养机制中探索德国双元制落实的机制，合作的主要方式是学生主要

❶ 谢丽萍. 德国“双元制”人才培养模式对我国高职教育的启示［D］. 唐山：华北理工大学，2018：10.

❷ 崔岩. 德国“双元制”职业教育发展趋势研究［J］. 中国职业技术教育，2014（27）：71-74.

在研究所做工程项目，项目做成后论文就写出来了，博士就可以正常毕业。

2. "多元参与"宏观培育理念

德国双元制培育模式不是简单"校企"双元参与，而是多元主体广泛参与的宏观教育理念。一是德国双元制实施的彻底性取决于德国得天独厚的经济社会环境下，与德国企业制度的高度依赖机制的形成；二是德国双元制得到政府高度重视，提供了良好的政策环境。

（1）企业主动参与双元制职业教育协同

行会在相当程度上控制和影响了德国城市的经济生活，行会不但保护其成员的生产和生活利益，而且还通过行会章程规范本行业的生产和销售行为，如规定生产规模、产品价格、工资等级、劳动时间、生产过程及学徒培训等。[1] 在德国，行业企业不仅仅是作为"消费者"向职业教育提出人才需求，而是有较高的主体意识，将人才培育内化为自身价值需求，与德国双元制形成了高度依赖关系。

企业制度建立过程中积极配合双元制实施。企业培训是双元制的核心环节，没有相应的企业组织结构作支撑，双元制是很难取得成功的，双元制和德国的企业组织结构是一种共生关系。双元制虽然在一定程度上巩固和促进了德国企业组织结构的转变，但同时德国企业组织结构也为双元制的顺利实施奠定了基础。[2] 一是将双元制相关培育要求纳入规章制度上，学徒培训的时间、师傅要求、内容以及考核要求等根据需求做了详细要求，现代学徒制的奠基也为双元制实施提供了可能。二是企业内部体制嵌入双元制培育价值理念。德国大部分企业都会参加相应的行业协会，行业协会一般实行董事会管理制度，有管理权的董事一般1/3来自政府、1/3来自企业，剩余1/3来自学校，多元主体的参与深入其中。

企业参与德国双元制职业教育，是在学校和企业最大限度地协调和契合中得到创新与发展。一是明确企业参与培训任务，包括招聘培训者、制定培训大纲与内容、培训场地的计划与安排、实训教师安排、制定不同类型培训者的培训计划、填写培训者培训报告、组织培训者培训考核。二是确立培训资格。企业培训与学校教育本质上都是知识与技能传递，企业培训资格与学校家偶遇质量考核同等重要。在人员资格上，企业要求具备专业知识、教育教学知识并符合国家要求的专业人员承担培训授课；在物质基础资格上，主要从企业类型、设备配置与项目计划方面遴选具备培育资质的企业。三是建立起企业培训程序。培训者申请培训机会，这一方面企业会充分考虑自身企业利益，依据生产计划、生产组织机构变化、新产品新工艺开发等制定人员需求计划；培训者与企业签订培训合同，行

---

[1] 王宇东．德国双元制职业教育研究［D］．大连：辽宁师范大学，2010：11.

[2] 陈德泉．德国双元制职业教育的重新审视［J］．中国高教研究，2016（02）：92-96.

业协会法则审查培训合同，延长或缩短培训时间。四是建构企业参与职业培训的流程，分别是包括制定企业培训大纲、进行招聘流程、签订职业培训合同、试用期培训、制定证书、考试考核、布置企业工作学习任务、成绩鉴定与谈话（见图 3-1）。

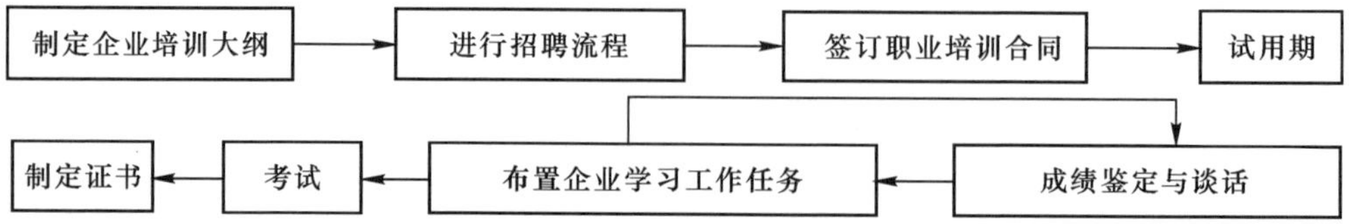

图 3-1 德国双元制职业教育中企业的参与流程

注：该图引自徐挺．德国双元制职业教育中企业的参与流程及启示［J］．内蒙古师范大学学报（教育科学版），2018，31（06）：31-35.

（2）政府参与双元制职业教育管理

德国双元制职业教育模式不是简单的校企合作制度，政府与企业参与都是作为积极主体参与其中，政府在为学校与企业协同参与双元制发挥了重大作用，提供了良好的政策环境。

首先，德国政府为双元制职业教育提供了完善的法律法规保障。德国双元制运行相关的法律保障，政府建立在客观的制度立场，对学校与企业都有完善的法律保障。德国各类行业协会在德国经济活动和教育实践中得到了国家一级法律的保障，其中获取参会会员企业的未来人才需求是其重要工作。专用性人力资本投资的精准和高效率离不开企业的参与，企业是追求利润最大化的经济主体，当参与职业教育与增加利润具有一致性时，企业才有动力积极参加职业教育，❶ 这就需要政府组织的积极介入。正是有了《职业教育法》《手工业条例》《青年劳动保护法》《企业法》《劳动促进法》以及国家认可培训专业的《职业培训条例》等一系列法律法规，才保障了德国双元制职业教育的顺利实施。

其次，政府分工与统筹相结合，承担双元制职业教育管理职责。职业学校与企业深度合作实施双元制职业教育，但是各自的组织属性始终存在差异，为进一步明确各自的职责，同时统筹管理，对校企双方进行有效管理。德国双元制职业教育管理框架是法律依据下的政府协调管理，以联邦文化和教育部长联合会（kultus ministerkon ferenz，KMK）为最高管理机构，统筹管理德国职业教育的实施和发展策略。一是统筹管理的实施的政策依据不同，职业学校实施职业教育主要依据的是《学校框架教学计划》，其中主要包括对教学内容、安全技术、宏观经济与企业经济、环境生态、交流沟通、团队协作和劳动法等方面的规定。企业职业培训主要由联邦政府依据《职业教育法》实施管理，另外还要严格参照

❶ 吴伟．德国双元制职业教育模式的特征、成因及发展趋势［J］．财富时代，2019（10）：209.

《职业培训条例》和《企业培训框架计划》等文件作为企业实施职业培训的基础。二是实施管理的主体不同（见图3-2）。各州文教部长联席会议则颁布作为职业学校实施普通文化课和专业课主要教学基础的“框架教学计划”，各州则以《职业教育条例》和“框架教学计划”为依据，制订本州职业学校的教学计划。而企业培训的政府部门具体包括联邦教育与研究部、联邦职业教育研究所、联邦经济和劳动部、联邦有关主管业务部等。联邦政府各主管业务部负责各自领域的职业培训，教育和研究部则负责对各主管业务部提出的职业培训大纲、章程进行审定。联邦职业教育研究所则开展职业教育研究，发布重要成果，参与起草职业教育条例、相关法规和职业教育报告。支持跨企业职业教育机构的规划、组建和继续发展，根据国家认可的教育职业目录，与行业代表和各专业主管部门三方协商，联合制订相应的《职业教育条例》等。❶ 德国双元制职业教育管理模式的三角形态，政府统摄下，联邦政府、州政府层面垂直管理上各司其职，同时纳入社会资源，为学校和企业沟通提供了良好的纽带。

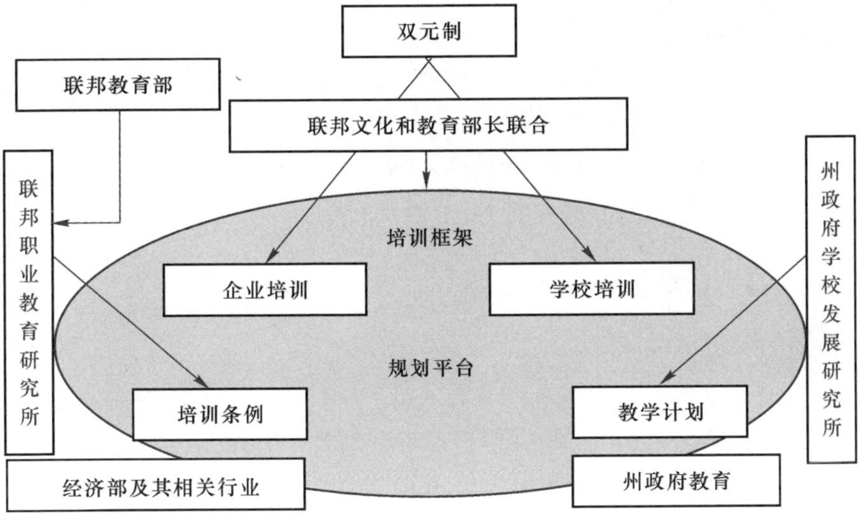

图3-2 德国双元制职业教育管理框架

注：该图引自 Hanno Hortsch. Curriculum，Dresden，2009：6

3. “能力本位”取向专业设置理念

德国双元制专业设置坚持能力本位取向，专业设置客观反映了培养目标的价值诉求，个人发展目标、经济发展目标与社会发展目标，专业设置并不是培养单

❶ 姜大源．《联邦职业教育法》译者序［J］. 中国职业技术教育，2012（10）：71-88.

向度的专业能力，而是培养具备综合素养的职业能力。

德国双元制职业教育专业设置对设置依据有充分的认识。一是客观依据上，德国双元制以技术能力为人才培养本位，专业设置以职业能力为本位，按照社会需求，以及地方经济特点，适应地方经济发展的需求。根据社会经济发展的实际情况，对于社会需求量大，发展趋势好的专业领域，开设新的专业，不断调整专业结构，使专业具有典型的区域特色；❶ 二是基于"综合素养"人才培养目标的主观依据，主要体现在政策规定依据《职业教育培训条例》中，基于职业分析，对职业名称（Berufsbe-zeichnung）作了严密界定，规定了相应的职业年限（Aus-bildungsdauer），对职业人才培养规格（Aus-bildungsberufsbild）做了详尽描述。职业名称类似于我国职业教育专业目录，每个教育职业都有一个职业教育培训条例，国家认证的培训职业种类有340个左右。在职业年限上，一般为三年，有些情况下是两年或三年，视专业学习需求而定。职业教育规格主要是基于专业素质需求对职业专业涉及的知识、技能和能力各要素的客观要求，以及企业培训与职业学校教育中各职业的综合素养，例如企业组织属性的了解，明确未来职业方向，工作的计划与评估能力，以适应岗位等。

为贯彻"能力本位"的专业设置理念，德国双元制职业教育专业设置形成了专门的流程，由专门机构负责。制定与更新职业培训条例由德国联邦职业教育研究所负责，其隶属的第四部门则负责制定相应的规章制度，第四部门又下辖工程技术类职业、商业类职业和其他社会事务职业三个下属部门，分门别类组织专业设置。每一个职成培训条例需要完成三个步骤：预审、制定和颁布。德国双元制职业教育是由企业主导的，在预审环节上，企业对某一职业有需要，按其属于哪三个职业类，就向相应的主管联邦部门报告，联邦主管部门预审通过以后委托联邦职业教育研究所制定。在制定环节上，由联邦职业教育研究所主导，多元主体广泛参与并多轮研讨。会议讨论成员包括1名联邦职教研究所项目主管、1名雇员协调员（来自全德工会联盟组织代表）、3名企业员工代表（由全德工会联盟推荐相关领域员工）、1名雇主协调员（来自全德雇主联盟组织代表）、1名雇主代表（由全德雇主联盟组织推荐相关领域雇主）、1名联邦部委代表、1名行会代表和1名州文教部长大会（KMK）代表。❷ 最后进入颁布环节，各主管联邦部门将研究所制定的培训条例下发各州议会，各州议会并提出相关条例，然后提交司法部审核并颁发，从而获得合法性地位。

德国双元制职业专业整体建构是由社会职业分析走向教育职业确立的过程。德国社会职业共划分为10个职业领域（Berufsbereiche）、37个职业大类（Beruf-

---

❶ 刘晓飞，张堃，郭晓艳．关于德国双元制职业教育体系的研究与分析［J］．职业，2019（24）：114-115.

❷ 高松．德国双元制职业教育专业设置及对我国的启示［J］．职业技术教育，2012，33（19）：83-87.

shauptg ruppen）、144 个职业中类（Berufsg ruppen）、700 个职业小类（Berufsunterg ruppen）和 1286 个职业细类（Berufsg attungen），纵向有五个层次。贯通社会职业五个层次分类的还有四个等级要求，“要求等级”标识了从事职业活动的复杂程度，最多可再细分为：助手与初等的职业活动（简单的、复杂程度不高的日常活动）；专业指向的职业活动（复杂的、较为专业指向的活动，至少需两年或三年的职业教育培训）；综合专业的职业活动（复杂性更高、需专门化知识的活动，至少需经过师傅或技术员培训）；高度复杂的职业活动（至少需要高校毕业证书）。❶ 教育职业虽然具有鲜明的职业特性，但它不等于社会职业，是对社会职业的“岗位群”“职业群”所需的技能、知识与态度的一种“科学编码”，是一种建立在职业分析基础上的教育“载体”。❷ 从社会职业到教育职业，德国双元制探索出了十分紧密的衔接关系，总体上会经历三个步骤：一是社会职业分析，依据从业者的岗位技能需求，对该技能的知识、能力与行为三要素进行分析，而后通过删除、合并、重构、简化等处理，获得从业者基本的职业资格综合；二是社会职业群归并，基于社会职业分析，对知识技能需求接近的职业进行合并，形成社会职业群；三是教育职业的确定，针对社会职业群从纵向链条和横向链条进行分析归纳，确保在职业性原则架构下，符合教育规律的教育职业专业名称，转化为学校教育系统的专业符号。

德国职业教育与社会职业紧密联系，凸显多元综合能力培养，在社会职业分层与教育职业内部结构也是紧密呼应。社会职业五个层次与四个等级要求并不严格对应，充分考虑到了职业专业的灵活性，职业小类依据专业特性与人才质量规格确定该多少级等级要求。与之呼应教育职业（专业）的内部结构通过简单的分析综合划分并不能实现德国双元制培育模式目标的达成，因此充分尊重专业划分的多元依据，探究适应性的专业划分方式与多个专业内部结构形态。一是主流的成阶梯状上升贯通专业设置。牵涉到若干种教育职业的结构形制，典型的如单一职业、分重点的教育职业、分方向的教育职业、分运用领域的教育职业、可选资格的教育职业；二是具有特色的阶梯分流专业设置。此类阶梯分流型的分级制教育职业的特点是指在职业教育阶段的两个资格水平上都可获取教育培训结业证书，并且需要在取得前一阶梯的证书基础上，才能获得最终一阶梯的教育职业毕业证书。

4. “综合素养”导向人才培养目标

人才培养目标是建立在对知识、个人与社会三角关系基础上的，通过传授什么样的知识（能力）培育什么样的人，实现什么样的社会发展，构成了思考人

---

❶ 谢莉花，苗耀华，余小娟．中德两国职业的比较研究［J］．职教论坛，2017（01）：70-79.

❷ BA Bundesagentur fuer Arbeit. Beruf AktuellLexikon der Ausbildungsberufe［Z］. Ausgabe 2016/2017. Nuernb，2016：8-11.

才培养目标的基本路径，德国双元制人才培养目标的形成，就是德国双元制职业教育满足德国社会人才培养目标价值诉求的过程。德国双元制职业教育培养目标，自然也衍生出三个层次❶。

首先，在个人发展层次上，职业教育在于培育个体具备工作和生活需要的能力，为塑造人生提供机会，激发个体潜能，提升个人自我效能和学习动机，因此单一的职业教育和企业培训无法完成。相应的职业学校和企业培训必须培养的学生个人素质就包括能够清楚地了解来自家庭、职业和公众所能提供的发展平台及存在的要求和限制，激发自己潜力，编制好自己的人生规划。发展诸如自主、反思、自信、可靠、有责任感、形成自己的道德观念，有自己的道德认同感。❷

其次，经济发展价值诉求。职业教育与企业培训必须培养出企业需要的社会人才，提供人力资源数量和能力水平，个人能够被企业录取获得生存资本，企业与个体获得较高收入，人力资源与双元制职业教育投入获得相应回报。相应的就对企业培训与职业学校教育的学生专业素质提出要求。以专业理论知识和实践技能为基础，学生能自主地运用正确方法有目标地解决问题，完成任务。

最后，社会发展目标方面。德国社会认为整个经济社会发展目标并不需要太多的人从事学术研究与知识生产，同样需要人将知识运用到实践中去，这对青年群体的要求不会太高，也能够促成青年群体的团结，防止社会群体边缘化，能够顺利接受培训与就业。个体的发展成就取决于自身努力与选择，职业学校与企业文化就要培养个体具备相应的社会素质，即有能力创造良好的社会关系，能够认识和理解彼此的差异和矛盾，能够理性地、有责任地和他人沟通，形成社会责任感和建立友谊。❸

经济发展目标与社会发展目标的价值诉求，个人发展目标并不是其附属，不仅仅源于对个体的尊重，坚持以学生发展为中心的理念，其深刻的意义在于德国双元制职业教育模式对知识与技能有着独特的理解与认识。在德国，一直都注重掌握技能的理论知识，技能涵盖整个行业的环节。在德国“职业知识可分为三个层次，一是引导行动，二是解释行动，三是反思性”。这三个层次的职业知识绝非简单地用完成某项操作任务的实践技能所涵盖，需要以坚实的理论素养为基础。❹

“能力本位、综合素养”的人才培养目标对培养体制及后续的专业设置、课程与教学等提供了理论指南，由于对知识的不同看法，将其分为生产的知识和应

---

❶ Dieter Euler. Germany’s dual vocational training system：a model for other countries［EB/OL］.（2014-8-12）［2015-8-22］ http：//www. kaizenpe. com/kies2014/pdf/knowledge-base/study-german-vet-system. pdf

❷❸ Linda Clarke，Christopher Winch. A European skills framework-but what are SkillsAnglo-Saxon Versus German Concepts［J］. Journal of Education and Work，2006，19（3）.

❹ 陈德泉．德国双元制职业教育的重新审视［J］．中国高教研究，2016（02）：92-96.

用的知识，因此在德国高等教育体系中，一个实行学术型人才培养模式，一个实行应用型人才培养模式。应用型人才培养模式就主要在德国应用科技大学（FH）中进行，突出强调知识与科学方法的实际应用，强烈的实践导向，也是双元制实施载体发展的重要结果。同时对学生发展需求与社会的需求，面向行业或专业群，以就业为导向，培养学生成为既有理论知识又有实践能力的工程应用型和技术应用型人才，在各个领域第一线从事生产、建设、管理，学生接受的是专业培训而不是针对某学科的学习，主要培养三种能力：专业培训、工作方法的培训、社会能力的培训，体现了一种以能力为本位的教育思想，在这一指导思想下培养出来的人才比较能够适应复杂的就业环境。❶ 德国职业教育的培养目标，是以职业活动为核心，以企业培训为主体，培训具有较强的实际操作能力、较好的职业素养和继续学习能力的劳动者。

5. “融合性”模块化课程体系

德国双元制职业教育课程体系主要分为理论课程与实践课程，其特色之处在于理论与实践课程以学生职业能力培育为契合点在课程形式上深度融合，课程体系建构的参照、课程编制与课程教学内容实施建立起了系统的双元制模式。

首先，课程体系建设依据上的协同。职业学校的理论课程遵循州文教部制定的《学校框架教学计划》（Rahmenlehrplan fuer den Ausbildungsberuf XX），企业培训则按照联邦政府颁布的《职业培训条例》进行。《框架教学计划》的职业教育教学大纲计划组成部分包括绪论、职业学校教学任务、教学论原则、本专业的说明、学习领域等，对教学目标、内容与时数做了规定。《职业培训条例》构成主要包括：国家认可的培训职业名称、培训的年限、培训目标、职业领域范围基础教育、职业培训的职业规格、职业培训框架计划、职业培训计划、书面证明、毕业考试。其中对人才培养目标、专业建设与课程等做了详尽规定。两个参照依据并不是相互孤立的，两者是以相关职业领域的工作任务为基础，经过职业分析和教学分析，构建形成的教学范畴，因此两者教学内容的来源一致，两者内容协调联系（见图 3-3）。❷

其次，《企业培训框架计划》与《学校框架教学计划》协同机制下理论课程与实践课程深度融合，相互内嵌。课程体系建设主体采取多元协商机制，参与到学习领域内容的设计中来，从而确保企业职业培训条例的标准和规格与职业院校学习领域内容与之相对应，但是又各自保持自身的基本课程属性。

在课程属性上，职业学校课程坚持理论导向，其目的在于让学生明白“为什

---

❶ 汪佳梅．德国双元制职业教育模式的认识与思考［J］．职业技术，2012（06）：16-17.

❷ 董显辉．德国双元制职业教育企业培训内容与学校教学内容的协调机制［J］．职教论坛，2017（18）：91-96.

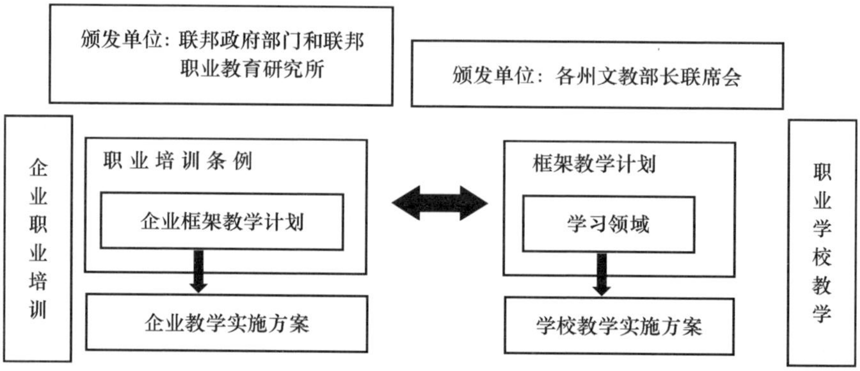

图 3-3　《职业培训条例》与《学校框架教学计划》关系图

注：引自董显辉、德国双元制教育企业培训内容与学校教学内容的协调机制［J］职教论坛，2017（18）：94

么要这样做”，课程设计要以职业活动为核心，涵盖专业所需的相关理论，尽可能做到综合性强，利于解决学生的综合分析能力和解决问题能力。实践课程则是企业培训以“实践”为主导，在于让学生明白“如何将其所知运用与实践”，教学内容则是要按照企业实际操作的流程进行编排，使之更加注重学生动手能力的培养和职业经验的积累。在课程内容价值与课程实施方式上又形成相互交错的模块化课程。“双元制”模式在课程设置上，不仅以培养学生在某一特定领域的专业知识与基本从业能力（包括岗位技能、方法能力、社会适应能力等）为目标，还注重培养“关键能力”，即纯粹的专门职业技能和知识无直接联系、超出职业技能和知识范畴的能力，如中途发生岗位或单位变动，学生可在自身专业水平及技能基础上进行调整与适应，从而在一定时间内重新掌握、熟练一门新技能，并重新投入就业岗位。❶

“综合素养”的培养目标下“能力本位”课程融合设计理念，课程相互嵌套。理论知识取向的职业学校课程，学习通识知识课程和专业技能相关的理论知识，实践导向的企业培训课程主要是在实训车间学习技能操作课程。但是在职业学校也会设立演示车间等，具体情境虽然不如工场，在学校内部也紧密衔接理论与实践课程，实践课程接受技能操作学习的同时，也并附加必要的理论知识讲解，从而将理论与实践结合。在授课形式上，并不是理论与实践课程分为前后段学习，而是不断轮换相互交替，也会采用集中授课方式，但是集中时间相比我国的职业教育课程较短，轮换频率高一些，校内实践与企业培训，实践程度也不断加强，每个周因为课程进度安排的不同，需要设置 8～12 课时，一周要有 3～4 天

❶　莫竞．德国双元制职业教育体制对我国职业教育人才培养模式及校企合作模式的启示［J］．太原城市职业技术学院学报，2016（05）：6-8.

在企业或工厂内实践（见图 3-4）。

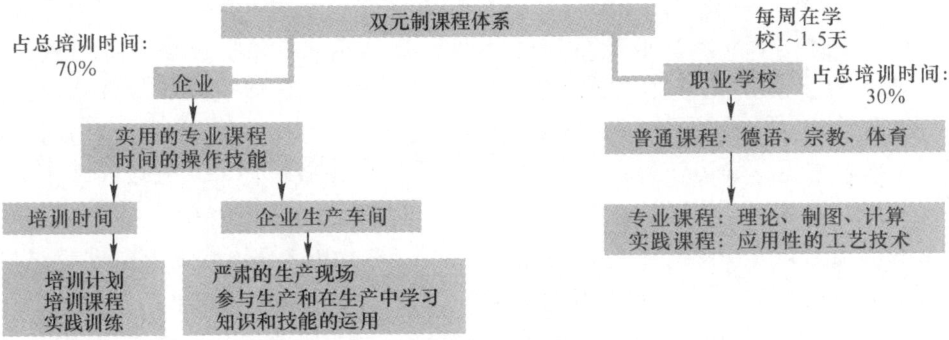

图 3-4　德国双元制课程体系

注：引自莫竞《德国双元制职业教育体制对我国职业教育人才培养模式及校企合作模式的启示》。

6. “任务型”教学模式理念

德国双元制职业教育模式综合素养的人才培养目标需求，能力本位的专业建设理念，模块化的课程融合体系，延伸的教学层面，就是采用“任务型”教学模式理念，以任务为导向，置身于学习（工作）情境中，培养基础能与力迁移能力等，进而培育出符合社会发展需求的技术技能人才。

“任务型”教学模式，其理念设计并不复杂，关键在于如何付诸实践，德国双元制模式采取该模式，十分契合了学校职业教育与企业培训的需要，在教学层面能够获得较好的实施，得益于学生主体的价值观与双师型教师培育理念。在德国双元制职业教育模式下，不论是理论教学，还是实践教学，均将学生作为主体，教师为学生设置了启发式、探讨式、分组式、操作式教育培训方案，并且在教学过程中时刻了解和掌握学生的基础需求，彻底改变学生课堂被动学习的局面。❶ 学生中心的价值观，也促进了知识观的转变，在德国职业知识分为引导行动的知识、解释行动的知识与反思性知识，是建构理念的，也对学习情境提出了要求，进而对“任务型”教学模式给予了支撑。其次就是双师型教师培育理念，德国职业教育教师同样来自企业与学校两个来源，同时也倾向理论教师与实训教师两端，德国双元制在这一层面也做了努力探索。实训老师即受过职业培训的企业师傅或者工厂技术员，需要他们通过教育学和心理学的考试并符合《实训教师资格条例》，进而具备任务情境创设意识。理论教师则是在职业院校传授专业理论和普通文化知识的人，他们必须接受专业的学习并通过国家考试，而且还需要

---

❶ 王晓艳. 德国双元制职业教育模式对我国高职人才培养的启示 [J]. 黑龙江畜牧兽医，2016 (22)：231.

两年的示范学习和一定时间的实习期，对实践有亲身体验。

“学习领域（Learning Field）”课程教学模式和“教程+项目”的学习方式共同筑起了德国双元制职业教育“任务型”教学模式。“学习领域”是教的理念，是1999年德国文教部长联席会通过的决议，是一种体现职业教育特色的跨学科课程计划，是经过系统化教学处理的行动领域。教师在呈现学习内容时，设计多个学习情境，学习情境是不一样，但是由工作领域转为学习领域的知识范畴呈现的样式有案例、模块、现象、产品等。学习领域的课程内容非常灵活，依据紧密的双元制理念感知行业企业的敏锐度而更新，在学习领域之上是课程结构，课程结构相对稳定，又保障了专业方向性。每个专业或专业方向，通过10~20个互相关联的学习领域的学习，就可使学生获得某一职业的从业能力和资格，学习领域的关联性与开放性又决定了学生的关键能力培育的程度。相对于学生学习来说就是“教程+项目”，在教师采取的行动导向学习法之下，以采取头脑风暴法、卡片展示法、项目引导法、模拟教学法、角色扮演法、案例教学法等教学方式，让学生对项目进行学习，掌握职业技能，习得专业知识，从而构建属于自己的经验和知识体系。在1~2个教程结束之后，用一个相应的项目来检验教程的学习情况。

7.“书证融通”培育评价理念

学校与企业的双元衔接，促成了书证融通的评估理念，一以贯之的将能力本位、综合素养培育的结果采取科学合理的评估方式，从而保障了人才培育质量。

书证融通，融合的契机是职业教育标准的紧密对接，也是“职业教育条例”的重要内容，在条例中，职业标准、教育标准与评估标准统一建构，层层分析递进，分别以教育职业规格（Ausbildungsberufsbild）、教育框架计划（Ausbildungsrahmenplan，ARP）与考试要求的形式体现，书证融通评估是整体形式，充分反映人才培养评估效果。评估的内容是培养目标确立的价值导向与培训内容，对学生的理论知识与专业素养进行考核，并充分体现在学历证书考核要求与职业资格证书考核要求中。

“两次考核、两类证书”是德国双元制“书证融通”评估理念的具体实施举措。“两次考试”是指中期考试和结业考试，对学生全面胜任工作任务的关键能力进行考核。中期考试主要是考查学生或学徒在职教期间的学习情况及技能水平，是过程性评价，结业考试即全国统一的职业资格认证考试（IHK），则指向学生职业能力，是一种综合素养，而且是中期考试合格者才能参与。“两类证书”则是指学历证书和职业资格证书，两类证书和两类考试是分别对应的，中期考试合格者获得毕业培训证书，结业考试合格者依据等级获得职业资格证书。学历证书是职业学校颁发给完成课程并且成绩合格的学生的毕业证明，代表的是学

生的知识水平和学历证明。❶

德国“书证融通”的职业教育评价考核方式还在于其具备科学合理的机制，从而保障了其客观性，也是因为企业行业参与双元制职业教育的主动性保障的。

首先是考核评价组织的资格问题，组织和实施毕业生的职业认证行业协会需要得到由国家法律授权，其获得权威资质以后不仅对合格的毕业生颁发证书，对于从事职业教育教师的职业教育师资合格证，也由该组织对合格申请者颁发。规定承担双元制职业教育考试任务的行业协会必须设立由考试所涉及的知识、技能方面的专家所组成的考试委员会，专门负责职业教育的结业考试事宜。行业协会必须依据州最高主管部门（通常是劳动部或经济部）审批的考试规则，制定考试规则并予以公布，考试规则必须明确规定准考条件、考试安排、评分标准、考试证书的颁发、违反考规的制裁和补考等事项。❷ 其次是考核过程中，理论考试与实践考核，都坚持教学和考试分离，考试委员会成员均由企业员工和学校教师组成，从而保障其客观公平性。职业资格证书均由行业协会办法，具有专业权威性，培训毕业证书分别包括学校和企业两个部门颁发的培训证书，在全国乃至国外通用。❸ 德国社会各企业的根本利益由行业协会来代表，并主持双元制职业教育的结业考试，这样不仅对德国的职业教育质量可以严控把关，而且还能起到第三方评估监测的作用。

二、北美 CBE 人才培养模式

1. 基本发展概况

能力本位（Competency-Based Education，CBE）职业教育模式，是指以能力为本位，以学生为中心，以行业为导向的一种职业教育人才培养模式。CBE 培育模式产生于第二次世界大战，在北美地区发展，第二次世界大战期间，美国为了使武器制造工人掌握装配技术，迅速适应生产线，于是提出了“能力本位”教育。从 20 世纪五六十年代到 80 年代，其方法理念从企业生产领域逐步转移到教育领域，同时催生世界科技进步与教育领域对应的学科完善。70 年代经济危机爆发，虽然是生产领域矛盾问题，但是人们也开始反思人对劳动技术领域和社会职业的适应问题，教育领域重技能知识轻实践操作能力培养的问题暴露出来。休

❶ 陈钰，王希，周小平．实现职业教育“五个对接”的探索——德国双元制职业教育培训条例带来的启示［J］．成人教育，2018，38（08）：56-60.

❷ European Centre for the Development of Vocational Training. Vocational Training Systems in the Member States of the European Community［M］. Berlin：Berlin Press，1984：102-104.

❸ 代赛慧．德国双元制职业教育特色的分析［J］．黑龙江教育（理论与实践），2018（Z2）：20.

斯敦大学心理学教授布鲁姆根据社会化大生产对职业技师分工越来越细的特点，强调进行针对性的培训和再培训，逐渐形成一套比较先进的职业教育理念，❶ 使得 CBE 开始成为一种比较完整、系统的教育方法体系。

CBE 模式初始于美国，在加拿大、德国等国家发展起来，第二次世界大战以后，美国教育委员会专家组整理形成了《战时培训的教育经验》报告，CBE 模式初步形成。首先是应用于教师教育领域，1965 年，学校师资建设靠美国教育部门拨款支持，开始逐步探索。1968 年，联邦政府要求学校基于教师能力分析开发初等学校教师课程模块，并提出相应的能力的测量与评估方法。1972 年，能力本位教育中心委员会在美国成立，并公布了 100 个用于师资队伍建设和优化师资培训的基于 CBE 的教育模块。20 世纪 70 年代逐步应用于职业教育领域，在美国著名教育心理学家布鲁姆"掌握性学习""反馈教学原则""目标分类理论"思想基础上，由加拿大皇家经济开发中心和美国通用学习公司合作开发形成新型教学模式，开始应用于职业教育领域。❷ 后期美国能力本位教育思想传播到加拿大、澳大利亚、德国、日本、中国等诸多国家，并对当地的职业技术教育产生重要影响。80 年代，加拿大通过了《国家培训法》，将政府与工商界的利益紧密联系在一起，发展形成现代 CBE 职业教育模式从北美地区逐渐推广到其他国家和地区，1994 年 5 月在加拿大召开的 CBE 国际研讨会对 CBE 教育模式给予了肯定，加拿大的能力本位教育研究与实践走在较为前列，主要在社区教育中实施 CBE 模式课程。20 世纪 90 年代初，由于中国与加拿大两国之间高中后职业技术教育合作项目的开展（Canada—China College Linkage Programme，CCCLP），CBE 被介绍到中国，其在职业教育领域中备受关注与应用。

2. CBE 模式的理论基础

CBE 模式的产生与发展有深刻的社会背景，更有深厚的理论基础奠基，同时在实践探索过程中，产生了许多新的理念，反过来也支撑了该人才培养模式的探索。CBE 模式一系列理论基础有教育理论，主要是相关教学理论，也有跨学科的理论基础，例如系统论、科学管理理论基础上的工作分析理论，有宏观层面的泛在理论，也有微观层面的核心理论。

首先，泛在的宏观理论。19 世纪 70 年代实用主义开始逐步凝练为美国文化的重要内容，以杜威为代表的实用主义盛行，经验主义成为哲学的第三个触角，实践意义突出性得到强调，实用主义提出在教育中引入社会实践，在实践中理论知识和社会实践、职业等相匹配。同时，还强调有意义的学习方式，对能力本位教育强调注重理论和实践的一体化教育有深刻影响。在经验主义哲学基础上的还

❶ 陈伟球．CBE 教育模式对我国新兴产业职业教育的启示［J］．河南科技学院学报，2012（12）：80.

❷ 顾月琴，孔晓明．CBE 职教模式的特征分析及其借鉴作用［J］．教育与职业，2015（15）：4-5.

有建构主义，以皮亚杰为代表的个人建构主义是从引导学生从自身经验出发，能整合重构知识结构，并将新知识植入自身的心理结构里。建构主义强调教学活动中教师的主导型和学习者的主体性，通过创设情境，引导学生发现问题、解决问题、学习吸收新知识、整合知识结构，在此基础上形成的能力也就是 CBE 教育模式的核心要义。实用主义与建构主义为 CBE 模式提供了内容层面的理论基础，而系统论中的整体性、关联性、等级结构性、时序性是基础，信息论则是通过数理统计方法来研究系统，需要针对性的对象和范围，二者为 CBE 模式提供技术层面的理论基础。CBE 模式包含环境、制度、实施过程、评价主体等成功要素，要素之间相互作用，是一个不可分割的整体。将专业体系划分成若干模块，这些模块之间按照时序性原则，结合学生的身心发展规律组合成完成的课程体系。

其次，核心理论基础。CBE 模式较之德国双元制更微观，从北美地区传播有时又被称为 CBE 教学模式，主要包括布鲁姆目标分类学理论与掌握性教学理论与反馈性教学原则等理论的影响。布鲁姆目标分类学理论将教育目标分为认知、情感和动作技能三个维度，这三个维度也是能力学基础理论的三个基本维度，每一个维度又分为几个子目标，且每个子目标有科学的描述性语言。其次是掌握学习理论，其理论内涵是假定每个人都可以掌握该能力，只要经过一定的学习过程，而这个学习过程又涵盖教学目标、教学过程、教学评价、教学研究，在这个过程中又将反馈性教学原则进行了研究，这一系列理论主要为 CBE 模式中能力的获得方式提供了坚实的理论基础。

3. CBE 职业能力掌握的培养目标

CBE 模式与德国双元制都突出强调对于职业能力的分析，确立专业设置与培养目标，但是 CBE 模式对社会职业能力分析更加侧重教育教学内部的导向。CBE 以职业能力掌握为培养目标，一是强调职业能力种类的分析获取，二是职业能力内涵的分解，以便学生全面掌握。

首先，职业能力分类获取，最大限度地使受教育者具备将来从事某种工作所应有的综合能力，这种综合能力与某种工作紧密联系。通过具有权威的专家组构成专业建设委员会，经过周密详尽的调查和研究，抽丝剥茧分析专业岗位要求，从而明确从事该职业所具备的能力，确立专业人才培养目标。通常情况下，一种职业包含 8~12 个综合能力，每项综合能力包含 6~30 个专项能力。能力本位教育强调的是以能力作为教学的基础，而不再是传统以学历或学术知识为基础来安排教学与学习。[1] 这也是 CBE 模式成为职业教育人才培养模式的重要基础。

其次，职业能力内涵分解。各个职业能力内涵分解是建立在对能力认识基础

---

[1] 张丽莉 . CBE 理念下的艺术设计校企合作培养模式研究 [J]. 亚太教育，2015 (19)：68.

上，将能力界定为知识、技能与态度等的合金。职业能力主要从由专业知识（职业知识）、从业态度（上岗动机）、职业的经验（过程与获得）、成效反馈（成绩综评）4个方面组成。对能力进行可获得、可学习的分解，再结合课程体系建构与教学模式设计，使培养目标不仅明晰，而且变革可培育。其中态度在职业能力分解中的意义非常重大，CBE不仅突出培养学生掌握基本知识和实际技能，而且注重培养学生的工作态度。这里所谓的"态度"就是我们通常说的情感、态度、价值观及职业道德教育和团队精神养成。[1] 能力本位的人才培养目标承上启下的贯穿整个CBE人才培养模式，有基本的实施程序。一是市场分析，主要包括人才需求调查、人才规格调查和专业设置调查；二是职业能力分析过程，主要就是形成此阶段培养目标的过程；三是具体实施环节，包括课程建构、教学管理与实施、教学评价与改进等。

4. CBE课程开发与建设

CBE课程模式与德国双元制为能力本位的课程建设理念，皆主张模块化的课程体系，CBE课程模式的独特之处在于探索出了系统的课程开发模式DACUM（Developing A Curriculum）。DACUM是美国通用学习公司与加拿大皇家经济开发部实验设计分部共同开发的人力资源管理方法，同样也是CBE课程开发最关键的一步。在加拿大的实践证明，是进行工作分析的最佳工具，是一种在现代被广泛用于人力资源管理、教育培训等领域的职业分析方法。[2] 课程模式理念相同，也有不同的程序，例如加拿大百年理工专项任务（职业能力）分析、早期讨论、确定商业计划的框架、课程申请、未来市场预测、广告宣传和课程申请、课程审定或批准与课程建设；但大致主要分以下几个步骤。

首先，采用工作任务分析方法，确立课程目标与内容体系。西方课程观没有固定形态的课程与教材，更多被称之为教学计划。遴选6~12名从事该岗位的经验丰富的优秀工作人员组成DACUM研讨委员会，以行企或职业岗位需求为核心，形成教学具体实施步骤与专业人才市场需求相结合的课程开发教学体系。每一个职业预计包涵十项左右的综合能力，每项综合能力可分解为6~30项的专项能力，最终以此来形成一张DACUM图表。

其次，专项能力分析，通过成立专项能力分析专家组委员会，同课程开发委员会不一样，更多是优秀的课程专家，其职责是对DACUM表进行修订与细化，对每项专项能力所需知识与技能进行排序，并针对不同层次的岗位内容进行确定。

---

[1] 周群．从CBE到以岗导学——我国铁路行业职业教育借鉴加拿大CBE模式的本土化策略［J］．高教论坛，2012（01）：101.

[2] 田英玲．CBE课程模式评价［J］．职教通讯，2012（25）：31.

再次，确定课程内容和学习资料，核对岗位能力及相关领域所需技能，最后收集整理DACUM表。此表可作为课程具体实施过程中的考核标准，进而确定课程内容。

最后，课程评估，由外审（教育质量审计机构）、内审和学生三方参与，确保教育质量。内审是学院内部开展自我评估，监测课程成果、学术规划、战略、使命、教学内容与活动。外审则是各省或州一级政府以学生为目标，是对学院的关键绩效考核的审计，进行外部质量评估。审核的主要标准❶就是课程相关度，课程是否满足学生的学习需求，教学资源、教师队伍的资质和经验，以及课程成果的实现情况和课程评价的有效性。

5. CBE教学模式

CBE职教模式的核心理论是建立在教学论基础上的，CBE教学模式是其理论体系最核心的组成部分，从教学目标到教学模块、教学结构、教学设计、学生学习模式、教学评价等内容形成了自身独立体系，是CBE职教模式的缩影，具体实施环节包括CBE模式中培养教师掌握技能、制订针对性的学习计划、组织课堂和实践教学、学习指导材料、指导学生通过计划、日常事务管理（见图3-5）。

首先，明确教学目标。CBE教学模式以能力为中心，不同于传统教学模式的知识中心，具备很强的针对性和可操作性，注重学生综合能力的培养。以未来教师职业或其他岗位能力为教学目标，教学目标的获取即是通过上述的就业市场分析、能力分析和课程模块的确定，层层分解而确定的，形成在课堂教学中可实施且学生可掌握的目标。

关于学生的学习模式与教学设计。在“CBE”教学模式教学过程中，教师作为引导者通过各种教学方法充分调动学生的积极性，提倡处于主体地位的学生参与设计教学活动，采用的是个别化的学习方式，打破学科壁垒，重视学科融合，采用灵活化的教学方法来综合培养学生的各项能力。在“CBE”教学模式中，重点是根据每个学生的基础，为他们提供高质量的学习。教师通过提问、给学生讲解和演示来检查学习进度和反馈信息。加强校外机构的合作，利用企业的环境让学生实地学习，培养实际的操作能力。对学生取得的每项技能给予评价并颁发证书。

最后，关于“CBE”教育教学模式的质量评价。在“CBE”教学模式中，考核评价的形式多样，随堂考核和阶段考核皆可。通常说来，每节课开始都会考核上一节课的知识和学生的预习情况，并且根据学生掌握能力为考核标准来进行学习质量的评价。❷ 在考核方式上，采用量化、谈话、建立学生个人档案等多种形

---

❶ 朱惠君．CBE职业教育课程开发模式对我国职业教育的启示［J］．职教论坛，2015（2）：63-65.

❷ 靳凯丽．“CBE”教学模式在高师体育教育专业跳远普修课教学中的实验研究［D］．太原：山西师范大学，2017（06）：8.

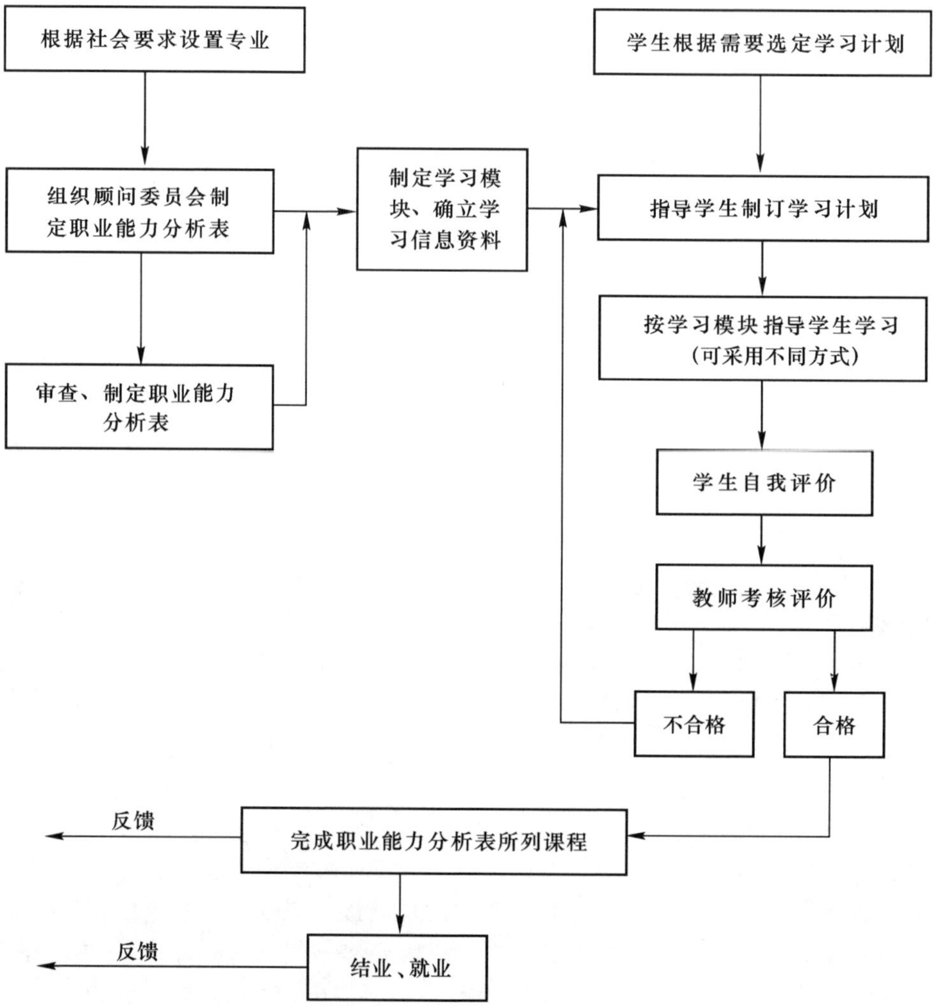

图 3-5　CBE 教学模式流程图

注：引自潘玉昆．借鉴加拿大 CBE 教学模式以深化高职教育教学改革［J］教育与职业，2009（24）：17.

式对其进行评价，教师根据各自课程模块结构建立不同的《学生目标评价记录表》，报学校教务处审批，通过后按照记录表内项目逐项进行评估，并且该表将进入学生学籍档案里，作为今后用工企业的招聘依据。❶ 在评价理念上也积极转变，基于反馈性教学原则，提倡学生的学习成效、存在问题等，便于学生及时调整学习进度，改进学习策略。

❶ 张海涛．CBE 模式在中职数学教学中的探索与研究［D］．苏州：苏州大学，2011（09）：7.

6. CBE 人才质量评价

CBE 模式是以能力获得为基础的人才培养模式，强调能力的获得与个体的资质能力没有必然联系，而是与学习时间高度关联，因此人才质量评价不能仅仅依靠结果性评价，而是要结合形成性评价，对教学效果和学生能力水平进行多元化的全面评价。

首先，强调学生自我学习和自我评价。学生遵照“学习指南”的要求，形成学习计划，每个阶段学习完成后完成自评，再由教师对在学习或顶岗实习中所获取的成绩进行评定与鼓励。[1]

其次，建立多样化的评价体系。CBE 模式的人才培养目标表现为各个职业能力，而能力包括知识、技能与情感态度等，传统单一的评价方式无法保障人才培养质量达标。教师对于学生认知类的核心素养采用量化测评，比如采取丰富标准化测验的题目，增加开放性问题等，同时，对于非认知类的核心素养则可以采用谈话、调查问卷、建立学生档案等多元形式对其测评。

三、澳大利亚 TAFE 人才培养模式

1. 基本发展概况

澳大利亚 TAFE 模式是职业技术继续教育（Technical and Further Education）的简称，是国际认可的四大职业教育培养模式之一，也是教育制度体系的创新制度，更是终身教育制度的教育实践内容之一。伴随着澳大利亚社会发展需求变革，行业结构变化，对劳动力素质提出新的要求。与此同时各类社会劳动者对劳动技能培训有着旺盛的需求，政府也积极倡导终身教育理念，澳大利亚教育制度悄然发生变化。1973 年 3 月，当时澳大利亚联邦政府成立了澳大利亚技术与继续教育委员会，专门培养职业技术人才。随后该委员会明确提出要把技术教育与继续教育联系起来，要把学历教育与岗位教育结合起来，采取理论与实践、知识与技能相配套的教育培训方式，这一构想为职业教育的发展打开了新的思路，从此，技术教育被正式称为技术与继续教育（即 TAFE）[2]。

澳大利亚 TAFE 模式是人才培养模式的创新过程，也是澳大利亚教育体系的重要组成部分，因此又被称为 TAFE 学院。澳大利亚 TAFE 学院有两种办学模式，一是独立设置的 TAFE 学院，是其主要发展类型，二是大学设职业教育部，澳大利亚共有 4 所设有职业教育部的大学，其办学性质有两类，一是政府开办的

---

[1] 崔辉．基于 CBE 模式的建筑工程技术专业教学改革的研究与探讨［J］．安徽建筑，2018，24（01）:238.

[2] 陈显丽．澳大利亚 TAFE 人才培养模式研究［J］．当代职业教育，2010（11）：58.

TAFE 学院，属于公办性质；二是公司、企业、私人组织等创办的非政府 TAFE 学院，属于私立性质。澳大利亚 TAFE 模式总体上可以概括为五个发展阶段。

（1）萌芽发展时期（1946~1970）

澳大利亚职业奠基于第二次世界大战后期，大量退役军人需要适应新的经济生产，经济复苏需要大量高素质劳动者，一些技术学校以及工人学院，通过教育和培训以提高工人的技能，与此同时职业教育对象也从单一男性变为妇女也开始加入其中，各种因素激发了澳大利亚的职业技术教育发展需求。

（2）起步发展阶段（20 世纪 70~80 年代）

1973 年 3 月，澳大利亚职业部成立了澳大利亚技术与继续教育委员会（Committee of Technical and Further Education），明确提出把技术教育与继续教育、学历教育与岗位培训结合到一起。开启了澳大利亚职业教育的新纪元。1974 年，该委员会向教育部部长提交了一份著名的坎甘（Kangan）报告，Kangan 报告正式对 TAFE 的角色和使命进行了定义，“TAFE 应该被认为描述所有组织的和连续的课程，而设计这些课程的目的是教授职业教育为导向的知识，并开发个人的理解力和技能”。❶ 此时 TAFE 学院在澳大利亚政府大力支持下，资金来源、专业建设等大幅度提升，作为一种职业教育模式开始普及起来。

（3）崛起发展阶段（20 世纪 80~90 年代）

80 年代以后，澳大利亚产业结构变化，衍生出许多新的产业行业，技术技能人才需求使得 TAFE 模式再次迎来发展高潮，集中反应在 1985 年于劳动市场计划的 Kirby 报告和联邦政府 1987 年发表的“Skills for Australia”计划中。在各方推动下，TAFEM 职业教育取得了重大发展成果，一是作为一种职业教育模式突破了各州为战的局面，在澳大利亚 TAFE 指导委员会的努力下，1981 年 11 月在阿德雷州建立了 TAFE 研究中心，加强更大范围的研究与合作；二是更加紧密贴近市场，拓展培训职能，面向“培训市场”发展，向以“能力为基础的训练”转移，向“综合技能”推进。

（4）成熟发展时期（20 世纪 90 年代以来）

20 世纪 90 年代以来，澳大利亚先后出台 Deveson 报告、Finn 报告、“今日的培训，明天的技能”使得 TAFE 模式走向更加成熟发展阶段。1992 年，联邦政府成立了澳大利亚国家培训署（Australia National Training Authority，ANTA），协助政府管理，统筹职业教育各项工作，1995 年，澳大利亚资格框架（Australia Qualification Framework，AQF）建立，接着，国家培训框架（National Training Framework，NTF）建立。1998 年，澳大利亚认证框架（Australia Recognition Framework，ARF）建立，指导职业技术教育与培训机构的资格确认、注册以确保

❶ Kangan，M.（Chair）. Report on needs in technical and further education. Vol. 1［R］. Canberra：Australian Government Publishing Service，1974. 14-15.

培训质量。1998 年后，TAFE 要求各行业将本行业的职业技能标准集成为培训包（Training Package，TP），各 TAFE 学院必须根据培训包的要求设置新课程、组织教学和考核。1998 年，围绕之前的学徒制和受训生制，新学徒（NAS）体系建立推广。政府教育机构及 VET（职业教育培训）和 TAFE 管理机构的调整和合并等，[1] 自此澳大利 TAFE 作为一种职业教育制度日益完备与成熟。

（5）国际化发展时期（21 世纪以来）。早在 1992 年，澳大利亚就开始提倡高等教育国际化，一方面想了许多留学生进入高等教育机构学习，另一方面与国际高等教育机构开展教育合作。伴随着信息化社会与经济全球化的加剧，技术交流频繁，澳大利亚 TAFE 职业教育模式也开始走向国际化，其经验也得到到国际认可。

2. "一种教育体系"的人才培养模式理念

澳大利亚 TAFE 模式成为职业教育人才培养模式，首先是一种教育体系，一种由政府管理，企业深度参与，且纵横贯通的教育体系，深植终身教育理念成为澳大利亚教育体系的重要支柱。

政府体制的管理与支持。澳大利亚 TAFE 教育由地方政府，即州和地区政府来管理并提供服务，统称 TAFE 学院，自 2005 年以后，联邦政府、州政府与地方一级定期开展职业技术教育部会议要求开展教育培训。澳大利亚 TAFE 模式在管理职能上特别明确，TAFE 学院政策的制定与宏观管理是由联邦教育、科技和培训部负责，负责制定职业教育的方针政策，制定证书和文凭的具体标准，具体工作由国家培训总局负责，联邦政府及州政府严格规范 TAFE 各学院的课程设置及教学大纲的制定，ANTA（澳大利亚国家培训局）则具体协助实施和管理国家职业教育和培训专项基金，而企业介入职业教育也必须通过行业协会。TAFE 成为一种教育体系，是澳大利亚国家战略的内容之一。对澳大利亚而言，不仅仅是一种教育事业，更是产业支柱嵌入经济社会中去，在政策保障上，政府从政策保障与经济保障予以充分的重视。在经费支持上，主要包括校园建设投入、学费资助、项目竞标投入、签订培训服务购买协议，解决办学资金与生源问题等。

教育立交桥的搭建。在政府和教育部门的助推下，终身教育的理念逐步被社会和大众接受，并由此提出了普通教育与职业教育要建立"通道"，明确了澳大利亚职业技术教育的发展方向，从而为 TAFE 教育模式的发展构建框架基础。[2] 澳大利亚建立了十年制义务教育之后的全国统一的、与工作岗位相对应的教育和培训体系，为 TAFE 学院建设提供了良好的制度基础。同时深受企业参与职业教育培训影响，为了节省学习者的学习成本，澳大利亚在过去的 10 年中着力构建

[1] 顾月琴．澳大利亚 TAFE 的发展历程及其面临的挑战［J］．继续教育研究，2011（01）：156.

[2] 蓝祥龙．澳大利亚 TAFE 教育模式探析［J］．湖南科技学院学报，2011，032（007）：172.

大学教育、TAFE 教育与中学教育之间的“立交桥”，做到各类证书、文凭、学位之间相互沟通衔接，接通了普职联通的轨道。职业教育与继续教育结合，实现了毕业生职前职后一体化，构建起了终身教育体系是澳大利亚 TAFE 模式在教育体系建设上的又一重要特征。

行业主导下的企业深度参与的过程。政府专门出资成立行业技能委员会，负责研究、制订技能标准，并让政府和学校保持与市场同步，有效解决了人才培养与社会需求脱节的问题，首先为行业企业深度参与 TAFE 学院培养人才。2009 年澳大利亚启动了由澳大利亚教育、就业与劳动关系部资助的一体化衔接与学分转换计划（the Integrated Articulation and Credit Transfer project），开始推动 TAFE 教育模式由高职与普通教育二维衔接转向行业深度参与的三维模式。校企合作的深度与广度难以估量的，主要包括以下几个方面：一是参与制定职业教育和培训的宏观决策，行业代表在 TAFE 学院最高决策机构董事会占有主导权，确保人才需求与行业紧密衔接。二是全过程参与 TAFE 办学，制定行业能力标准，行业被授权制定澳大利亚全国统一的资格框架、澳大利亚质量培训框架及在资格框架下的培训包等。三是具体到学校教育教学层面，包括教学质量评估、教师选拔与课程建设等。四是支持办学投入，主要是实习实践基地的更新。

3. “实用能力”取向人才培养目标

职业教育人才培养模式都提倡“能力本位”，对能力的本质属性的不同认知取向，构成对人才培养质量规格的基本认识，进而培养出符合自身经济社会发展需求的人才。澳大利亚 TAFE 人才培养模式坚持“实用主义”能力导向，构建梯度性的人才培养目标体系，有着独特的借鉴意义。内、外能力兼顾的人才培养目标。综合素质基础架构职业能力是职业教育人才培养目标的共识，澳大利亚职业教育人才培养目标更加重视内在与外在能力兼顾。所谓内在能力即是培养学生不同职业发展阶段的心理水平，注重对学生自主心理、比赛心理、职业心理的塑造。TAFE 职业教育注重对学生的职业道德和匠心教育，超越了学科的概念，贯彻于学生终身教育之中。其中最重要的是“自信”和“包容”教育。自信主要体现学生的自我价值，让学生相信天生我才必有用。包容则体现待人接物的人际关系，尊重不同的文化和风俗。[1] 学生职业能力和职业心理的锻炼，并注重职业心理的辅导，进而在学生深厚的心理能力基础上培养外在能力。

其次是职业能力与专业能力综合培养。澳大利亚 TAFE 培养模式坚持能力本位，始终把能力与兴趣、自我潜能紧密结合，为学生提供尽可能多种类、多层次的学习方式与学习内容，是为了培养学生扎实的专业技能和动手操作能力，以至

---

[1] 孙学武，赵言．澳大利亚 TAFE 职业教育培训特点及其对中国高技能人才培养的启示［J］. 职业，2017（18）：42.

于能为各层就业市场所接受。本着实用主义取向，重视自我潜能又不过多拘泥于理论，技能多于理论，注重专业职业训练，着重专业技能的实践。在职业（工作）能力上，加强学生创业和项目估算能力、管理计算能力、观察能力、想象力、自主性、自信心的培养，同时还要关注学生的求知欲与职业兴趣，这是适应任何岗位必备之技能。在专业能力上，注重启发学生心智，澳大利亚职业资格框架 AQF 共有 13 个等级资格，其中包括 1~4 级证书和专科文凭、学士文凭、硕士证书等。TAFE 主要提供职业技术教育与培训，大学则进行学位教育，依据专业能力标准的不同让学生具有可选性地进入不同层次学习，以获取不同级别的职业资格证书。

4. 专业设置理念

根据当下社会发展和行业需求，澳大利亚职业教育拥有 12 类 200 多个专业，基本覆盖全国各个领域所需的知识技能，包括园艺、建筑、应用科学、时装设计、酒店管理、海事工程等 1000 多门课程。TAFE 职业教育培养模式下 200 多个专业的设置有着多方面要求，在专业设置原则上尽可能考虑多方面要求。一是充分尊重行业企业的要求。政府通过设立主管部门、赋予相应职责和授予相应权力来为行业在职业教育发展中发挥主导作用，提供组织保证。行业企业的深度参与，确保了 TAFE 学院培养的人才紧贴行业企业需求。[1] 二是基于区域经济发展需求，深入调研基础上考虑专业设置。根据所在地的支柱产业发展需求，开设特色专业，细化专业方向，注重专业设置的实用性和课程内容的针对性，保证高职教育人才培养的质量和水平。三是充分考虑学校专业设置能力以及学生学习意愿。专业通过多方面的论证、审核而确定下来，既考虑学校、师资、学生意愿等个体目标的需求，要考虑行业企业、区域经济发展的社会目标，且在程序上切实保障多方利益，从而保障专业设置的现实性与可能性。

5. “一贯性”的 TAFE 课程建设理念

澳大利亚 TAFE 课程模式倡导“能力本位”与“就业导向”，以培养实用型、技能型人才为根本，被公认为全球最成功的特色鲜明的教育体系之一，也对我国职业教育的发展起到重要的借鉴作用。TAFE 课程是以行业提出的行业标准为依据的，理论知识学习和技能训练并重，多数是以技能培训为主的一组科目的组合。TAFE 课程设计体现出一贯性、衔接性与整体性特征。

“一以贯之”的课程设计理念贯穿始终。澳大利亚 TAFE 课程设计是遵从职业资格框架—培训包—课程开发的基本流程，保障培养理念与能力标准贯穿始

---

[1] 杨建．澳大利亚 TAFE 办学特色的现实考量与启示［J］．黑龙江畜牧兽医，2014（04）：123.

终。TAFE 的职业资格框架（Australia Qualification Framework，AQF），该框架建基于深入研究每个工业部门的能力标准基础上研制出的“澳大利亚能力标准体系”（ASF）。一以贯之的是实用主义的课程设计理念保障，行业组织与 TAFE 机构深度融合，培训局与培训市场之间的行业资讯委员会进行本行业的就业需求预测和职业分析，制定职业能力标准，行业组织都向政府提供岗位信息和就业信息，TAFE 课程设置科学广泛、专业门类齐全，所设专业大都是市场上急需的实用技术。澳大利亚 TAFE 课程作为培养模式的中观制度依据培训包而设计的，其中涉及课程管理，或 TAFE 机构与企业合作开发，或政府统一组织 TAFE 机构与企业合作，各州基于不同课程开发传统发挥政府宏观管理与行业竞争的作用。每个培训包主要包括两个部分的内容，第一部分是国家认证部分，为培训包的主体，含三方面的内容：能力标准、资格证书与评估指南。第二部分为非国家认证部分，由学习方法指导、评估材料、发展材料三方面组成。培训包中能力要素及标准与能力单元并不是一一对应的关系，而是交叉对应。

多样化的课程设计与安排紧密衔接教学计划。课程形式的安排首先取决于系统化的课程开发程序，基本程序如下：

（1）市场分析，包括需求分析、竞争现状分析、拟开发课程（即证书）与大学之间的衔接等。

（2）分析培训包，结合培训包内的行业知识、技能要求能力评价标准等内容确定课程开发目标。

（3）选择能力单元的组合，并确保课程采用的标准与法规相符。

（4）选用和开发教学资源（教学标准、教材、主要参考资料及网络资源、学生学习指南等）。

（5）向维多利亚注册与资格评审局（VIQA）申报注册并得到确认。[1] 程式化的课程开发步骤保障了模块化课程设计的可能，TAFE 课程在结构上，以模块课程结构为主，每个模块的课时数较少，而基础知识和专业技能标准细化，使得专业相近的课程能进行灵活的安排，有利于专业按照具体培养目标，侧重培养不同发展方向的应用型人才，课程形式包括理论课、实训课、调研课与生产实践课。

能力本位的课程考核评价体系。关于课程评估主体以及评估程序，能力为本位的 TAFE 课程评估体系主要由评估者、被评估者、标准、企业和雇主、TAFE 院校（RTO）、评估运行等几个方面构成。TAFE 教师（评估者）根据国家标准对 TAFE 学员（被评估者）进行具体的能力本位的课程评估（评估运行）。“被评估者”参照“标准”进行学习培训并接受评估，“评估者”根据“标准”和评估指

[1] 王晓敏．澳大利亚职业教育与培训的特色与启示——以启思蒙 TAFE 机构为例［J］．职教论坛，2011（19）：89-90.

南对被评估者进行评估。❶ 关于考核内容，对学员学习能力和学习成绩的评价主要包括理论水平、实践能力和学习态度三部分，即评价学员所有与课程能力标准相对应的知识、实践技能和态度。在理论考核与实践考核上，坚持以实践考核为先，从课程制度上保障实践取向培养理念的实现。关于考核方式，TAFE 学院针对不同需求选择相应课程，学员可以通过课程学分认证，灵活地在证书（Certificate）、文凭（Diploma）或者只是为了提高个人品位等方面进行自由选择，也是课程考核评价基础性的制度设计。

6. 教学培育模式

教学指导思想上，注重学生实践能力培养，明晰教学目标。澳大利亚 TAFE 教学实施同样根据培训包的内容而设计的，工作目标到教学目标再到学生学习目标，能力标准贯穿始终。各种形式的教学实施都会将学习目标明确给学生，学生可以在教学过程中培养合理的工作价值观，以便更好地适应工作。

制订清晰而灵活的教学实施方案。能力本位、学生中心的教学理念，以及模块化的课程结构，教师教学上可以根据能力模块灵活调整教学实施方案，针对不同时期，不同行业背景，不同学情，可以很大程度上灵活安排课程，而不拘泥于固定时间段。课程内容的模块化组织对教师教学组织能力自然也提出了较高的要求。专任教师需要在授课前明确为什么要进行课程开发、在课程开发（教案编写）时需要考虑哪些内容、学习的结果、健康以及学习环境的管理等方面进行讲解。与此同时，教师要大量练习课程教案模板，即围绕一个主题进行教案的设计，主要内容包括：讲授内容、讲授日期、教学达成的效果、所需资源、课程需要准备的材料、后勤保障以及课程纪律、可能出现的安全事件以及处理、课程内容和时间分布、包括解释演示、评价、练习等在内的课堂所有活动、结论和学习效果以及反馈。❷

教学形式上注重营造真实的工作场域。为了培养学生实践能力，在教学形式上会尽可能营造真实的教学场域或者在工场中教学，目前澳大利亚现代学徒制体系包含学徒制和受训生制两种基本类型。学徒制（Apprenticeship）通常在传统行业专业开展，通常持续 3~4 年，实习生制（Trainee ship）覆盖的行业范围较广，以服务业为主，培训通常在 2 或 3 级证书水平，更高层次的资格培训中使用。澳大利亚 TAFE 学院教育培训体系的特点是营造具有职业岗位特征的教学情境，常常将教室设计成工作现场、实验室成为操作间。

注重教学资源开发。为了培养学生的自主学习能力，TAFE 教师会开发一些

---

❶ 江荣华．澳大利亚 TAFE 课程考核评估的体系和特点［J］．中国职业技术教育，2006（20）：59.

❷ 李帷．澳大利亚 TAFE 对高职学生工作价值观培育的启示——以西南 TAFE 为例［J］．市场周刊：理论研究，2017（06）：101.

资源，主要目的就在于为学生提供多样化的学习资料。TAFE 教师收集和整理教学资料、开发课件和利用教育资源的能力较强。为了提高教学效果，让每个学生更好地理解和掌握相关行业技能，TAFE 教师可通过公共的职业教育网站下载课程资料（由专门人员开发和编写），也可通过互联网、报纸杂志、广播电视台和企业等搜索所需要的教学资料。

7. "全过程"的人才培养质量评价体系

TAFE 人才培养模式健全的质量评价管理体系。澳大利亚 TAFE 人才培养模式从培养目标到教学模式是一个灵活的职业教育模式，其质量保障来源于内外质量保障机制，层层评估。首先最外部的评估机制是培训系统和培训组织、机构的注册和质量认证、培训质量的标准和评价。ANTA 的评估职责是健全国家质量体系和支持 VET 质量制度的健全和落实。ARC 的职责支持培训机构开发的质量体系的建立和实施、支持培训机构和组织之间协作以使客户受益，以提高培训质量。RTO 则按照质量建立和实施自己的质量体系，保证达到培训的质量要求等。高等教育质量保证署负责对 TAFE 学院进行外部检查并公布检查结果。其次是行业深度参与教学质量评估。1992 年"国家培训总局"的建立就是为了确保职业教育、政府和行业之间的紧密联系，确保 TAFE 课程的设置能跟上行业发展的步伐，其后国家培训总局又建立了行业培训咨询机构和各州教育服务部，对 TAFE 的人才培养质量进行定期评估，确定课程既能满足行业的需要，又能符合学校教学的规律。[1] 最后是 TAFE 机构自身的质量评估机制建立，TAFE 非常重视自身的教学管理和质量控制，设有质量委员会专门的校内评估机构，建立了内部风险评价与改进机制。

系统化与贯通性的质量保障体系。澳大利亚 TAFE 机构的教育质量保障体系则是通过澳大利亚质量培训框架、全澳资质文凭框架和国家技能标准委员会 NSSC（National Skills Standards Council）颁布各专业各级文凭证书的培训包（Training Package）来实现的，以及通过学历证书的教学内容与相应的职业资格证书的培训内容相互融合衔接来保障。全国统一的学历资格框架和职业资格证书制度，其中起关键作用的是全国统一的澳大利亚资格认证框架（National Training Framework）和培训包（Training Package）。澳大利亚资格证书框架体系涵盖所有教育类型，由 12 个级别的资格证书组成，不同层级的资格证书标准与不同等级的职业岗位要求相对应，获得了某一专业某一层级的职业资格证书，就意味着能够胜任相应的职业岗位工作。而且通过两个证书衔接以及学分转移等制度搭建普通教育、职业教育与继续教育立交桥，实现普职融合以及终身教育理念实现。

---

[1] 宋春燕．论澳大利亚 TAFE 的质量保障体系［J］．广东农工商职业技术学院学报，2008，24（3）：17.

四、国际劳工组织的 MES 模式

国际劳工组织的 MES 职业教育（培训）模式是国外典型性人才培养模式之一，与德国双元制、澳大利亚 TAFE 模式等相比，更加聚焦在人才培养模式课程、教学、质量评估等中观层次，是基于一种劳动技能培训实践基础上探索的重要职业教育模式，其模式探索与实践就是基于本土化与国际化并重。

1. 基本发展概况

20 世纪 70 年代，西方资本主义国家经济发展进入高原期，经济增长缓慢，劳动者失业率居高不下，针对这一问题，国际劳工组织从教育角度入手思考经济社会发展问题。为迅速解决当时的就业问题，国际劳工组织在研究各国先进职业教育与培训经验的基础上，开发出模块化技能培训模式（Modules of Employable Skill，MES），起初主要用于短期培训，其目的是在短时间内帮助劳动者提升劳动技能、促进就业，解决当时的高失业率问题，促进资本主义世界经济发展与社会稳定。[1]

正是基于这一背景，20 世纪 80 年代国际劳工组织研究发达国家职业技能教育（培训），借鉴德国、瑞典等国的"阶段式培训课程模式"，以及英、美、加等国的"模块培训"等经验的已有经验开发出了 MES 职业教育模式。MES 职业教育模式的开发一开始就是推向国际化的，并采取了多重举措来实现。一是通过项目支持的方式推广，例如 1997 年在波斯尼亚和黑塞哥维纳实施的"支持比哈奇就业方案的职业培训"（简称"比哈奇"项目）和 2008~2012 年在印度推行的"模块化就业技能-技能发展计划"（简称"SDI-MES"项目）；二是通过提供专家指导和师资培训为举措促进 MES 模式理念的传播；三是基于 MES 核心职业培训理念，开发本土化课程和培训内容，以便落实更具现实性；四是提炼出系统化的操作模式有序推进，包含项目载体、师资培训、教材内化、资格互认四项措施为基础的国际化路径标准模式。自从 1987 年 10 月中国劳动部聘请 ILO 专家在天津、上海举办研修班引进 MES 以来，天津高级职业技术培训中心在宣传推广 MES 及开展咨询服务等方面做了大量的工作，产生了较大的影响。[2]

2. 培养理念

MES 模式的全称是"就业技能模块组合（Modules of Employable Skill）"，这是国际劳工组织研究开发的一种新的职业技能培训模式，即"模块培训法"。MES 培养理念来源于理论与实践两个方面，理论方面是运用系统论、信息论和

---

[1] 潘海生，权薇．国际劳工组织职业教育 MES 模式国际化研究［J］．职业技术教育，2020，41（01）:73.

[2] 刘登高．职业技能开发的一种新模式——简介模块培训法（MES）［J］．职业，1994（1）：29

控制论开发出来的以现场教学为主，以技能培训为核心的一种职业技术培训模式，实践方面则是指借鉴先进发达国家职业培训经验，开发出模块化的培训模式。

MES 的培养理念主要在于提升劳动技能，其探索实践是从市场、就业与职业需求到教育（培训）需求的路径寻求方向，其核心理念主要体现在灵活、实用和可操作的职业培训实施过程中。第一是开展培训需求分析。自上而下逐步思考培训需求、培训策略与培训方案，环环相扣，最后确定出基本的培训方案；第二是开发培训模块单元。从产业到具体工作岗位的转变过程，对工种、任务和技能进行分析，层层递进，逐步思考工种规范、工作步骤、模块内的技能、模块所需的学习单元，通过表格将模块所需的全部学习单元确定下来；第三是编制培训大纲教材。培训大纲参照表包括职业领域、工作范围、工种、工作名称、培训对象、培训时间、学时分配、教学目标八方面内容。在选编 MES 培训教材时，根据现行职业培训的标准，最大限度满足专业培训计划与教学目标需要；❶ 第四是确定培训教师、培训方法和学员。主要充分考虑四个方面的条件：从事的职业和工作范围内具有较高的技术水平和实践经验；教学法和教学技术方面的培训；企业或培训学校有过培训教师的经历；是否掌握 MES 有关的理论、概念和方法；第五是建设学习站。学习站也即是学习场所，但是在环境构建上有详尽的要求，主要包括学习技能所必需的设备、机器，设备、机器的附件，手工工具、刀具和量具，安全设备，培训工件和实物、消耗性材料，供阅读学习单元的桌子。学习材料的存放处，放置图纸和工作说明的托架，必需的视听辅助装置，培训大纲中给定的学习单元；第六是培训考核、培训管理和跟踪调查安排。在学员完成培训进入工作岗位后，及时进行跟踪调查及反馈评估，不断改进培训工作，避免与社会经济需求脱节。

3. 树状图分析式的模块化课程设计

模块化概念贯穿 MES 模式始终，培育理念、课程设计到教学设计都是采用树状图式分析，从职业分析到学习单元逐级分析，确定学生（劳动技能培训者）的学习点。由于西方国家是小课程大教学理论，课程或教材更被理解为学生学习资料。

MES 课程模块化设计总体上要经历以下几个步骤：第一步是职业分析，首先确定某一职业应该具备的全部职能（Function），又把全部职能分解为若干职责；第二步是把这些工作职责分成不同的工作任务（Tasks），每一项工作任务就是一个模块（Modular Unit，MU），并确定各项工作任务应该具备的综合能力与专项

---

❶ 廖勇．地方本科院校应用型人才培养的思考——基于模块化技能培训模式（MES）介绍［J］．襄阳职业技术学院学报，2016（03）：123.

能力；第三步是通过教学分析确定专项能力目标，即知识、技能、目标，从而构成学习单元（Learning Element，LE）；第四步是据职业的层次、难度确定专项能力的数量，进行教学模块组合成为课程（学科或活动）。以上四个步骤只是基本步骤，要完成课程的模块化过程，需要经过多个步骤，步骤之间是循环往复的过程，根据市场需求的变化来调整更新模块内容，以此最大限度地来保证培训模块内容的时效性。

4. 教学模式

模块化教学是以专业能力培养为目标，注重教学内容的实践性和应用性，同传统教学模式中知识传授转为能力分解——知识建构的模式。学习者是“主动参与者”，而不是“被动接受者”，做到“教、学、做”三位一体。因此整个课堂（培训过程）也采取了大变革。基本流程如下：选择培训方案——分配学习站——发给学习材料——介绍培训情况——学生自学文字材料、教师进行指导——看录像或教师示范操作——学生操作练习、教师巡回指导——学生完成作业——学习单元进度检查——模块技能考核；每个培训环节均以学生自学为主，以技能学习为核心，教师在培训过程中主要起组织和指导作用。

MES 课堂流程变革，相应的教学方法也发生了重大变革。MES 课程模式教学实施过程的实用结构就是“直观学习”“理解测试”“实际操作”“效果检查”四段教学法。经过实验我们认为这一方法模式的主要内涵是：

①直观学习。直观学习就是通过观察了解事物的实际，提高对事物的感性认识，启发学生思考，并通过示范的作用形象地展示技能动作的全部或局部，使学生熟悉事物的形态、结构和变化过程，为掌握这些技能奠定基础。示范可以由老师示范为主，也可通过多媒体教学调动学习的兴趣和积极性。

②理解测试。理解测试是通过认知及情感因素对技能的形成发挥作用，学生参考范例在头脑构成训练程序，把握动作组合，抓住技能关键，形成技巧，使练习更具准确性。

③实际操作。学生亲身体会技能操作的要领，老师观察、纠正，有效地提高技能训练的质量。

④效果检查。效果检查是针对目标进行的反馈活动，调动学生自主参与，使质量的评价更具有针对性、确定性和广泛性。[1]

在教学质量评估上有完善而严密的反馈控制手段来监控和评估教学的进度与效果，不断提高教学的质量，实施重点考核，学习者可以根据自身的学习能力来选择适合的学习方式与节奏。在最后阶段通过考核结束学习的课程，此类考核制

---

[1] 俞云．“MES”课程模式在专业教学中的探索和实践［J］．中国农村教育 2005（04）：54.

度增强了学习者的学习自主性。

国外职业教育人才培养模式，除了德国双元制、北美 CBE 人才培养模式、澳大利亚 TAFE 模式和国际劳工组织的 MES 模式外，还有英国 BTEC 模式也具有较大的影响力。每一个培育模式都是经过现实问题的研究探究出新式理论，涉及的深度与广度也不一样，澳大利亚 TAFE 模式深入澳大利亚教育学制，国际劳工组织 MES 从本土化到国际化项目融合、德国双元制深入教育文化变迁，CBE 模式不仅仅是职业教育人才培养模式，也是普通高等教育的的重要理念支撑，都有着重要的理念可以借鉴，进而变革我国高等职业教育人才培养模式。

第二节　国内高职院校人才培养模式的发展

现今我国高职院校人才培养模式并没有形成系统化的模式，一方面借鉴国外高职人才培养模式，一方面基于我国经济社会发展需求与职业教育发展实践探索，围绕高职体制、专业设置、职业教育方法、人才质量规格等人才培养模式各要素分别展开研究，探究适合我国高职院校人才培养模式。

一、高职院校人才培养模式的实践探索

我国高职院校人才培养模式目前没有系统化的、可操作的人才培养模式，但是实践探索始终围绕“产教融合、校企合作”而展开，借鉴国外职业教育人才培养模式，结合职业教育本土化需求探索出“订单式”“2+1”“工学交替”“全方位合作”“实训-科研-就业”“双定生”“工学结合”“结合地方经济全面合作”，以企业为主的合作办学等理念在人才培养模式中的运用。我国高职院校人才培养模式从政策、理论与实践研究逻辑上看，目前影响比较大的是以下几种模式。

1.“校企合作，工学结合”人才培养模式

（1）基本发展概况

“校企合作，工学结合”高职人才培养模式是我国职业教育改革中不断实践探索中的重要内容，经过长时期探索，形成了基本理论与实践结果，但是还并未形成系统化的、成熟的人才培养模式。

德国的“双元制”、英国 BTEC 模式、美国和加拿大的 CBE 模式、日本的“产学合作”模式、澳大利亚 TAFE 模式都有自身的特色，其中核心的理念就是产教融合、校企合作教育，为了进一步改革我国高职人才培养模式，学习发达国家先进职业教育理念。20 世纪 80 年代末，合作教育理念引入我国，很多学校对其进行了理论与实践的探索，我国职业教育界对校企合作培养人才也达成了共

识，形成了“2.5+0.5”“2+1”“1+1+1”“订单式”等多种校企合作、工学结合的模式，积累了较为丰富的经验。❶ 但是实践经验如何通过理论总结上升为办学指导理念，如何在政策空间里寻求制度保障，始终存在一些问题。

2006 年 11 月，以教育部颁发《关于全面提高高等职业教育教学质量的若干意见》为标志，围绕“当前我国高等职业教育是什么样的人才培养模式”展开了激烈讨论，基本形成以下几种结论：一是认为应主要集中在办学思想、办学道路或方向上探讨，二是集中论述人才培养目标问题，三是指代总体性人才培养措施，四是涉及具体的专业设置模式、教学模式、课程模式和途径模式等多个方面探讨，五是综合概念提法：“‘校企合作、产学结合’人才培养模式”“‘校企合作、工学交替’人才培养模式”等。2015 年教育部《关于深化职业教育教学改革全面提高人才培养质量的若干意见》、2017 年国务院办公厅《关于深化产教融合的若干意见》、2018 年教育部等六部门印发《职业学校校企合作促进办法》以及 2019 年《国家产教融合建设试点实施方案》和《建设产教融合型企业实施办法（试行）》要求等政策文件对这一高职人才培养模式做了全方位的政策规定。尽管从政策到制度建立，到实践层面的操作还较为滞后，亟待理论、制度与实践的进一步整合，但是已有理论与实践成果是非常丰富的。

（2）“校企合作”与“工学结合”的内涵与关系

校企合作就是充分利用企业和学校两种教育资源和教育环境，发挥企业和学校两方面的人才培养优势，共同作用于学生，达到人才培养目标。校企合作主要体现在教学资源校企共享，培养计划校企共定，教学过程校企共管，文化氛围校企共融等方面实行合作。工学结合就是在人才培养方式或途径上实现理论和实践一体化、课堂与实习地点一体化、课堂教学与实践教学一体化，突出教学过程的实践性、开放性和职业性。❷

首先校企合作与工学结合是基于共同培养目标而凝结的高职人才培养模式，即培养面向生产、建设、管理和服务第一线需要的具有较强的职业（岗位）适应能力，并且具有在职业（岗位群）水平迁移和向上迁移的能力。职业教育较之普通教育，产业与专业、学校与企业、职业与技能学习者关系更加紧密，这就要求校企合作与工学结合贯穿人才培养始终。其次校企合作是实现工学结合的前提条件，为工学结合提供了具体场所和物质保证。校企合作在人才培养、技术研发、生产经营以及人员交流、资源共享、资金投入、信息互通等方面所结成的互利互惠、优势互补的联合协作，为工学结合在人才培养目标、专业布局、课程设计、

---

❶ 冷士良，孙婷婷，王德堂．对“联盟式”校企合作、工学结合人才培养模式的思考［J］．教育与职业，2010（23）：27-28.

❷ 李志强，匡维．“校企合作、工学结合”人才培养模式的内涵与特征［J］．职业教育研究，2011（03）：8-10.

教学组织、质量评估等多方面提供制度基础。最后是工学结合作为校企合作的核心，校企合作只是融合教育在职业教育的理论轮廓，而工学结合通过深入学校与企业两个场域将企业生产与学校技能人才培育推向实践。

(3) “校企合作”与“工学结合”核心内容

关于办学形式。在校企合作层面，采取校企（或地方政府）双方签订合作办学协议。即双方通过签订“订单”，明确各自的职责，实践层面探索出了建立生产性教学工厂。学习制度安排上提出“2+1”人才培养模式，简言之就是高职三年学制，用两年完成专业基础、专业理论课学习，第三年到企业进行生产性顶岗实习。盐城纺织职业技术学院的三级校企合作平台，校内生产性实训工厂、校外紧密型实训基地、校企共建工程技术研究中心，以及产学研结合模式，即学校与企业分工协作，理论教学以学校为主，技能培训和实践教学以企业为主，理论与实践紧密结合，校企合作培养技术应用性人才的一种职业技术教育模式。

关于人才培养方案。基本提出从分析学生职业生涯入手，科学界定培养目标和培养方向，根据岗位能力的确定和分解，明确核心课程，构建新的课程体系，根据高职教育规律特点和企业的要求，确定教学内容的课程标准，改革课程教学评价方式方法。关于人才培养目标，注重培养学生的综合素质，坚持德、智、体、美、劳等全面发展的教育方针基础上，坚持能力本位、学生中心等基本理念，培养各个工作岗位学生必备的知识、技能与态度等。

关于专业设置。校企（或地方政府）双方通过商议，根据国家发展战略与区域经济发展需求，按照职业岗位（或岗位群）设置专业，按照实际需要，培养第一线的职业型、技能型人才。近年来更提出学校专业链对应产业链思考专业设置问题，保障专业设置具有很强的岗位针对性，区域职业院校专业合理布局。

关于课程体系建构。基于职业教育校企合作与工学结合要求，不断探究从基础课、专业基础课、专业课打破学科系统性过强的传统课程体系中走出来，构建以培养能力为主线的模块课程体系，需要突破两个方面的思维局限，一是职业教育以“专业”为核心建构教育活动，普通教育以“学科”为核心建立学术中心教育系统；二是突破我国大课程小教学的课程教学论理念，建立有职教特色的任务主题导向性课程体系。该课程体系模块既符合专业人才培养规格，又同时与职业资格考核认证内容和标准衔接。

关于技能实习实训。一是与企业合作建设校内实训基地，提供校内实训设施设备，聘请企业专业技术人员建立校内工作室；二是学生进入企业参与顶岗实习，尽管实习实训实施、监管机制等仍未建立起来，但是学校与企业始终在进一步探索，其中“2. 5+0. 5”“2+1”“1+1+1”就主要指的实习实训学习制度的安排。不管时间如何安排，工学交替的核心理念始终在，一是以校企合作为依托，搭建工学结合的平台，建立顶岗实习的长效机制，学生在进入企业以前在校理论学习和校内实训，然后到企业半工半读，学校理论学习和岗位综合能力交替训练甚至顶岗实习。

关于技能人才质量考核。实行“双证”制度，即在校期间，高职毕业生一方面要取得学历证书，另一方面还需要取得与专业相对应的职业资格证书或技能等级证书。以《国家职业教育改革实施方案》为起点，我国开始从制度上架构职业教育“1+X”制度改革，搭建职业教育立交桥，培养“核心素养+专业技能”的人才质量评估体系。

关于学生就业实行定向培养。学生通过双方三年培养，取得毕业证的同时获得德、智、体、美、劳全面发展，可由企业或地方政府安排就业，真正实现教育与就业的零距离。

2. “订单式”人才培养模式

我国现代化职业教育改革发展以来，就不断尝试着校企联合办学的尝试，其中“订单式”人才培养模式也是在此基础上发展而来的。明确提出以“订单”培养作为职业教育的发展方向，并把这种模式确立为高职教育新的人才培养模式，则是教育部基于新条件下的新发展观对高职教育办学目，标和培养模式进行的新定位，并据此对高职教育的理念与行为提出了更新、更高的要求。❶ 2004年教育部在《关于以就业为导向，深化高等职业教育改革的若干意见》中，提出要把“订单式”人才培养模式作为深化高职教育改革的主要措施之一。

（1）“订单式”培养内涵与特征

“订单式”人才培养模式是校企合作、工学结合的进一步实践，由企业提出人才培养的岗位要求，将企业培养需求与学校技能人才质量规格紧密结合，进而寻求校企合作的共同利益点，校企双方确定人才培养规模，共同研制“订单式”课程，共同承担实践教学任务，从根本上解决学生在校实习的职业针对性、技术应用性和就业问题。

“订单式”人才培养模式的内涵主要体现在各个要素的实践要求上。一是培养目标具有较强职业针对性，用人单位根据自身生产和经营活动的需要或根据未来人力资源发展规划，提出人才需求的数量以及岗位所学的知识技能等质量规格，培养目标较少囿于专业分类中对岗位技能的忽视。二是专业设置紧密贴合职业需求，“订单”即“定岗”，专业依岗设置，经济社会领域什么岗位人才紧缺，就设置什么专业，增强了学习对产业变化的敏感性，可以灵活调整。三是教学内容主题化，订单式人才培养对企业提出的人才培养规格是依据岗位而设定的，而技能训练则必须通过主题任务链接，培养岗位复合技能。四是实施过程的约束性

❶ 张宏伟．高职教育“订单式”人才培养模式的实施与研究［D］．石家庄：河北师范大学，2005（04）：1-2.

特征。“订单”具有合同或协议的特性，签订后对双方完成或实现“订单”目标提出了明确的要求，具有约束性特征。这一约束性特征，规范了校企双方培养与录用工作的行为，保证了“订单”目标的实现。[1]

（2）“订单式”培养类型

“订单式”人才培养模式是校企合作、工学结合模式探索的独特中微观人培养模式，其校企合作的深度不同，培养过程、内容及效果是存在较大差异的，目前主要有以下合作类型。

紧密型订单式人才培养模式。学校与企业合作深度融洽，一旦学校与企业签订培养协议，企业积极参与人才培养方案的制定，并派专业技术人员到学校传授岗位技能。企业的技术人员带学生到企业顶岗实习，为学生提供部分或者全部学费、奖学金、助学金，学生毕业后到企业直接就业。这种针对性强的办学模式明确了学生的学习目标，大大缩减了学生入职企业的适应期，避免了人才培养的盲目性，节约了成本。

直接型订单式人才培养模式，又谓定向委托培养人才模式。企业根据该行业的发展趋势和岗位需求，直接到学校进行选拔面试，确定订单培养班的人选。学校占主体地位，由学校根据自己的教学资源和企业提出的要求制订培养方案和教学计划，企业提供培训教材，在整个三年的培养过程中，企业参与的力度不深入。

间接型订单式人才培养模式，又可以叫第三方参与的订单式人才培养模式。根据用人需求向人才中心提出相应的人才标准规格和数量，人才中心再与学校取得联系，提供相关信息与要求，学校可根据自己的实际情况结合人才中心提出的要求来制订人才培养方案和教学计划，在人才培养的时间选择和规模上都具有一定的松散性和不确定性。

“2+1”订单式人才培养模式，主要体现在学生学习制度设计上。毕业前一年，企业就进入学校与学生签订就业意向，可对意向学生进行单独组班，进行教育教学活动。学生分别接受 1 年学校为主的基础教育、1 年校企共同的专业培养和 1 年企业实习，相当于学生进校第一年的教学主体是学校，这个时间段按照专业教学计划认真扎实学好专业基础知识。

（3）“订单式”培养操作流程

“订单式”人才培养模式，无论合作办学深度、校企主体性、合作方式等存在多大差异，都有基本的操作流程，保障校企育人的共同实现，从校企合作协议到人才培养质量评估都有具体规范。

1）校企双方签订“用人订单”。通过双方签订人才培养及用人协议来明确

---

[1] 邹小明．订单式人才培养模式对“以就业为导向”的作用和运行要素分析［J］．交通职业教育，2008（02）：34-35.

双方职责，学校一方需保证按企业需求培养，企业保证学校培养的合格人才录用到贵单位工作，确实的形成一种法定的委托培养关系。除此之外，“订单式生”还需要与学校签订协议，明确定向培养的关系。

2）校企双方共同制订人才培养计划。企业必须根据市场变化、企业及学生的需求，结合当地社会经济发展的实际。学校根据高等职业技术教育人才培养规格及教育教学规律，共同制订一个符合三方人才培养计划，作为三年的教育教学任务。

3）利用校企双方教育资源，共同培养人才。企业可以提供技术人员、技术设备与工作实习环境，学校则提供人才培养过程及质量考核等，充分整合校企资源，提升办学效率。

4）针对岗位要求进行实践能力培养。主要依靠校内实习、校中厂，以及校外实习实训基地，以及校企双方双指导教师制度等保障。

5）校企双方共同实施质量评价。学院与企业共同来制定人才培养质量标准，根据订单确定的质量规格和标准制定评价方案，并且双方共同进行评估，保证人才培养达到企业要求。❶

6）企业按照协议约定安排学生就业。根据最初的协议，学生被分配到校企合作单位就业，落实学生就业问题。

7）建立良性的反馈机制。“订单式”人才培养模式一般都是建立长效联合机制，即使是松散的定向培养，也要作为高职院校人才培养模式的制度设计，需要总结成功经验，发现问题，及时调整订单班学生的培养方案，以期进一步改进和完善人才培养模式。

3. “现代学徒制”人才培养模式

“现代学徒制”是与传统学徒制相对应且从其发展而来的人才培养模式，我国现代学徒制人才培模式的发展基础既有我国传统学徒制的实践积淀，也有对国外学徒制的借鉴，我国现代学徒制的发展与我国市场经济环境以及职业教育校企合作制度有着深刻的渊源。

（1）基本发展概况

产教融合校企合作的积淀、职业教育学校的积极实践、经济运行模式市场化机制成熟以及市场协调制度的日益完善为我国实施现代化学徒制创设了重要的发展环境。我国职业教育现代学徒制人才培养模式是国家职业教育政策深化产教融合、校企合作的推动结果，是加快发展现代职业教育体系的重要组成部分。

---

❶ 程艳红．高职院校订单式人才培养模式探讨［J］．广西轻工业，2011，27（06）：154-155

2014 年 6 月，李克强总理主持召开国务院常务会议，确定了加快发展现代职业教育的任务措施，提出“开展校企联合招生、联合培养的现代学徒制试点”。同年颁发《国务院关于加快发展现代职业教育的决定》，对“开展校企联合招生、联合培养的现代学徒制试点，完善支持政策，推进校企一体化育人”做出具体要求，首次以政策文件的形式确立下来。2015 年 8 月教育部印发《关于开展现代学徒制试点工作的意见》，制定了具体工作方案。人力资源和社会保障部、财政部联合印发了《关于开展企业新型学徒制试点工作的通知》，对以企业为主导开展的学徒制进行了安排，以附件形式发布了《现代学徒制试点工作实施方案》，人社系统、教育系统主导下的职业教育、职业培训将现代学徒制作为新的深化校企合作的重要人才培养模式确立下来。

在国家政策统筹以及地方制度安排下，省市及学校开始积极试点现代学徒制，确定了一批实践基地与试点学校探索实践经验。2019 年现代学徒制进入到深水区改革，教育部再次颁发《关于全面推进现代学徒制工作的通知》，提出总结现代学徒制试点成功经验和典型案例，在国家重大战略和区域支柱产业等相关专业，全面推广政府引导、行业参与、社会支持、企业和职业学校双主体育人的中国特色现代学徒制。

（2）内涵与实践特征

从手工业社会到现代化机器生产，生产力与生产方式变革，传统学徒制变革，为进一步提升劳动技能人才的整体素质，与学校合作的现代学徒制应运而生。现代学徒制人才培养模式是校企共同育人，对学生（学徒）采用双场所、双导师、工学交替的培养方式进行。学生（学徒）定期往返学校、企业进行不同知识和技能的学习。学生在学校通过班级授课制的形式接受基础理论知识和专业理论知识的学习。在企业由企业师傅指导接受专业技能、岗位技能等的学习，根据技能的性质、难度差异，采用现场的小组教学或个别化教学。[1] 现代学徒制人才培养模式是产教融合、校企合作的进一步实践，是学习模式在时间与空间制度安排。

一是招生即招工。校企共同制订和实施招生招工方案，招生与招工同步进行，明确学徒的企业员工和职业学校学生双重身份，对学生的权益与职责共同规范。

二是贯通性的一体双标准建设。按照专业设置与产业需求对接、课程内容与职业标准对接、教学过程与生产过程对接的要求，校企共同制定相关标准，从专业教学标准到课程标准、实训条件建设标准等相关标准实施一体化研制，层层落实。2019 年将“1+X”证书制度与开展现代学徒制的专业优先推进，完善评价

[1] 吴锦秀．现代学徒制人才培养模式案例研究［D］．沈阳：沈阳师范大学，2019．5：19．

制度。

三是双向培育指导。现代学徒制选拔职业院校教师与企业专业技术人员，经过选拔、培养、考核、激励建立起双导师制度，校企分别设立兼职教师岗位和学徒指导岗位，加强对学生的双向指导。

四是共建共享教学资源。校企双方充分利用生产性实习实训基地、技能大师工作室、产业园区等作为教学资源库建设平台，建设实习实训场所、实习设备与教材等，形成共建共享的教学资源体系。

五是双重管理机制建设。校企共同分担人才培养成本，完善教学运行与质量监控体系，贯穿人才培养全过程，对学生的学分、学制、学籍、安全以及实习实训和档案制定管理制度，保障学生的学习权利以及人身安全共同制定管理制度。在现代学徒制实践探索过程中，学校还讲企业6S管理模式引入其中，以便学生学习更贴近就业环境。

（3）现代学徒制发展趋势与路径完善

现代学徒制试点理念与经验借鉴是非常清晰的，但是具体实践方式取决于地方制度设计与学校的实践探索程度，现代学徒制是未来我国职业教育校企合作与人模式的重要内容，是一个不断完善的高职人才培养模式。

我国高职院校现代学徒制已经过三轮试点，正处在全面推广阶段。实践探索过程中，基于职业教育地域性特征，因地制宜地选择优先试点专业、合作企业，以及签订合作协议。在政、校、企三个合作主体上不断磨合，通过协议完善明确权责利，纵向保障上管理、育人与评价机制畅通。合作主体主要有校企、政校企、校行企、政校行企这四种模式，合作途径主要通过学校主动、企业主动、校企原有合作基础、职教集团主导或政府主导等五种方式。工学交替主要有按学年分别展开理论与实践训练的“分段式”人才培养模式，遵循认岗—跟岗—顶岗人才成长规律的“渐进式”人才培养模式。依据日、周、月交替进行工作场所和课堂知识学习的“理实一体化”人才培养模式。在教学资源开发方面主要有学校主导行企参与、学校牵头行企制订、校企联合制定与学校独立开发这四种模式。专任教师的培养路径大致可分为校企互派双向进修、校企合作开展横向科研课题研究、参与省国级相关专业培训及出国考察学习等三种途径。[1] 招生模式上有先招工再招生、先招生再招工及同步进行三种模式。

实践过程中仍然存在部分问题。校企参与合作动力不足，且政府协调职责缺乏制度规范，试点效果参差不齐。合作范围窄，无论是企业还是学校都面临发展空间的限制，合作范围窄，无论是企业还是学校都面临发展空间的限制。标准建设缺乏，目前专业教学标准、课程标准、教学标准与评估标准仍然是学校主体，

[1] 刘晶晶．我国高职院校实施现代学徒制的现状及完善路径研究［D］．武汉：湖北工业大学，2019（05）：29-35.

职业教育与职业培训融合深度不够，澳大利亚 TAFE 模式通过建立专业标准资格框架与培训包统筹标准建设，统一的标准也是我国现代学徒制人才培养模式亟须内容。未来亟须政府、行业深入参与校企合作下的现代学徒制是必然措施，从宏观制度设计到校企层面微观制度安排还需细化。构建融会贯通的标准体系，让学校企业共同参与标准研制，让现代学徒制评估与认证有法可依。

二、高职院校人才培养模式的主要问题研究

产教融合、校企合作、工学结合是我国高职人才培养模式变革的根本方向，当前我国高职人才培养模式各个环节的问题主要聚焦在多元融合主体参与，适应经济社会对技术技能人才需求、专业与产业等衔接、“双元”课程教学实施等问题上。

1. 多元融合办学模式效益不佳

在加快我国职业教育现代化进程中，通过政策保障、理论研究与实践探索，我国高职院校逐步突破单一的办学模式，形成了“校企合作、工学结合”“订单式”、现代学徒制、中高职衔接、职业教育集团化等多元融合办学模式，但是实践推进效益不佳。

政策上的宏观指引缺乏具体的政策指引和质量保障机制。当前缺乏对多元融合的办学模式缺乏有效的体制机制，目前并没有明确的针对高职院校办学模式政策支持，高等职业院校的多元办学模式缺乏具体的政策指引，导致部分高等职业院校积极性不高，部分高职院校在探索多元办学模式过程中存在偏差，效果并不是很理想。[1] 政策要求需要切实可行的制度安排以及政策督导评估，地方高职院校多元融合办学模式囿于传统单一办学环境改革动力不足。

多元办学主体利益协调难以深入。参与高职多元融合办学的主体主要是政府、学校与企业三方，背后是政策、市场与高等教育学术三个权力中心的利益博弈。政府层面基于政策效益，政策要求多于利益补偿，企业方面对生产要素利于的要求难以获得切实报偿。学校方面对于多元融合办学认识不够深入，有着对办学效益的单向度追求，各方利益难以统筹到经济社会发展上，利益博弈与利益补偿机制对于权责利没有界限。

自上而下的多元融合办学模式改革推进机制难以落实。我国高职人才培养模式改革有着理想的顶层设计，从政策推行到学校变革，但是自上而下的模式，学校被动参与，教师及学生参与积极性不高，难以与改革产生共鸣，导致融合办学难以渗透到课堂教学中去。

---

[1] 刘君．高职院校多元融合的办学模式现状研究［J］．教育现代化，2019，6（98）：242.

政策上推进制度缺失与督导评估不足，利益协调难以深入，导致高职人才培养模式多元融合机制不畅通，人才培养目标偏离、合作培养理念不够深入、课程融合不足、学习制度局限、评估考核标准单一，整体上多元融合办学有形无神，亟待理念变革与机制建设。

2. 人才培养供需脱节

职业教育的跨界性、融合性与职业性对于积极服务经济社会、与产业对接，与区域经济紧密联系，满足学生与家长的教育期待要求更高，人才培养供需对接目标明确。我国高职人才培养理念的理想建构与实践改革的差距仍然很大，外部环境改良与内部制度完善亟待突破。

（1）高素质技术技能人才规模供需脱节

职业教育是直接服务于区域经济发展的技术人才供给者，我国高职教育专业分布、招生规模等都是基于地方产业人才需求而定的。当前我国高职教育面临家长及社会低认可度、招生工作难度大等问题，为了首先满足自身生存需求，对于专业设置追求热度，招生规模根据招生人数可能性，与此同时专业设置不稳定。更深层次的原因在于校企合作、深入产业分析、市场调研，专业潜在招生人数缺乏调研机制，区域学校之间缺乏统筹，学校人才供给规模处于急剧变化过程中，变得难以把握。

（2）人才质量供需脱节

我国高职院校的发展，根据国家教育制度安排，有两种来源。中等职业学校升级而来高职院校人才培养模式以市场需求为导向、以能力发展为目标、以实践教学为体系、以工学结合为主体。一些学校淡忘高职教育的初衷，和社会、市场脱轨，一味追求学校的规模扩张，追求“全面的”课程设置与“完备的”课程内容，[1] 人才培养目标偏离，职业教育特色难以体现，难以满足企业对于人才质量的需求。转型的应用型本科是国家高等教育对应用型人才培养的需求，但是从普通高等教育转型而来，仍然囿于学术教育评估体系，对于技术应用型人才的追求偏离设计目标，质量规格上人才供需对接难以为继。

3. 专业设置合理性亟待加强

高等职业院校的社会服务的辐射范围一般定位在本省或者本区域，因此高等职业院校的专业设置要与本地的行业发展相适应，满足当地行业企业对技能型人才的需求。[2] 当前部分高职院校专业设置由于过分追求产业热门和招生规模条件限制，对于专业设置评估不完善，专业设置的合理性亟待加强。

---

[1] 高云崇．我国高职院校人才培养模式：问题与改革路径［J］．辽宁高职学报，2013，15（12）：11.

[2] 刘君．高职院校多元融合的办学模式现状研究［J］．教育现代化，2019，6（98）：242.

（1）高职专业布点缺乏统筹

高职专业随市场产业发展而变动，需要灵活的调整机制，由于缺乏高职专业设置公共服务平台与专业管理状态数据平台，造成区域高职专业设置出现同质化倾向，存在单点学校专业布点过大、单点招生规模过大、部分专业布点数过多等问题。与此同时并没有从本区域经济产业结构出发，结合当地的人才需求，导致毕业生就业率偏低。

（2）高职专业衔接融通机制不完善

“职教 20 条”的出台推动了职业教育体系与层次的进一步完善，建立中职—高职（专科）—高职本科贯通培养路径就是专业设置衔接、融通制度问题。目前围绕专业与产业关系、专业与职业资格证书、专业与招生、专业与就业关系的专业布局、书证融通、专业认证与学分认证等制度依然存在障碍。

4. 课程设置不够合理

我国高职人才培养模式经过深入探索，多元融合办学模式理念初步形成，亟待实践推进，校企合作办学模式、产学研融合办学模式、现代学徒制培养模式等都对课程融合、任务主题下模块化课程提出改革，但是推进缓慢，课程设置仍然存在较大问题。

课程设置理念局限。一是深受普通教育学科课程设置影响，当前我国高职课程设置上仍然围绕学科体系建设，尤其是专业核心课程设置，理论与实践结合的障碍依然存在，进而制约了高职教学模式的改革。二是课程观的问题，与西方大教学小课程观不同，我国是大课程小教学观，教学即课程实施方式，对于职业教育课程就有较大的束缚，职业教育课程是对接职业岗位需求，课程目标灵活度不够。

课程结构与人才培养目标对应性差。目前，各高职院校对于学生培养目标方面理解不一，其实争议的焦点就在职业教育究竟应该重基础知识教育还是重培养实践操作能，因为课程改革目标的不确定性，以至于实际教学中课程目标在基础素质与实践能力之间举棋不定，[1] 核心素养与专业能力二者不可或缺，但是如何确定其课程比例还需要不断调试。由于培养目标的动摇，课程设置结构也摇摆不定，专业课与基础课、专业课与选修课以及专业课与实训课的设置不合理，与此同时在课程形式，专业核心课程、选修课与必修课的确立也极大影响人才培养目标的实现。

5. 校企合作不够深入

产教融合、校企合作是职业教育特色办学的根本性标志，校企合作的深度始

---

[1] 龚芸．高职院校课程体系建设存在的问题及对策［J］．河北企业，2017（03）：104-105.

终是制约职业教育最根本性的问题。当前我国高职院校在校企合作中取得了重大成就，已经成为高职人才培养模式变革的重要目标，但是实践层面校企合作推进困难，最突出的表现就是校企合作不够深入。

政府校企合作政策执行力度不够。从制度设计上看，政府层面对于校企合作制订了完善的法规。政策实施环节上，地方校企合作的完善与执行、校企双方对政策的理解与贯彻水平参差不齐，造成高职院校校企合作政策落实效果不理想。政策宏观指导有余，配套措施采取不足，政府校企合作管理机制有待加强，政府校企合作资金投入少，政府缺少激励机制，政府协调与沟通力度不够。

企业参与校企合作动力不足。目前校企合作政策对于企业利益及监督机制不足，企业难以深度参与其中，导致企业的教育培训资源供给质量不高，突出的表现在合作企业为高职学生提供的实习机会有限，顶岗实习质量不高。企业被动参与且缺乏长期有效合作机制，校企合作反馈改进机制不足，难以积累实践经验，合作项目推进举步维艰。

学校对企业主体的重视度不够。校企合作利益共同体始终并未建立起来，学校仍然倾向单向度的内在培育制度，校企合作流于形式。高职院校忽视企业在校企合作中的主体地位主要表现在两方面：一方面，企业在高职院校课程设置中缺乏话语权，另一方面，企业在高职院校人才培养方案制定方面缺乏话语权。[1] 校企合作制订人才培养方案、专业标准、教学标准、实习标准及质量评估考核等内容，企业由平等参与者变成咨询者。

学生与教师参与校企合作目标不明确。在校企合作过程中，学生及企业员工、“双师型”教师及双导师制度是培育培训层面落实校企合作的基本举措。一方面由于企业参与热情不高，另一方面学校基于企业学习、实训的内容、标准与评估考核制度不明确，学生及教师参与校企合作目标模糊。高职院校学生的合法权益和工资收入企业正式员工的待遇相差甚远，高职院校学生在企业的合法权益难以被落实，在整个实习过程中高职院校学生都以“外人”身份参与，许多合作企业仅把高职院校学生仅定位为廉价劳动力，这也是降低高职院校学生参与校企合作热情的重要原因之一。

三、高职院校人才培养模式的影响因素分析

我国高职人才培养模式改革，以“产教融合、校企合作、工学结合”的方向与前景非常明确，但是政策保障、理论指导与实践探索仍存在诸多问题，办学理念、办学资源、教师队伍与评估机制等存在的问题一定程度上仍然是制约我国高等职业教育改革的主要因素。从结果上表现出高职院校办学定位不明确，自身

---

[1] 李蕊．高职院校校企合作现存问题及对策研究［C］//辽宁省高等教育学会．辽宁省高等教育学会2017年学术年会优秀论文二等奖论文集，2017：23.

特色和优势彰显不充分，一定程度上表现出泛职业化的现象，固有的体制机制改革难以突破。

1. 办学理念滞后

高职院校办学理念是其改革顶层设计的重要组成部分，是影响高职人才培养模式改革的根本性因素。高等职业院校的办学必须紧跟经济社会发展需要，建立专业与产业的良性互动机制，以就业为导向，大力推进工学结合、校企合作，为生产、建设、管理、服务一线培养高素质技术技能型人才。[1] 我国高职人才培养模式办学理念难以突破普通教育办学体制等束缚，从而制约着校企合作培养改革。

“职业性”特色化体现不足，主要是在人才培养目标上，“综合素养+专业能力”是各国职业教育人才培养目标的基本要求，如何在培养高职人才通识素养基础上发展专业能力，以及程度的把握是我国高职人才培养目标始终存在的问题。人才培养目标的飘忽不定，造成职业教育特色难以体现，实习实训目标监管机制不善。或者走向另一个极端，偏重科学知识和实用技能的传授，忽视人文精神的培育。缺乏“实质性”市场理念。一是完全忽视市场的存在，缺乏与市场联系的平台；二是形式上与市场保持联系，缺乏深度合作；三是与市场合作仍然囿于普通高等教育传统，无法根据区域经济、产业聚集、市场变化灵活组织教学。社会服务理念不清晰。服务社会是高等教育的职能之一、职业教育与区域经济社会关系更加紧密。专业设置上与地方经济关系不紧密，实习地点的选择上追逐大城市、大企业，合作单位偏重于发达地区，而忘记了学校所在地的经济发展与社会服务。

我国高职人才培养模式改革自上而下的路径，以及传统办学理念的束缚，尽管在制度设计上非常完善，但是制度本身的接受性不高。受普通教育束缚、职业化特色不明显，单向度办学理念，市场理念不足，基于短期利益，盲目追逐服务社会的内容，整个外部环境缺乏渗透人才培养模式的动力。外部动力薄弱，难以传导高职内部改革，专业设置与产业发展不紧密，人才培养目标缺乏市场企业深度参与，课程教学囿于学科设计，评价机制趋于形式化等问题也难以在短期内取得改革成效。

2. 办学资源不足

办学资源是基本办学保障，高职人才培养模式首先依赖的职业教育资源，才能实现资源配置的进一步组合。传统教育观念、社会经济发展状况以及社会体制

---

[1] 廖策权．高职院校办学理念建设探析［J］．四川文理学院学报，2018，28（01）：144.

等的影响，高等职业教育的发展面临严重的“瓶颈”问题，大量的教学资源利用不足。办学机制缺乏创新机制，已有教学资源配置不均衡，导致结构性资源匮乏。

（1）财力资源配置不足问题

高等职业教育在于培养技术技能型人才，对于实习基地建设、实习实训设备、教学硬件资源要求更高。但是各级部门对高等职业教育的投入极少，投入渠道也不稳定，总体上远远停滞后于高等职业教育的发展规模。经费的严重缺失，使得我国高等职业教育很难真正实现规模、质量、结构、效益的协调发展，也使得我国所建构的高等职业教育体系面临极大挑战，争取办学经费是许多高职职业院校困扰的问题。财政经费的配置在区域、校际上的差异又加大了办学差距，城市与农村，东部、中部和西部，以及沿海和内地都存在着高等职业教育分布不均的情况，不但影响高等职业教育的长期均衡发展，还会导致地区经济差距进一步拉大。

（2）物质资源配置不足问题

具体包括校园面积、教学设施、实验设备、实训基地、图书与信息资源、办公与生活设施、校园环境等。许多的高职院校都自成一套封闭的系统，高职院校的平均规模偏小，大量的教学资源利用不足。教室、实验室（特别是专业实验室）、大型设备、图书资料利用率普遍较低，且配置不均衡，导致许多优质教学资源未能充分发挥，而对于基本物质资源要求更高，造成资源供给失衡。

高职院校办学资源不足是多方面因素引起的。国家对高等职业教育的投资缺乏法律与政策保障、高等职业教育投资主体单一、高等职业院校办学体制不完善、地区经济发展不均衡与职业教育观念落后、人力资源管理体制不完善，反过来，资源配置问题也加剧了这些问题的扩大。

3. 师资力量薄弱

高等职业院校师资队伍是高等职业教育人才培养质量保障的最重要的“软件条件”，从校企合作融合课程实施、工学交替指导到学生质量评估都起着根本性的作用，当前“双师型”教师和专业带头人缺乏是当前高职专业师资队伍建设的最大问题。

高职师资队伍数量相对不足。近年来不断加大对高职教育的支持力度，高职教育招生比例扩大，但是相应的师资配备未能跟上，2019 年高职扩招更是加剧了高职师资的压力，但是高职院校教师受社会观念的影响而感觉地位不高，弥补教师缺口有限。带来的问题就是教师疲于应对繁重的教学、专业建设、课程改革等任务，精力有限，难以反思自身教学质量，对于自身专业化发展以及教育教学质量改进都有一定制约作用。

高职师资队伍结构失调。普高职一般都从龄结构、学缘结构、学历结构、职称结构、专兼结构等各类指标体现教师队伍结构问题。在年（教）龄结构上，中青年教师容易断层且整体年龄结构十分不均衡。教师学缘结构失衡，由于我国高职院校师资队伍培养起步较晚，没有专门的高职师资培育机构进行高职师资专业的职前培养，"双师型"教师比例不高。师资队伍职称结构不合理，当前的职称评审制度强调普通高等教育科研成果和论文数量等指标，无法体现职教特色，制约了高等职业院校教师高级职称的评定。

师资队伍中"双师型"教师短缺。在职前培育阶段，我国教师教育体制中，缺乏专门的职教师资培育体系，高校毕业直接任教、其他高校调入、科研机构调入和企业调入成为主要来源，而这些来源的高职教师并不具备一线的行业生产经验，主要通过培训、考证等后期培训获得相应的职业资格认证，实际操作匮乏，不具备处理复杂问题的能力，制约了实质性"双师型"教帅队伍建设。在入职与职后发展阶段，教师本身对"双师型"素质重视不够，学校在"双师型"师资队伍的建设工作中也存在问题，缺乏切实有效的培养措施；以及高职教师专业化标准欠缺，职后培训体系不完善，阻塞了专业化发展通道。因此尽管当前各高等职业院校开始重视"双师型"师资队伍建设，但"双师型"教师的比例并没有明显提高。

4. 评价机制缺乏

人才质量评价机制是人才培养质量的根本性保障，高职教育的职业性、跨界性与融合性使得评价机制的建设更加复杂。整体上我国职业教育现代化发展体系处在建设期，作为体系之一的评价体系在许多方面亟待完善，一定上也制约了我国高职人才培养模式的变革与发展。

多元评价主体参与度不高。现代职业教育背景下，办学效益、办学质量是政府、学校、行业、企业、学生、家长等多元主体评价的格局。目前政府仍然是高职人才质量评估的主体，校企合作过程中，企业参与评估动力不足，且学校接受度不高，学校方面也是直线型评估机制，学生与家长的参与度不高，多元评估机制名不副实。由于评估主体单一性，在办学理念引导上也容易僵化。

评价内容衔接性不够。现代化职业教育质量评估包括办学理念、专业设置、人才培养方案、校企合作模式课程体系、教学方法在内的评价内容。办学理念到教学方法评估自上而下有着强有力的衔接，当前高职人才评估模式仍倾向于结果性评估，对于各个环节存在的问题缺乏有效评估反思反馈机制，对于育人环节存在的问题很难得到诊断与改进。

评价方式创新性不足。在评价方式上，基于现代化职业发展需求，评估方式也有了创新性意见，有社会满意度调查、用人单位问卷、毕业生推荐率、第三方评价等外部评估方式进行。也有课堂表现、任务完成、团队合作、企业师傅评价、解决企业实际问题等内部评估方式。但是当前我国职业教育办学体制整体上灵活性不足，评估方式改革更多停留在意见层面，而缺乏实质性的推进举措。

评价结果处理。由于对职业院校的评价主体多元、评价方式多样，综合的第三方的评价将更加客观、科学，可信度高。这将大大促进职业院校更加重视人才培养模式的改革、人才培养质量的提高。

第四章　职业教育集团背景下高职院校人才培养模式的改革发展

第一节　职业教育集团化办学的发展概况

产业发展到一定程度，必然产生集聚现象以及新的产业不断涌现。职业教育与产业关系相对更加紧密，无论是外部环境引导还是内部专业群、专业链的促进必然产生集团化办学现象，对于整个职业教育推动也有着深刻的影响。

一、基本发展概况

我国职业教育从 20 世纪 80 年代开始兴起，在这孕育时期，开始出现院校层面的职业教育资源整合，标志性事件就是 1989 年河北省县级职教中心的成立，在办学方针上，坚持“科、教、产、推、服”的科学思路。90 年代开始集团化的运作方式正式出现，创办之初就和“联合办学，走产教结合的路子”结合在一起。2002 国务院颁布的《国务院关于大力推进职业教育改革与发展的决定》明确了职业教育“在国务院领导下分级管理、地方为主、政府统筹、社会参与”的管理体制，进一步推进了职业教育集团化办学，并出现新的特征，集团化办学组建方式多为政府调控引导，行业提供依托，院校形成主体。

进入 21 世纪，职业教育经过了一个时期的规模增长，由重视规模向重视质量的转变，改善职业教育改革发展的内部环境成为历史必然。另外，进入到新的时期，经济发展方式转变，由粗放型增长到集约型增长，数字经济、智能制造等对高素质技术技能人才提出新的要求，跟上经济发展方式转变和产业结构调整的步伐。产教融合、校企合作是我国职业教育事业改革的整个核心，也是职业教育集团化办学的核心，但是长期以来，职业院校与行业企业合作亟待加强，更需职业教育集团化办学完善的契机。职业教育内部也需要进一步整合资源形成教育合力，与此同时职业教育体系内部衔接不畅通。随着职业教育集团化办学基本框架的形成，开始进入深化改革阶段，逐步突破机制建设、制度配合、理论支撑等方面存在的问题，2019 年颁发《国家职业教育改革实施方案》提出 2020 年初步建成 300 个示范性职业教育集团（联盟），带动中小企业参与。

教育部要求各级教育行政部门要把推进职业教育集团化办学纳入当地经济社

会和教育发展规划，将集团化办学的开展情况纳入职业教育工作目标管理，作为衡量一个地区、部门或学校职业教育工作的重要标准之一。职业教育集团化办学作为组织调动社会力量参与办学，吸引更多资源向职业教育内部整合，持续推进职业教育办学模式的有效途径，是促进职业教育规模扩大和内涵质量提高、职业教育服务经济社会能力提升的必然选择。集团化办学是我国职教体制机制和发展模式的重要创新，是推动职教科学发展的有效途径，已成为我国职业教育改革建设的重要方向。但是，职业教育集团作为集团化办学的新型组织，其性质和法律地位尚未得到明确，职业教育集团化办学的相关制度建设缺失，相关的管理制度、运行制度也不完善，致使职业教育集团长期处于依附状态，既没有独立的法人地位和产权，也无法独立承担起相应的责任和义务，直接影响了职业教育集团化办学的作用发挥。

二、基本发展特征

职业教育集团化办学的内涵范围既包括经有关部门（如教育部门、地方政府、行业组织等）正式发文命名的“职业教育集团”的办学行为，也包括一些未经有关部门正式发文命名但“具有集团特征的紧密型合作组织”的办学行为。[1]由于各学校、企业及其他实体所处地理位置及其隶属关系不同，职业教育集团化办学一般可以分为三种类型：一是区域性集团化办学，面向区域支柱产业和新兴三产业培养人才，更为区域经济建设与社会发展服务；二是行业性集团化办学，可以集中行业教育资源，培养行业所需人才，实现产业发展的有效对接；三是区域性与行业性相结合的集团化办学，综合前两者的办学优势。

从组建模式来看，主要差异在于集合办学资源是否紧密，可以分为紧密型的组建模式、松散型的组建模式、紧密型与松散型相结合的组建模式。紧密型组建模式的职业教育集团的各个参与单位实现实质性的整合重组，甚至产权归属发生变化。松散型的组建模式集团各成员之间不是实质意义上的合并，其人、财、物及原有的法人资格保持独立不变，其主管部门的隶属关系也不变。一般第三种模式实用性较高，其组建形式比较灵活，既有紧密型整体并入集团的学校，也有松散型以联合办学形式加入集团的学校、企业或其他实体，只要有利于集团的发展，不同性质和类型的单位，都可以以不同的形式加入集团。三种组建模式各有优劣，关键在于根据组建的外部环境不断调整，使之更有效整合职教资源。

从参与主体来看，主要有三种模式。

一是政校企一体化模式，其合作管理方式是“教育部门统筹，行业配合，社会参与”的新型管理体制，这种体制成立政府统筹的协调机构是必要的。

---

[1] 余秀琴．职业教育集团化办学的内涵和发展历程［J］．中国职业技术教育，2008（17）：15.

二是产学研一体化模式，围绕校企合作内核开展的集团化职业教育办学模式，主要通过校内产学合作模式、高新科技园、高效益科技型企业、科普示范基地等途径开展。

三是多类型垂直式联合体型。所谓多类型是指不同层次职业院校和相关培训机构间的联盟，推行一种全方位开放和多渠道贯通的人才培养模式。垂直式即初、中、高等职业教育和高等职业师范院校的直线式联盟，主要目的是保证不同层次职业教育办学的相互衔接，避免教学脱节和专业的重复设置，为低层次学校进入高级院校打下基础。[1] 这一模式主要突破职业教育内部衔接和职业学历教育、培训沟通不畅问题。

第二节 职业教育集团对高职院校人才培养模式改革的影响

一、职业教育集团为高职院校人才培养模式改革提供了新机遇

高职人才培养模式改革是新时期职业教育服务经济社会发展，创新智能制造的重要举措，需要多元融合主体参与。职业教育集团化办学推动职业教育校企合作和职业教育办学质量效益提升为目的，促进院校、企业与政府等合作实现良性循环与可持续发展，其发展对于高职人才培养模式改革带来了新的机遇，突破培育模式固化有着重要的作用。

1. 深入推进产教融合、校企合作育人机制

高职院校的校企合作逐步由非均衡化阶段走向深度融合阶段，职业教育集团化办学融合校企主体利益，对于校企合作走向深度发展有着重要的实践价值，国家职业教育政策改革出台产教融合型企业试点方案的指导意见，对于职业教育集团化办学，推动校企合作纵深发展有着极大的促进作用。

（1）非均衡阶段式校企合作现状

非均衡阶段校企合作是一个松散的状态，校与企的合作，更多是学校单方面意愿，而企业更多是一种被动参与，学校对企业的重视程度也不够，学校对学生教师参与情况的重视度较低。政府部门政策的有效引导，教育主管部门政策并未得到相关政府的政策配合，使得组合效应未能形成。校企合作的主体各自为战，难以形成紧密的合作组织。企业则主要是通过校企合作获得“廉价劳动力”。职业院校参与校企合作的目的是提升技术技能人才培养质量，获得自身生存与发展的基本条件，院校之间也只是低层次的资源共享。政府是校企合作的主要推动

---

[1] 孙芳芳．职业教育集团化办学研究［D］．秦皇岛：河北科技师范学院，2010.

者，但是对企业利益保障不足，原有校企合作机制就难以形成共同利益体。校企合作是实现职业教育集团化办学跃升的关键，而职业教育集团化办学本身的发展也就是深度校企合作突破的关键。

（2）职教集团化办学变革使深度校企合作成为可能

职教集团中的校企合作现已突破“阶段式”校企合作的窠臼，更着力推进“全程式”校企合作，将企业对职业教育的引导作用引向人才培养（专业建设、课程设置、教学内容与教学方法改革，加强师资队伍和实训基地建设，建立科学的质量保障和监控体系）全过程。[1] 集团化办学以职教集团为载体，具有特定的组织目标、明晰的组织结构、规范的制度章程。这就有利于聚合校企双方力量，形成成果共享、责任共担、过程共管、人才共育的全方位合作机制。集团化办学遵循产业发展规律，通过借鉴企业集团化经营手段来整合职业教育资源，推动职业院校之间、职业院校与企业之间的合作关系，实现各方的跨界协调。其主要功能就在于整合资源，实现资源的优化配置。这就为校企合作提供了广阔的空间，在集团中实现校企信息共享、人力资源共享、教育资源共享、实训资源共享、文化理念共享、管理技术与手段共享等。集团化办学能够整合多方力量，形成教育合力和品牌效应，有利于吸引一些知名企业参与到职业教育中来，校企共同确定培养目标、共同制定人才培养方案、共同实施教学、共同教育管理、共同建设实训基地、共同评价人才培养质量、共同解决学生就业问题、共同关注学生职业发展。这样就能提高校企合作的深度和广度，丰富校企合作的内涵，创新校企合作的模式。

2. 优化高职教育资源配置

教育集团化办学从最根本的功能价值来说就是整合职业教育资源，创设更好的外部环境。职业教育集团化办学模式的不断创新过程就是职业教育资源整合内在需求层次不断引动的结果。

（1）职业教育资源整合的层次发展

职业教育资源整合跨界范围更大，有着不同层次的内在需求。一是教育与经济相互发展层次的资源整合。对于职业教育而言，服务于区域经济发展，对经济而言有着直接性的关系，需要经济社会的发展为其提供建设的物质基础，技术技能人才培养对于实习实训设备、场域有着更高的物质要求；二是学校教育与企业生产相互促进的资源整合。职业院校毕业生是紧密对接生产岗位的，长期以来人才供需脱节，标准缺乏统筹，难以实现有效供给，这是虚拟层面的资源整合，实质上，二者在物质基础上也有着更大的整合空间，至少职业学校对于企业有着更

[1] 叶东．高职教育集团化办学视野中的校企合作探析［J］．无锡商业职业技术学院学报，2010，10（04）：7.

大的依赖；三是职业院校之间以及内部各教育要素的资源整合。区域学校内招生与毕业生就业统筹、实习实训基地共享，集中人力、财力、物力创办优质教学环境等是学校合作的基本诉求。

（2）职业教育集团化办学适应不同层次资源配置要求

办学资源不足时当前制约高等职业教育发展最切实的物质基础，职业教育集团化办学，不断探索资源整合的路径与方法，突破职业教育办学资源结构性失衡的基本问题。

从职业教育发展的宏观层面来看，集团化是一种具有创新意义的办学模式，它建立在区域经济发展的需求之上，充分发挥行业、企业和社会力量的作用，整合有效的职业教育资源，建立起面向市场、自主发展、灵活开放的运行机制。

从职业院校微观层面来讲，职业教育集团化提高了办学效益，集团化的办学形式汇集名师、优化教师结构，提高教师队伍和教学科研水平，使人才优势充分发挥，更有利于教育资源的整合与重构，互补与共享。集团的招生、就业统筹安排，又可以充分发挥各组成单位的优势，形成合力。❶

人才培养理念转变，专业群与专业链对接产业群与产业链建设、模块化课程设计、实习实训开展、教学环境创设，行业企业参与第三方教育质量评估等机制。理念设计容易，但是实践操作困难，根本就在于校企合作缺乏载体，资源亟待整合，而职业教育集团化办学"瓶颈"的突破正是人才培养模式改革的关键。

3. 有效实施职业教育人才培养政策的

教育政策的执行是存在模糊性与冲突性的，而调节的关键就在于政策角色价值的认识与调整。职业教育集团化办学中政府参与角色变化对于高等职业教育政策实施有着持久的影响力。

（1）职业教育集团化办学内外的政府角色

职业教育集团化办学，政府作为重要的参与主体，其价值与作用是非常关键的，通过完善法规，推动职业教育集团化办学制度化。提供政策支持，保障其持续推进改革发展；统筹协调，促进其和谐发展。督导评估，提供正确的办学方向。政府从职业教育集团化办学外部走向内部，及其更深层次的发展空间，参与角色不一样，价值功能也不一样。

自 20 世纪 80 年代起，职业教育集团化办学历经四十多年的发展，政府角色也在不断嬗变。萌芽探索阶段，政府是职业教育集团化办学的发起者、创建者与推广者；初步形成阶段，政府是办学的倡导者、统筹者；快速发展阶段，政府是

❶ 侯光，黄凤文，聂伟．集团化办学是我国职业教育改革发展的必然［J］．职教论坛，2013（12）：29.

支持者、推广者与管理者；创新拓展阶段，政府是办学的监管者、协调者与服务者。[1] 角色的变化，政府与职业院校集团化办学及其主体关系也在发生微妙的关系。最初，高职院校及其集团化办学是政府的管理者，基于公共管理需求，有着绝对的权限，政策模糊性与冲突性更大。随后政府作为多元平等主体参与其中，同时教育管理理念发生重大变化，基于教育现代化治理能力提升，成为集团化办学的服务者，在发挥政府职能的同时，与职教集团成为命运共同的一部分，政策实施空间变得可触碰，无论是职业教育集团化办学的推进还是其他相关政策要求，对于高职院校而言都变得可接近，实施的可能性也大幅度提升。

（2）高职院校人才培养模式变革政策实施效应提升

随着政府将职业教育集团化办学推向高潮，其作用随之降低，社会组织及市场发挥的作用越来越大。人才培养模式变革在实践层面仍然较为滞后，政府需要发挥推动作用还非常大，但是主要还在于营造良好的办学环境，更需要拉近政策距离。

随着我国经济体制的改革，政府的职能发生了变化，由原来的直接干预转向宏观调控，并逐渐向服务性政府转变。职业教育集团化办学，政校企各自发挥自己的价值，政府更是强化其服务功能。在职业教育改革和集团化办学整个过程中，政府都深入参与其中，对于人才培养模式改革中的问题有着更实质性的认识。在政策制订上，自下而上，广泛听取基层意见；政策实施过程中，也充分考虑到实施的可能性与改革的力度，有效提升人才培养模式政策变革的效果。

4. 形成现代化职业教育体系保障

职业教育体系建设是我国职业教育现代化发展的重要内容，实践层面职业教育体制内外部发展僵化，极大地制约了人才培养模式的创新，职业教育集团化办学先行先试，对于构建现代化职业教育体系，促进人才培养模式变革有着重要奠基作用。

（1）职业教育制度体系问题对人才培养的制约

2019 年《国家职业教育改革实施方案》重新厘定高职院校人才培养目标，即培养服务区域发展的高素质技术技能人才，但是高职院校人才培养不仅仅是高职院校的问题，而是中等职业教育、高职院校及高层次应用型人才培养体系整个职业教育制度体系建构的问题。

首先，中高职衔接上的问题。长期以[2]来，在教育主管部门中，中等职业教育归职业教育部门管理，而高等职业教育则归属于高等教育管理，这种管理上的

---

[1] 陈磊．我国职业教育集团化办学中的政府角色研究［D］．重庆：西南大学，2018.

[2] 侯光，黄凤文，聂伟．集团化办学是我国职业教育改革发展的必然［J］．职教论坛，2013（12）：28.

人为分割造成了中高职难以实现有效衔接。在实践改革过程中，我国中等职业学校人才培养目标不稳定，有限的学习制度安排如何实现培养目标，因此存在部分中职培养任务亟待高职院校“补课”的现象。中高职衔接上存在学时上衔接，人才培养方案、课程教学体系及标准评价体系缺乏统筹问题，衔接机制不够深入。

其次，在高职院校办学层次本身也亟待突破“天花板”限制。我国处在经济社会转型发展时期，面临产业转型升级、新兴产业不断崛起，高职院校肩负服务区域、战略经济带发展，培养高素质技术技能人才的重任，但是高职院校始终停留在专科办学层次，有限的学时与教育支持力度完全无法满足经济社会发展对人才的需求。

最后，专升本衔接培养制度。专升本联合培养制度上，本科层次衔接院校，是应用型大学和综合性大学。应用型大学虽然主张培养应用型技术人才，但是评价体系仍然是学术型导向，综合性大学的职业性、应用型更加偏弱，难以培养出高素质技术应用型人才。

（2）职业教育集团化办学有助于搭建人才培养模式的衔接机制

构建现代化职业教育体系是《国家职业教育改革实施方案》的重点之一，是人才培养模式改革外部保障的重要内容，职业教育集团化办学现代化职业教育体系构建进行了有效的探索。

首先，可以有效解决中高职有机衔接问题。中高职有机衔接是指突破学时上简单叠加状态，而是统筹制定中高职联合培育的人才培养方案、课程体系、教学模式、实习实训内容、质量评估标准、就业发展方向等。中、高职管理归口不同，制约了其有机衔接，在职业教育集团化办学之下，一般都是同行业办学方向的中高职参与其中，中、高职衔接作为一项改革内容，教育部门参与其中，也能实现业务管理上的整合。

其次，可以充分发挥职业教育学历教育与培训双重职能。职业教育双重职能实现可以推进职业教育与终身教育的融合，例如澳大利亚 TAFE 模式。学校教育与企业的继续教育很好的融合，促进职业教育与终身教育的衔接，对于职业教育人才培养体系变革有着根本性的突破。

最后，可以实现普职人才培育融合。当前在普通教育系统，产学研结合、校企合作思想也逐步发展，职业教育集团化办学可以引入普通高等院校，力争使职业教育体系与其他类型的教育形成沟通和衔接。

5. 推动高职院校办学规范化与标准化

职业教育标准体系化高职人才培养模式变革的风向标，但是体系化问题及标准本身研制问题难以推动当前人才培养需求变革，职业教育集团化办学从标准统筹的角度在一定范围内促进技术技能人才标准变革有着重要的现实意义。

（1）职业教育标准体系对高职人才培养的制约

职业教育标准体系是保障高职院校人才质量和办学方向的基本保障，《国家职业教育改革实施方案》提出要完善职业教育教学标准，内在包括高等职业学校设置标准、教师和校长专业标准、专业教学标准、课程标准、顶岗实习标准、实训条件建设标准等整个体系。目前我国职业教育标准在制订、管理与实施等环节存在的问题制约了人才培养模式的改革。

首先，职业教育标准制订。从标准制订主体来看，在纵向上我国职业教育标准是国家、地方和院校三级标准。横向上，有行业企业、政府（教育系统和人社系统）及院校标准。行业与行业、行业与地方、地方与地方的管理范围往往重叠、交叉，这种局面造成针对同一项标准化对象，行业标准与行业标准、行业标准和地方标准、地方标准与地方标准的具体内容经常产生重叠与冲突。

其次，各类标准缺乏系统性与规划性。根据产业经济发展要求，制订人才质量标准和专业设置标准，进一步研制课程教学标准、实习实训标准，最后制订人才评估标准和毕业标准是一个系统化工程。标准之间的配套性不强，存在标准之间不协调，甚至互相矛盾、约束乏力的现象，一边是标准林立，一边是“孤岛”从生。❶

最后，标准实施环节。我国职业教育标准更新与实施是自上而下的流程，标准更新研制同样是系统化工作，新的标准实施以后，由于缺乏系统的更新方案与管理督导机制，地方及院校层面没有统筹更新职业教育标准体系，而是就每一环节更新，人才培养质量难以达到标准更新的预期，亟待标准制订的团队建设、流程建设、质量建设与制度建设。

（2）职业教育集团化办学有效统合人才培养标准实施

集团化办学实现政府统筹标准研制、管理与实施。根据国家职业教育教学标准研制专业层面、课程层面、技能教学层面的省级教学标准，使省级职业教育教学标准体系建设内容完备、紧跟改革需求、借鉴国际成功经验，注重实际操作。❷ 地方政府参与集团化办学，通过集团化平台统筹各方主体参与标准研究，充分考虑职业体系中高职专业目录与学科体系本硕专业目录衔接问题、专业教学标准实践研究、专业核心课程教学标准建设、细化职业教育顶岗实习标准各主体责任，制定具体的标准研制工作方案，系统化的更新职业教育教学标准。

集团化办学创新构建校企合作动力机制，提高企业参与标准研制的积极性。

---

❶ 杭永宝．职业教育人才培养标准体系问题研究［J］．江苏技术师范学院学报（职教通讯），2008，23（12）：9.

❷ 刘克勇．生涯开发，知技并举：职业教育人才培养质量标准的探索与实践［J］．中国职业技术教育，2017（35）：28-32.

集团化办学和现代学徒制、订单式人才培养模式以及工学结合模式是紧密联系的，核心问题就在于增加企业参与的积极性，也是高职院校办学的标准体系研制的重要基础，而职业教育标准体系建构也是校企合作的重要内容之一，集团化办学通过收缩标准利益冲突。

集团化办学实现职业教育资格与学历资格之间的有效转换。伴随经济全球化和教育国际化进程加快，开发“1+X”证书成为我国沟通衔接学历证书与资格证书、促进终身学习、提高教育质量、推动教育改革的重要抓手和举措，也是职业教育发展的必然趋势。❶ 作为新时期高职院校人才质量评估制度，两种证书，两个评估体系的融合仍需要借助多元主体共同实施，依托集团化办学平台可以有效推进“1+X”证书制度，促进高职院校人才质量评估制度改革。

二、职业教育集团对高职院校人才培养模式改革提出了新要求

职业教育集团化办学深刻影响着高职院校人才培养模式变革，带来的不仅是历史机遇，更是新的挑战，才能更进一步激发高职院校人才培养模式变革的动力，从培育理念、培养目标、专业建设、课程教学体系及人才质量评估都需要全方位改革。

1. 树立多元融合的培育理念

职业教育办学集团化根本的目的与首要任务，在于培养适应当代企业技术化、科学化、集团化的技术性人才。❷ 高职院校应树立合作育人理念，明晰自己的目标，应当明确地看到职业教育集团化办学的巨大优势和显著的作用，并主动投入到职业教育集团化办学的发展之中，尤其是集团化办学牵头单位为高职院校的，必须树立大局观念，明晰权责利的边界。

职业教育集团化办学多元融合培育理念，在于尊重多元主体的选择，必须基于“以人为本”的核心价值理念，职业院校作为办学主体之一应当遵循这一价值观，致力于培养高素质技术技能人才。坚持“以服务为宗旨，以就业为导向”，不断加强专业群建设，大力改革调整办学模式，深度开展集团内职业院校与行业企业的合作。

树立新的区域经济社会服务理念。高职院校的办学功能之一就是服务区域经济发展，但是由于长期以来校企合作的“冷热不均”，其社会服务功能孱弱，职业教育集团化办学大大提升了职业教育综合服务能力。新时期高职院校必须树立更宽广的服务意识，创新服务思路，拓宽服务渠道，打造服务品牌，积极投身

❶ 潘海生，李阳．职业教育1+X证书的外在表征与本质解构——基于15份职业技能等级标准的文本分析［J］．中国职业技术教育，2020（06）：5-12.

❷ 朱平哲．职业教育集团化办学体制机制研究［J］．黑河学刊，2020（02）：143.

“精准扶贫”“乡村振兴”“一带一路倡议”“长江经济带发展战略”等区域经济社会发展计划。

2. 更新办学管理理念

职业教育集团化办学背景下，高职院校需要协调内外部办学管理理念。从外部管理而言，高职院校是职业教育集团的参与者或统筹者，要在管理理念升级、管理模式创新、管理智慧开发等方面进行积极探索，优化管理思路，增强对集团化办学的统筹力。外部管理对于内部质量提升紧密联系，需要以多种职业技能为核心的劳动者综合素质要求，保证系统化人才培养质量，持续改善参与市场竞争的姿态与活力。

落实职业院校实施学历教育与培训并举的法定职责。贯彻双重法定职责是《国家职业教育改革实施方案》重申的重要内容，新时期我国的少子化与人口老龄化也正在加剧，随之对职业教育带来的新挑战和新机遇拓展了职业教育的对象，老年人力资源及提升成年劳动者的技能素质也成为职业教育的重要职责，职业教育集团化办学对此也会做出新的调试，作为培育主体的高职院校要充分认识到这一变化，沟通职业教育与终身教育、普通教育的育人通道，更新办学管理理念。

3. 提升校企合作办学理念

校企文化融合是提升校企合作理念的首要目标。高职院校需要从企业中吸取企业文化中的核心价值观与行为规范，充分整合校园文化与企业文化中的先进元素。企业精神、创新意识、质量观念和效率观念，企业工作标准和职业素质要求来建立教学管理制度文化，这些校园文化不仅仅是培育学生职业精神、劳动精神的重要内容，更是为培育“双师型”教师营造良好的文化氛围。新时期职业教育集团化办学过程中，校企合作仍然是主流问题，对于整个集团化办学制度文化有着持久的辅助性作用。

校企制度融合是提升校企合作理念的重要保障。示范性职业教育集团化办学首要的都是在产学研、校企融合制度上不断实践探索。高职院校需要在创新校企合作的“双主体”育人理念下，拓展订单培养模式、共建紧密型实习实训基地、以制度形式促进师资互培、互聘，以此为载体推动办学模式与企业的经营模式之间的利益共生。共建专业教学指导委员会，集团积极开展协同育人平台建设，助推产教融合、校企合作，在合作办学、协同育人体制机制方面实现新突破。

4. 系统化的改革人才培养方案

职业教育集团化办学与高职人才培养模式改革以“产教融合、校企合作、工学结合”为核心，也是二者联系的纽带。职业教育集团化背景下高职人才培养模式需要系统化的设计人才培养方案，要遵循市场规律，加强与企业之间的沟通，培养出高质量、多类型的人才。

首先，确立“核心素养+专业能力”的人才培养目标。职教学生核心素养与专业能力既是企业对复合型人才的需求，也是职业院校对毕业生质量的要求，实践培育过程中，高职院校受学校重视程度、课程教学与师资力量的影响，对两个素养模块的把握不均衡。职业教育集团化办学以“人本思想”作为元价值基础，最根本觉得就是确立符合各办学主体利益，又科学合理的人才培养目标，高职院校作为育人主体必须履行该职责。

其次，充分吸收行业企业标准，创建主题型课程教学体系。高职院校要全力培养高端服务型技术人才，为社会经济的发展不断增强基础人才数量，加大人才的输入和输出，严格要求企业能够深入职业教育人才培养中，提供自身的生产技术标准作为职业教育的相关教学标准，探索实践多种形式的教学方法与育人技术。教学模式改革是依据课程设计而进行的，需要认真探索融合型模块化课程，科学把握课程结构，减少理论课程，增加实践教学比重，进一步改革教学模式。

最后，依托校企合作平台，深化“双师型”教师培育。由于职教师资职前培养体制原因，“双师型”教师培育的主战场转移到了校企合作平台。职业教育集团化办学实现资源共享，名师、“双师型”教师是教学资源库必不可少的一个组成部分。职业教育集团可以遴选教学成果突出教学名师，成立集团教学名师工作室，高职院校需要极力配合做好师资培训；以课堂观察、专题研讨、主题培训、课程开发、课题研究、对外交流等为载体来培育和发展集团内院校专业骨干教师的核心素养。

5. 创新教育资源共享机制

共建共享教育资源是职业教育集团化办学的基本功能之一，但是必须通过具体的资源共享机制来实现，职业教育集团化办学运行机制的畅通，更需要高职院校建立共享机制，实现教师资源共享、教学资源共享和专业共建共享。

首先，资源共享内容。高职院校与高职院校之间，相同专业的师资、实习实训设备、课程教学计划及管理经验都可以交流共享；高职院校与企业之间，高职院校可以作为企业产品研发平台，企业员工在职培训的基地，以此增强企业的参与积极性，为高职院校提供更加全面的学习场域。

其次，资源共享方式。高职院校需要建立资源共享平台，加强平台的管理运作，充分发挥信息化技术，通过互联网远程课堂的形式，开发“互联网+”的模式形成资源库，学校可以和企业、行业协会、科研院所等办学主体进行合作和交流，以网络观摩的形式，互相学习、互相促进、提高效率，更好地实现资源开放、资源共享。

6. 加强职业教育信息化能力建设

科学技术变革，“互联网+”、人工智能等新技术的普遍应用，数字经济的崛起，对企业商业运作方式、生产组织方式等带来的改变，这是任何领域都无法绕开的，职业教育集团化办学对信息化的依赖会不断增强，高职院校更需要进一步加强职业教育信息化能力建设，更好地实现职业教育集团化办学机制的运行。

首先，加强院校的基础设施建设。依据《职业院校数字校园建设规范》，在网络教学、实习实训、产教融合、工场实时教学、校企资源共享、远程职业培训等几个方面体现职业教育关键特性的信息化，不断提升数字化条件。对互联网平台共享资源的有效管理，加强互联网技术后台的支撑，为职业教育信息化做到充分的保障。

其次，提高职业教育信息化管理。创建职业教育信息化建设，一方面是要将优质的资源提供给老师与学生，充分突出现代教育的水平与特色。另一方面也是突破传统的教育模式，使教育事业的发展跟上新时代的步伐。要建立职业教育信息化管理，就要建立健全信息化的管理制度，对实际信息化需求和要求做相应的调查，然后制定因地制宜的模式进行管理。通过互联网的信息采集与管理，不仅可以节约相应的资源成本以及减少人力的耗费，而且还大大增强了工作的效率，是一个一举两得的有效方式。❶

第三节　职业教育集团背景下高职院校人才培养模式改革的实施路径

职业教育集团化办学作为组织调动社会力量参与办学，吸引更多资源向职业教育汇聚，持续推进职业教育办学模式、育人模式改革的有效途径，基于职业教育集团化办学改革高职人才培养模式，办学模式需要系统化改革，促进职业教育提高办学质量、提升职业教育服务经济社会能力。

一、职业教育集团背景下高职人才培养目标提升

1. 立体化思维定位人才培养目标

基于个人发展、经济社会发展与社会生产实践需求，确立院校人才培养目标。职业集团化办学模式下精准定位高职院校人才培养目标，首要的就是确立高

---

❶ 夏金迪．职业教育集团化办学背景下职业教育信息化建设的研究与实践［J］．通讯世界，2018（02）：348.

职院校人才培养目标。作为高职院校，学生的利益应作为定位人才培养目标的依据之一，并在制定的人才培养方案中进行体现，促使学生掌握相应的科学文化知识和专业知识，培养出适应社会需求，满足企业要求的合格毕业生，为学生拥有全面发展的素质奠定基础。❶ 区域经济社会发展是职业教育集团化办学最根本的目标也是高职院校人才培养目标依据之一，因此要充分考虑社会发展需求定位，结合地方政府工作报告中关于中长期发展目标，精准供给人才。其次是社会生产实践需求的考虑，社会技术是社会主体改造社会世界、调整社会关系、控制社会运行、解决社会矛盾、实现人类改造社会世界目的的实践性知识体系。❷ 职业教育培养巨匠的社会价值与普通教育培养学术人才价值同样重要，从“被动操作者”到“主动学习者”、从“单一技能者”到“复合技术者”、从“独立劳动者”到“合作创造者”。三位一体架构高职院校人才培养目标才能契合新时期人才需求。

基于职业教育集团化办学“创新、协调、绿色、开放、共享”新的发展理念确立高职人才培养目标。五大发展理念是我国新时期的社会发展理念，“中国制造 2025”基本方针涉及“创新驱动、质量为先、绿色发展、结构优化、人才为本”五方面，也是职业教育集团化办学模式的服务理念，其价值渗透也是高职院校人才培养目标的重要定位。创新研发型人才、绿色生态型人才、“一专多能”复合型人才、“工匠”型人才必然成为新时期高职院校的人才培养理念。集团化办学背景下提升高职人才培养目标必须有更远的指向，彰显服务意识的职业精神、基于多学科集成的知识结构、获取新知识的学习能力、适应智能制造的科技创新能力、秉持绿色制造的可持续发展理念。

着重区域发展，建立多层次、多类型人才培养目标。职业教育集团化办学的人才培养目标是在理念与价值层面的指导，不同区域职业教育集团及不同层办学方向高职院校应该建立在特色化办学基础上确立人才培养目标，避免集团化办学内部的同质化现象，反而制约了高职院校的发展。以行业为中心组织职业教育集团的高职院校必须思考自身特色专业、课程教学体系，在构建整个目标体系上坚持宏观指导与微观创新相结合，建立多区域、多层次、多类型人才培养体系。

2. 多元主体价值研制人才培养目标

立体化定位人才培养目标与系统化思维建构人才培养目标研制程序是从深度与广度上把握人才培养目标提升的内容和形式。尊重多元主体价值则是基于集团化办学要求遵循人才培养目标研制客观规律基础上，充分发挥人的主观能动性，

❶ 杨勇辉．高职人才培养目标定位研究［J］．亚太教育，2015（03）：254.

❷ 李伟，石伟平．智能制造背景下高职人才培养目标新探：基于技术哲学的视角［J］．教育与职业，2017（21）：7.

从现实性角度考虑人才培养目标制定。

首先，贯彻落实国家政策依据。一是国家职业教育政策关于集团化办学的政策要求；二是新时期以来我国不断深化教育发展规律认识，关于立德树人、劳动育人等教育方针新要求；三是政府作为集团化办学的参与者之一基于政策更新对企业、院校提出新的办学要求，例如《教育部关于深化职业教育教学改革全面提高人才培养质量的若干意见》要求高职院校加强学生就业创业能力的培养，加强思想道德、人文素养和技术技能的培养。《高等职业教育创新发展行动计划(2015—2018 年)》强调要将学生的创新意识培养和创新思维养成融入教育教学全过程，为学生创业教育搭建平台。

其次，尊重行业、企业人才培养需求。企业与学校是两个不同的运行组织，参与集团化办学各有价值需求，关于集团化办学有不同的主导型理念，二者在发展目标、运作方式甚至语言系统都有着差异，因此在过去非均衡校企合作阶段，企业参与人才培养目标往往是形式上的，高职院校需要深刻理解企业在参与学校人才培养目标研制、课程教学目标及人才培养标准的本质要求，进而转化为教育目标。

最后，高职院校合理转化学校人才培养目标。高职院校落实国家政策要求、企业人才需求基础上建立院校人才培养目标，需要建立系统化的人才培养目标。分析职业种类、岗位要求，制定各专业人才培养方案，细化为专业目标，通过课程目标、教学目标，进而不断分解，形成学生可掌握的学习任务，教师可操作的课时目标或者任务目标，坚持实用主义导向，注重学生兴趣、能力、自我潜能等，为学生提供多种类别、多种层次的学习内容。

尊重多元主体，制订高职人才培养目标需要具体的策略，转化为高职人才培养目标文本体系。去中心化策略，具体来说就是打破高职人才培养目标由政府部门“一元制定的格局，打破高职人才培养目标由高职院校主导进行演绎的格局，重视高职院校和相关研究机构在高职人才培养目标制定过程中的作用，采取项目制的方式制订与更新人才培养目标。开放性策略，二元主导，强调政府对于行业和企业发展的方向性引导作用，服从于国家战略发展的需要，行业则分析整体发展趋势和未来几十年内的人才需求。政府的主导作用应该是政策性的，审议式的，行业协会的主导作用则应该是执行性的，提议式的，强调专家团队的“松散式”具体问题具体分析，保证项目的利益相关方参与即可。

3. 系统化思维构建人才培养目标研制程序

尊重多元主体价值研制人才培养目标是基于宏观指导的把握办学方向，职业教育与产业行业经济发展紧密联系，制订科学合理的人才培养目标，需要系统的研制程序，人才培养目标具有相对灵活性，更需要灵活的动态调整机制。

在职业教育集团行政机构外成立专业教学指导委员会，遴选“政、校、企、行、研”五方专业人员组成，高职人才培养目标研究和制定专家团队的各成员之间应该是相对民主的。建立起高职人才培养目标的柔性对接机制，如项目制对接、梯次性对接、行业差异性对接等，使人才培养目标制定专家团队的成员随着项目的不同动态调整，灵活掌握，关注实效，充分考虑因为不同项目、不同地域、不同行业和企业等带上差异性。

高职人才培养目标研制程序如图 4-1 所示。

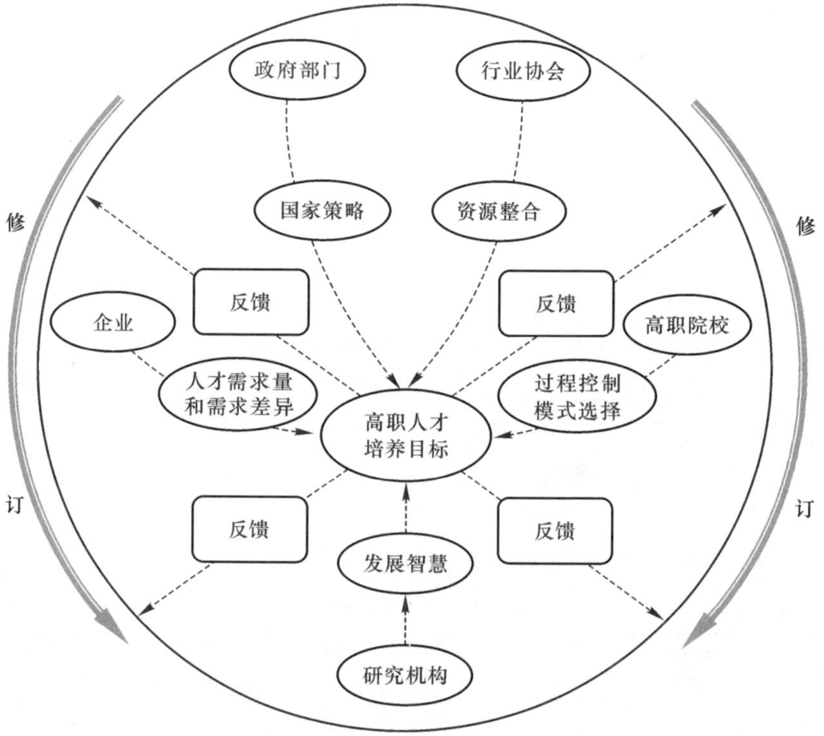

图 4-1　高职人才培养目标研制程序

注：借鉴《区块链理念高职人才培养目标学徒制改革策略》人才培养目标生成图

建立院校内部人才培养目标反馈机制。最直接的对象是教学微观层面的高职院校内部各主体，全主体参与是集团化办学模式下高职院校人才培养目标调整的基本要求。结合院校人才质量评估机制，收集学生与教师对人才培养目标内容和形式等内容的基本态度，进一步对接职业教育集团内部人才培养目标调整机制。

4. 深化校企合作落实人才培养目标

校企合作是高校人才培养目标是集团化办学及人才培养目标研制的核心，更是人才培养目标落实的重要保障，高职院校人才培养目标提升的最后环节就是落实，首先要厘清人才培养目标研制到落实的全部环节，其次就是校企合作确定人才培养目标落实的基本职责。

厘清校企一体化落实人才培养目标的基本任务。在建设职业教育集团，实践现代学徒制、订单式人才培养模式中，实现教育与产业、学校与企业、专业与岗位充分对接与良性互动的办学新形式，也是人才培养目标落实的实施载体。校企一体化的根本要求在于校企共定培养目标和标准，共制人才培养方案，共建一体化教学平台，共育“双师结构”教师团队，共施岗位技能教学，共造企业职场氛围，最终实现人才规格与企业需求、素质教育与技能培养、教学内容与生产项目、专业教师与能工巧匠、能力培养与技能鉴定、校园文化与企业文化的融合。❶ 湖南工程职业技术学院创造性的探索出了“四体系（4S）”人才培养系统框架确定目标并进行分解，成为人才培养目标的框架或目标选择的菜单，见图 4-2。

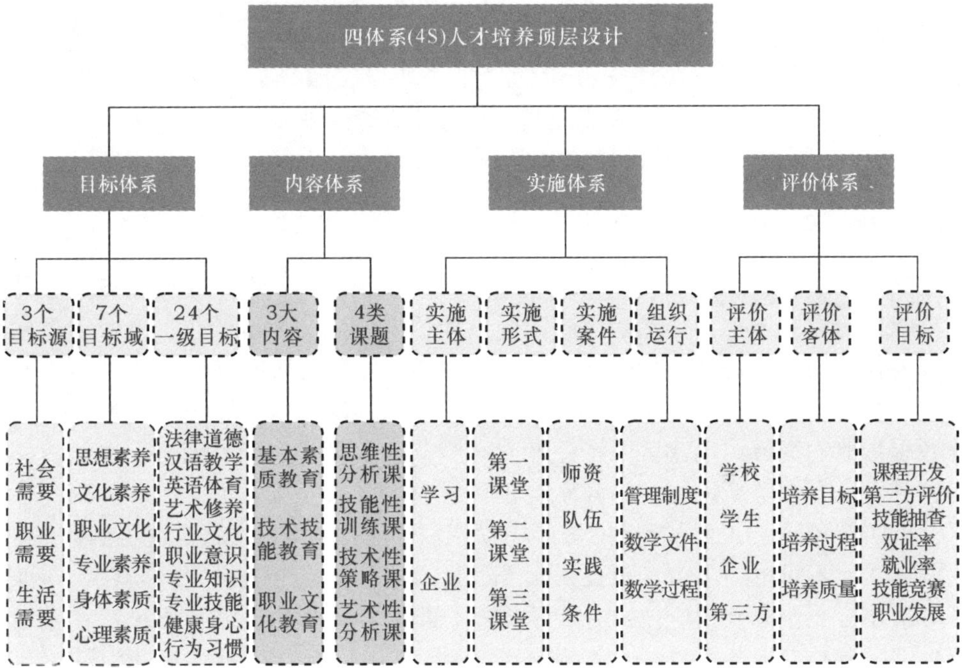

图 4-2　“四体系（4S）”人才培养系统框架

注：引自傅刚斌. 高职人才培养目标顶层设计研究与实践 [J]. 中国职业技术教育，2015（02）：69.

---

❶ 欧阳恩剑. 现代职业教育体系下我国高职人才培养目标定位的理性思考与现实选择 [J]. 职业技术教育，2015（19）：26.

深化人才培养目标实施各环节的校企合作。教育部《关于职业院校专业人才培养方案制订与实施工作的指导意见》（2019 年）指出了人才培养方案制定的基本程序。首先是规划与设计阶段。由行业企业专家、一线教师和学生代表组成专业建设委员会，一起来共同完成人才培养方案修订工作，高职院校作为组织者严格遵循人才培养目标生成程序制定设计方案。其次是调研阶段。各专业建设委员会做好毕业生追踪调查、在校生学情调研以及行业企业调研，根据具体情况来分析产业发展和人才需求趋势，高职院校要提供学生学习需求、毕业生信息的数据，企业要针对新入职人员反馈人才目标评估信息等。接着是方案生成阶段，结合专业实际情况，落实教学标准，准确定位人才培养目标和规格，合理的建构课程体系和教学进程等要求。最后是审定阶段，通过各专业的人才培养方案，学校报上级教育行政部门备案，并通过学校官网向社会公开接受社会监督，与此同时高职院校要针对已有人才培养方案反馈信息及时修订与发布新的方案。

二、职业教育集团背景下高职专业设置路径优化

高等职业教育专业设置是作为重类型教育的显著标志，也是高职人才培养模式的重要环节。职业教育集团化办学背景下专业设置路径需要依据产业发展形势，不断更新理念，严格遵循从社会职业教育到教育专业的转化程序，统筹加强专业设置管理，建立专业预警机制，加强专业设置评估，灵活调整专业设置。

1. 持续更新专业建设理念

依据专业设置需求，在职业教育集团、区域、行业、层次等上保持办学特色。高职专业设置依据都必然考虑到四个方面的需求：是否是行业、企业需要的职业（专业）岗位，是否为学生愿意学习的专业，学校是否有办此专业的条件和师资，是否通过多方面的论证、审核。澳大利亚 TAFE 学院积极发挥地方优势，充分利用当地的资源，创建区域特色专业，服务地方经济的特色做法，也给我国高职教育发展带来了新思路，各高职院校，或立足区域，或立足行业，进而守住特色，夯实特色。[1] 专业设置保持与市场紧密联系，以“职业岗位”为维度进行专业设置，而不盲目追求市场热点，频繁改换专业，造成专业设置同质化，专业规模体量小，专业集聚效应差，专业结构不合理。考虑学生、家长要求，往往通过招生情况调整专业设置，走专业内涵式发展道路要逐步转为基于学生学习兴趣、潜能等设置。能否开始此专业，高职院校要基于办学特色评估专业设置条件与预期效果，避免区域内、集团内的专业同质化现象。专业申报过程要通过多方论证，深入调研基础上开设。

---

[1] 杨建．澳大利亚 TAFE 办学特色的现实考量与启示［J］. 黑龙江畜牧兽医：下半月，2014（04）：124.

积极引入专业群、专业链的理念整合院校设置专业。基于深度校企合作专业设置总体上经历了三个阶段：粗放型专业对接阶段、专业群建设阶段和专业链建设阶段，专业设置理念在持续更新，总体趋势是随着产业聚焦于分化产生新的行业，同时专业也在不断集聚并衍生出新的专业，与职业教育集团化办学合作深度发展的趋势是一致的。高职院校通过密切校企深度合作，尤其是与技术链中的上游企业合作，为下游企业提供技术服务与人力资源服务。校企双方定期召开专业（群）教学指导委员会，共同制定人才培养方案，修订课程标准，开展多形式深层次的合作，深入推进产教融合，实现“高职院校专业群”与“区域产业群”的“群对群”合作，为区域经济发展提供更好的技术支撑和智力支持。❶ 专业群建设仅仅是相同行业内的专业集聚，但是产业发展是节节贯通，因此随着校企深度合作，专业群升级为专业链，与产业链高度匹配，根据产业转型对人才的动态化需求做出及时调整，加快推进应用技术类专业群建设，实现专业链与产业链的有效对接。

2. 建立科学合理的专业设置程序

职业教育集团化办学为高职专业设置创造了新的平台，也提出了新的要求，高职院校专业设置程序是保障专业设置合理性的重要保障，也是进一步贯彻专业设置的实践路径。

首先，专业调研。高职院校应在现行专业调研基础上完善各类调研信息，建立人才培养成效反馈机制，为专业方向调整、课程体系完善提供数据支撑。选择所属专业领域有代表性的企业开展问卷调查和数据分析，了解市场发展态势和行业企业发展状况。同时，专业应充分利用所合作的行业、企业、职教集团，选择专业目标岗位的现有员工及其上一层的管理者开展专题座谈。

其次，开展职业岗位分析，制定系统的专业建设方案。在调研过程中，深入分析社会职业及岗位能力需求等，明确专业大类、专业类、专业命名、基本学制、培养目标、职业面向及职业能力要求等，在各要素分析基础上整合专业建设方案。

最后，各类高职院校应建立专业毕业生跟踪反馈机制，充分考虑教师与学生意见，建立高职院校专业方向调整方案与人才培养方案修订计划。

3. 有序加强专业设置管理

统筹专业布点，建立与之相匹配的专业结构。一是与区域经济产业结构相匹配，将地方经济产业结构和经济布局细分化，了解区域内、职业教育集团内专业

---

❶ 王波，钱俊，张崎静．高职专业设置与区域产业适应性分析—以江苏省扬州市为例［J］．职业技术，2019，18（03）：25.

设置与布点情况来适应和引导地方经济产业的发展，引导相关专业和多元专业群的共同融合发展。二是与学生就业结构相匹配，根据高职院校历年招生情况与毕业生就业岗位等信息，通过调整、合并等实现专业结构和学生就业结构的相应细化、调整，适度地扩大专业招生规模，又要做到发展专业的均衡性和适应性。

从产业发展层级合理确定专业布局的立体机构，区域性经济发展，基础行业、中产领域与高新技术产业需要形成合理结构，在深入调研经济产业基础上，或适应产业发展布局专业，或者建立合理的专业结构布局引领产业结构趋向合理，既能够保障基础产业，也能进一步推动地方经济产业升级的质量，也实现高职院校学生就业和发展的创新。

职业教育集团化办学各主体充分发挥相应职责加强专业管理。职业教育集团内成立专业教学指导委员会。政府方面要建立区域内经济产业、各专业布局的数据平台，同时对于新设专业要加强审核与管理。企业方面主要依据产业发展动态为专业设置信息平台提供数据与参与新设专业的研制与评估方案。高职院校要充分吸收学生、家长及教师的意见，加强各院系的信息沟通，制订专业调整方案。第三方社会组织或研究机构充分开展行业、专业服务经济社会发展的数据调研与研究工作，为职业教育集团提供研究结果。

4. 有效开展专业设置评估

职业教育集团化办学对于高职专业设置提出了新的机遇与挑战，职业教育专业设置更加灵活，也更需要方向性的保障，有效开展专业设置评估是专业设置优化的基本要求。

专业设置评估的具体环节主要内容宏观专业结构与专业布局合理性评估、校内专业结构与专业布局合理性评估、相关专业办学经验评估、专业设置硬件条件评估、师资队伍条件评估、人才需求调研论证评估、专业人才培养方案评估。宏观专业结构布局情况需要教育行政部门充分督导，校内专业评估需要高职院校分析该学校办学定位、专业建设与发展思路、新专业设置的科学性等，并进一步向政府部门报备。后三者的专业评估需要高职院校、第三方评估组织及政府共同参与评估，并纳入高职院校教学诊断与改进机制中。

充分利用专业设置预警机制。建立高职院校专业设置预警机制是职业教育人才培养方案改革的重要内容，但是目前专业设置预警机制的功能发挥不大，难以真正起到调控专业布局的价值。职业教育集团化办学运行机制也处在改革实践中，专业设置预警机制也需要纳入机制建设的内容之一，建立专业设置预警指标体系、专业设置预警监测与评估体系、专业设置预警决策与处理体系、专业设置预警组织管理机构。

三、职业教育集团背景下高职教育教学模式革新

“产教融合、校企合作、工学交替”是职业教育人才培养模式变革在宏观、中观与微观不同层次的改革要求，其中“工学交替”就是围绕职业教育教育教学模式的核心改革理念，精心设计课程，创新教学模式及教学质量评估。

1. 模块化课程整合设计

高职教育教育模式的创新，首先取决于课程模式能否创新，更新课程实施理念。高职院校在于培养技能复合型人才，注重技术技能的实用型，公共基础课程适合传统课程教学模式，专业技能课程更适合模块化课程模式。长期以来职业教育专业（核心）课程缺乏标准，课程教材使用标准缺失，课程模块整合主题缺乏标准参考。职业教育集团化内的高职院校成立的专业指导机构，应根据各院系、专业成立教研组，吸纳该领域企业技术人员，研究课程融合问题，将课程进行校本化转化，确定整合主题，进行模块化课程整合，并制定相应的教学指导方案。模块化课程设计遵循整体性、层次性、个性化与生活化等原则。专业理论模块与实习实训模块交叉分布，模块化主题以“专业能力”水平为轴心设计不同的任务难度。

2. 更新教学模式

没有职教课程改革，就难以实现职业教学课堂改革。职业教育集团化背景下高职院校可以在区域内积极推进课程改革，进而创新教学模式方法。高职院校思考职教课堂模式改革问题，首先就是转变观念，从“学科为本”向“问题导向”的转变，知识生产的组织从“封闭”向“开放”转变，从“单一学科”到“跨学科”领域转变，质量控制从“同行评议”向“相关利益相关者”评价转变。其次就是教学模式探索，如何基于校企合作增进课堂教学的实践性与情境性，增加跨学科实践课程类型，扩充课程编制参与主体，建立综合、多维的教学评价机制。

在深度校企合作基础上，创新课程模式设计，为教学模式更新提供基础，符合职业教育教学规律的教育教学模式，理念是创新的，也是明晰的，目前部分高职院校也在不断探索本土化的职业教育教学新模式，例如任务型教学、项目式教学、叙事和案例教学、“工坊式”教学、情境体验式教学、混合式教学模式等。但是我国职业教育一方面囿于传统课程教学理念，同时职教特色难以体现，职教课堂革新推进困难。

3. 加强师资培训

教师是实现课堂教学模式改革的根本保障，每一轮课程教学改革必然是师资

培训，培训教师课堂改革的新理念、新要求、新能力才能有效促进职业教育教学模式的发展。

职业教育的师资主要来自院校与企业两个方面，这也是“双师型”教师培育面临的问题。对于院校毕业的老师有关教育教学的知识储备丰富，而专业技能领域的知识实践深度不够。对于企业来源的教师，生产一线实践的知识以及专业理论知识是充足的，但是有关如何有效组合知识并传授给学生是比较欠缺的。基于模块化课程改革，推进职业教育实践性、情境性的课堂革命。职业教育集团化办学应该为职教师资提供充足的专业化培训，打破过去仅仅专业技能知识的培训，需要及加强教师课程整合设计、教研能力、教育教学方法等内容培训。

四、职业教育集团背景下高职人才质量评估制度改革

人才质量评估制度既是对学生学业水平评估的基本保障，也是为人才培养目标指明改革方向的重要指标。随着教育评估理念革新与职业教育集团化办学理念的深入发展，高职院校也需要建立新的人才质量评估制度。

1. 完善教育质量外部监管评估体系

随着教育“管办评”分离，提升教育现代化治理能力要求，职业教育领域也在逐步推进教育评估理念转变，高职院校教学诊断与改进项目也在逐步实践，职业教育集团化办学人才质量评估也必然要遵循这一改革理念。

高职外部质量评估体系基本框架包括院校评估（高等职业院校教学工作诊断与改进）、教育督导评估（全国高等职业院校适应社会需求能力评估）、专业评估和第三方机构评估，质量年报（中国高职教育质量年度报告、高等职业院校毕业生就业质量年度报告），各类排名（高职院校排名、高职专业排名）等系列外部质量评价保障实践活动。[1] 目前我国教育评估的模式主要是“政府主导、院校自评、第三方评估参与”的模式，在职业教育集团内，多元评估主体也是多元办学主体。首先高职院校自身要加强院校自评工作，转变评估方式，坚持过程性评估与结果性评估相结合的方式，对办学条件、办学机制、教学质量、学生学业水平、毕业生就业水平等方面进行自我评估，结合政府督导评估改进教育教学质量，同时作为工作改进机制。其次是认真落实国家、地方职业教育改革要求，实施专项评估，推进职业教育改革步伐，可以邀请教育行政部门人员、企业行业、第三方社会组织参与评估，政府督导可以对“评估的有效性”进行评估。

2. 积极参与“书证融通”内部评估制度

内部评估制度着重于学生学业质量、教师教学及教学质量评估。为落实《国

[1] 郭广军，金建雄．高职教育外部质量监管评估体系研究［J］．中国职业技术教育，2019（25）：79.

家职业教育改革实施方案》，正积极试点“1+X”证书制度，新时期书证融通是我国高职院校内部质量评估制度的核心，职业教育集团化行业企业参与、学校实施是必然趋势。

在教育部等四部门印发的《关于在院校实施“学历证书+若干职业技能等级证书”》制度试点方案中，对院校提出的要求是“将‘1+X’证书制度试点与专业建设、课程建设、教师队伍建设等紧密结合，推进‘1’和‘X’的有机衔接，提升职业教育质量和学生就业能力”。[1] 高职院校是主导，“1+X”证书是分专业设计，基本评估理念、评估方案及教学改进计划等必须是院校统筹推进。院系是实施主体，围绕不同院系不同专业推进书证融通评估方式，从根本上将推动教师、教材与教法“三教”改革，二级院系也必将更新人才培养方案。企业是参与主体，“1+X”证书制度是学习德国双元制模式等理念，对于企业参与的深度也提出了更高的要求，不同院系、专业与企业融合的深度存在差异，但是企业参与是必不可少的，尤其是对于技能资格证书的适应性问题与评估反馈。

五、职业教育集团背景下高职人才融通培养创新

新时期面临产业迭代升级，高职（专科）学制难以满足高层次应用型人才的培育要求。纵向打通中职、高职及应用型本科及专业硕士人才的培养通道，横向上增强普职融合、职业教育与继续教育或者终身教育衔接，落实职业教育学历教育与职业培训双重法定职责，是高职人才培养模式发展的重要改革要求，职业教育集团化办学作为多层次多类型学校基于行业需求等某一因素的联合办学载体提供了新的契机，更需要高职人才培养模式融通培育创新机制。

1. 高职纵向贯通人才培养机制创新

建立纵向的职业教育现代化制度是国家政策的要求，高职院校处在衔接体系的中间层，其贯通人才培养机制是关键环节。2010 年起，职业院校在全国范围内启动中高职衔接“三二分段”试点，高职自主招生正式开始，拓宽了中职升学深造渠道。2012 年《国家教育事业发展第十二个五年规划》指出：“要加强职业教育内部的有机衔接”“积极推进中等和高等职业教育在人才培养目标、专业结构布局、课程体系和教材、教育教学过程等方面的衔接”。2014 年 6 月 14 日，《现代职业教育体系建设规划（2014—2020 年）》明确提出：系统构建从中职、专科、本科到专业学位研究生的培养体系。2015 年 9 月《高等职业教育创新发展行动计划（2015—2018 年）》强调：完善高等职业教育结构，从专业设置入手，规范初中起点五年制高职办学，强化专科高等职业院校主导作用。2019 年

---

[1] 吴南中，夏海鹰 . 1+X 证书制度下职业院校变革逻辑与推进策略［J］. 教育与职业，2020（08）：6.

《国家职业教育改革实施方案》提出：探索长学制培养高端技术技能人才。从国家政策层面，高职人才培养衔接机制要求明确，但是实践层面推进效果不理想。中高职衔一体化人才培养过程中，还缺少一套成熟的人才培养理论做支撑。[1]

职业教育集团化办学，改革办学运行机制，成立专业教学指导委员会，统一研制人才培养方案，认真落实人才培养目标、专业目标、课程教学体系、实习实训标准与学业水平质量评估标准等精准对接。首先是人才培养目标，基于“核心素养+专业能力”的人才培养目标模块，结合中高职学生的年龄、认知水平、自我认同，专业水平等确立不同层级的培养目标。其次是专业目标层级，结合当前“1+X”双证书制度改革要求，针对某一专业确定专业岗位和职业能力水平。然后是课程教学体系，课程教学体系还存在横向模块化课程建设问题，主要包括公共模块、专业模块、拓展模块、毕业实习模块，进而立体化将课程融合内容分散到中高职学习不同环节。

2. 高职横向融合人才培养机制创新

我国职业教育改革重申了其学历教育与职业培训的法定职责，但是学历教育与职业培训的衔接还未纳入衔接轨道，地方政府及高职院校还在进一步实践探索中。

首先，普通高等院校与高职院校的合作。当前职业教育集团基于行业合作办学也会融入高等院校（具体是相关院系）的合作，普通高等教育院校在某一产业、专业的科研及理论知识更有优势，高职院校在专业技能培育和校企合作上更有优势，在共同研制专业、课程教学及人才培养方案上，资源共建共享机制上要充分融合，提升办学效能。

其次，高职院校与继续教育的融合。一是高职院校本身职业培训、服务社会的职能拓展，主要通过校企合作，企业也涉及员工培训和岗前培训，培训场域可以选在高职院校，也面向校内学生。充分考虑当前成人教育群体，老年教育、下岗职工、新型职业农民等都是高职院校可以服务的培训对象，进而服务区域经济发展。二是高职院校与继续教育机构的合作，当前普通高等教育的继续教育学院、开放大学、广播电视大学、老年大学、新型职业农民培育机构等是主要的继续教育机构，高职院校可以充分利用自身教育资源供给继续教育需求，展开深度合作。澳大利亚 TAFE 人才培养模式，深入到外部机制衔接，有着许多创新性的实践经验，为统一指导与管理、统一制定培训框架与培训包、证书衔接评估等提供了有力的保障。

学制融合是职业教育集团办学背景下高职人才培养模式改革最外部层次的改

---

[1] 杨建华，王亚娟，梁增江．中高职衔接人才培养方案探讨与设计［J］．现代交际，2020（02）：1.

革，改革内容更加宏观，协调内容更加宽。澳大利亚 TAFE 人才培养模式即职业教育与继续教育办学模式，正是因为从整个体制突破人才培养模式变革，纳入终身教育思想、政府高度重视，企业主导使得成为国际化的高职人才培养模式。

职业教育集团化办学背景下高职人才培养模式改革是一项互动式改革。职业教育集团化办学是产教融合、校企合作办学的有效办学模式，高职人才培养模式变革内在的推进校企合作教育教学改革，二者互为表里，相互推动职业教育改革。但是二者存在的问题及解决方式也是有极大的关联性，职业教育集团运行机制以及面临的外部政策环境，同样也是高职人才培养模式的问题，高职人才培养模式改革的实验也是职业教育集团化办学探索的里程。我国职现代化业教育体系正在加速建设，示范性职业教育集团项目，围绕高职人才培养模式改革的人才培养方案、“三教”改革、“1+X”证书制度等正在积极推进，二者相得益彰。

第五章　高职数字创意专业群人才培养模式的案例分析

第一节　重庆数字创意职业教育集团的基本情况

为贯彻落实《教育部关于深入推进职业教育集团化办学的意见》、《重庆市教育委员会印发关于加快推进职业教育集团化办学实施意见的通知》的文件精神，深化职业教育办学体制改革，促进职业教育资源共享、职教学校与企业优势互补，加快重庆市职业教育规模化、集约化、特色化、品牌化发展步伐，打造重庆市专业性职业教育航母，发挥职业教育为区域经济和社会发展服务的重要作用，由重庆工商职业学院牵头，于 2018 年 11 月组建了重庆数字创意职业教育集团。现有成员单位 43 家，其中高校 14 家（本科 3 家，高职 11 家），企业 17 家，行业协（学）会 4 家，中职 8 家。

重庆数字创意职业教育集团是在市教委、市经信委、市大数据管理局、九龙坡人民政府指导下，按照“政府指导、多元参与、育人为本、依法办学、优势互补、共谋发展”的原则，面向重庆市数字创意产业，培养高素质技术技能型人才和促进产学研合作、中高职相结合并具有联合性、互利性、非营利性的职业教育集团化办学共同体。

希望经过三年左右的建设与发展，集团成员院校相关专业布局与区域数字创意产业紧密对接，专业集聚度逐步提高，“专业链—产业链—创新链”全面对接，人才培养模式不断创新，办学模式运行高效有序，教学条件明显改善，服务能力显著增强，品牌特色优势彰显，大数据智能化水平显著增强，对区域职业教育的示范引领作用进一步凸显，对重庆市数字创意产业的支撑作用突出，将数创集团建成重庆市示范性职教集团，积极争创国家级骨干职业教育集团。

集团将通过校际合作、校企合作、学校与行业协会、科研机构合作，优化资源配置，形成以职业教育院校为主体、以企业和行业为依托的多层次、立体化办学体系，开展实质性的探索与融合，全面提高各成员单位的市场竞争力，打造数字创意类专业品牌，培养更多、更好的实用型技术技能型人才，为行业企业和区域经济发展提供人才支撑（见图 5-1）。

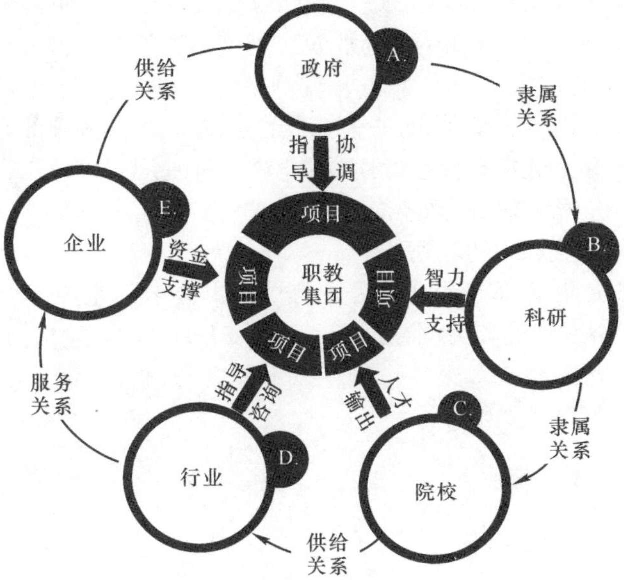

图 5-1　重庆数字创意职教集团运行体系示意图

一、工作目标

1. 总体目标

建设成为政行校企多方联动，成员单位合作紧密，教育资源较为丰富，高职教育以及应用型本科教育协调发展，能够在促进产学研深度对接、校企深度合作和职业教育体系建设、社会服务能力提升中发挥引领作用的职教集团，争创重庆市示范性职业教育集团。

2. 具体目标

（1）推进职业教育集团化办学。构建政行校企联动机制，积极争取政府支持，发挥学校优质教育资源优势和行业企业的设备、专家人才资源优势，共建共享职业教育人才培养实训基地，校企共育人才。探索混合所有制办学模式，建立以职业院校为主体，以行业企业为依托的职业教育新模式。

（2）提升师资队伍建设的水平。建立校企师资双向培聘机制，完善师资培养与双向互聘政策，优化教师、企业技术人员双向交流机制。校企合作共建企业教师工作站，培养一批优秀的专业带头人、骨干教师和企业兼职教师，打造具有较高教学实践能力的优秀“双师型”教学团队。

（3）加强数字创意职教体系建设。通过校企合作、校际合作，开展数字创意职教体系的课题研究和项目实践。对接区域产业发展方向，优化专业课程设置，打造特色职教品牌。集团内中高职及应用型本科院校协调发展，建立职业教育人才培养“立交桥”。

（4）实现集团内各类资源的共享。通过建设资源共享平台，整合集聚校企资源，集团成员共享成员单位已经建成的学生实训基地、人才培训中心、国家职业资格鉴定中心（所、站）、高技能人才信息、招生就业信息，提高集团教学资源、生产资源和信息资源的利用率。

（5）全面提升集团服务社会能力。为重庆市数字创意产业发展提供技术保障，服务区域经济发展的能力明显提升。依托集团平台，通过校企合作、校际合作大力开展技术创新和技术服务。组建技术开发与服务团队，推进技术成果转化，提升职业教育服务社会的能力。

二、主要工作任务

1. 服务重庆地方经济发展

面向重庆市“三大攻坚战”和“八项行动计划”重点工作，培养高素质技能型人才。依托集团化办学平台，通过校企深度合作、校际合作积极开展技术创新和技术服务。组建技术开发与服务团队，推进技术成果转化，提升职业教育服务社会的能力，全面增强高校办学活力和服务社会能力，培养适应区域经济和产业发展要求的高素质技能型人才，服务区域经济发展。

2. 加强基础能力建设

（1）完善集团内部构架，优化集团治理模式。根据国家和重庆市出台的职业教育集团化办学相关政策制度，不断优化集团治理结构和治理模式。动态吸纳和调整成员单位，根据合作情况，推动形成不同层级的集团成员组织结构，提升集团化办学能力。

（2）构建完善制度体系，创新管理运行机制。以集团宗旨为基础，以人才培养为核心，以互利共赢为动力，构建职教集团工作制度体系，不断完善投入、会商、决策、考评、奖惩和成员进入、退出等机制，保障集团管理的规范化与科学化。

3. 推动教育教学改革

落实“立德树人”根本任务，总结推广现代学徒制试点经验，对接重庆及西南地区数字文创与设计服务产业，以“领域聚焦、基础厚实、技能高超、应用娴熟”为人才培养目标，行企校共同研制人才培养方案，将新技术、新工艺、新规范纳入教学标准和教学内容，开展“1+X”证书探索，实施“4-4-3-2”人才培养改革。

（1）创设“前制作—制作—后制作—外制作”四套生产作业系统，构建人才培养框架。

（2）定位“文化、社会、科技、经济”四个因子，优化特色公共课程和创新创业课程设置。

（3）遵循“创意—作品、作品—产品、产品—商品”三个界面开发模式，重构任务导向的模块化专业课程体系。

（4）搭建两个融合互动平台，强化学生综合应用能力。培育和传承工匠精神，拓展就业、创新创业本领，构筑毕业生“德技双优”的可持续发展之路；构建全过程、全方位、多主体人才培养质量监控体系，着力打造数字创意产业复合型跨界技术技能人才培养高地。

4. 强化师资队伍建设

（1）共建共享企业教师工作站。三年内，集团成员学校与企业共同建设 7 个以上的企业教师工作站，实现师资培养与行业企业的零距离对接。把握产业发展走势，提升教师的职业素养和职业技能水平，打造、培育一批高水平的专业带头人、骨干教师和企业兼职教师。

（2）完善教师双向交流机制。校企梳理师资培养与双向互聘政策，优化教师、企业技术人员双向交流机制，完善师资培训和交流制度，实现教师、企业技术人员的双向聘任的便利化，优化学校双师素质和双师结构，优化企业技术队伍的知识、能力结构。开展教学研究成果和应用技术成果的评比活动，加强校际教师的交流与合作。

（3）创建技能大师工作室。计划在三年内，校企合作共建 5～10 个技能大师工作室。加强职业院校专任教师的引进和培养，按规定申报组建技能大师工作室；引进高技能高水平的专家、工匠到学校组建技能大师工作室。

5. 共建共享职教资源

（1）搭建信息交流共享平台。发挥集团技术优势，创建集团网站、QQ 群和微信公众号平台，发布产业发展报告、人才需求报告，出台专业设置目录，就业招聘信息、实训岗位和就业岗位，搭建数字创意产业发展信息交流共享平台，实现集团职业院校、行业企业之间数字创意产学研服务信息的共享。

（2）整合资源共建实训基地。以集团内成员单位现有实验基地、实训设施设备为基础，整合集团成员院校实训资源以及集团行业企业的技术设施设备优势，在规划期内建成 3 个以上的共享型实训基地、数字创意类虚拟仿真实训中心。组建基地管理团队，完善管理运行机制，开发配套实训课程。

（3）加大课程建设力度。根据行业岗位标准制定专业建设标准，组织行业和兄弟院校共建共享课程资源，共同推广，集团内部成员实现课程互认，学分互认。规划期内建成共享型在线课程 14 门以上。以集团成员院校专业相同课程为重点，建立课程资源建设合作团队，实现 14 门以上课程资源的在线共享。

（4）建设集团数据资源库。2018 年，启动兼职教师数据资源库、培训项目数据资源库、技术服务项目数据资源库建设，不断丰富共享数据信息资源。增强校企之间的信息沟通，推动形成多元融合、校企共赢的战略合作关系。

6. 服务现代职教体系建设

（1）开展职教体系课题研究。拟定重点、一般项目进行申报，并给予经费支持，每年由集团定期发布课题和项目申报通知，联合各专业合作发展委员会，以及相关职业教育研究机构，立项开展职业教育集团化办学的理论研究与实践研究。探索数字创意职教体系建立、运行的规律、特点及其制约因素的解决办法，研究成果形成调研报告、咨证报告，为政府部门决策提供参考。

（2）搭建人才培养的“立交桥”。探索中高职本科衔接，有力推动数字相关专业试点职教本科专业，认真总结经验，结合国家招生模式改革，推动“高职+本科”“中职+本科”“五年一贯制”、专业学位研究生教育等改革，搭建中职—高职—应用型本科人才培养的“立交桥”。建立专业建设共商与协调机制，通过培养标准、课程开发、教学内容安排的衔接，促进人才培养一体化发展，推进校企多途径共育人才。

（3）打造职教的特色和品牌。利用集团共享资源开展专业优化建设，打造特色职教品牌。积极开展“招生即招工、入校即入厂、校企联合培养”的现代学徒制试点。开发和实施融入数字创意产业岗位标准的专业教学标准和核心课程标准。探索校际同层次同专业学分互认、实训设施互用机制。创建特色专业、特色课程和特色实训实习基地，打造职教特色和品牌。

（4）探索职教集团发展方向。集团每年举办一次数字创意职业教育发展论坛，设置专项分论坛，围绕数字经济、数字创意，各成员单位在论坛上介绍各自在职业教育领域内的理论与实践探索的成果和经验，共同探讨数字创意职业教育集团化发展的方向和模式。

7. 大力促进就业创业

（1）建立技术服务团队。分别不同专业领域，集团学校教师和企业技术人员共同组建多支高水平技术服务团队，通过团队资源的有机整合，为企业提供研发、咨询和培训等需求性技术服务，提升集团服务区域经济的能力，为成渝双城经济圈企业提供人才服务。

（2）开展职业培训鉴定。校企共同开展岗位培训和职业资格鉴定，提升员工的技能水平。利用集团学校的特色实训基地和国家职业技能鉴定中心（所、站），为集团企业开展员工培训和职业资格培训，构建重庆市数字创意产业从业人员终身学习服务平台，全面提升企业从业人员的素质。

（3）开展创新创业服务。集团职业院校与企业合作共建学生创新创业基地，规划、扶持、培育数字创意产业创新创业项目，打造培养适应数字创意产业发展需要的创新型人才。

（4）开展就业服务。校企联合开展就业指导讲座、双选会、专场招聘会发布招聘岗位，促进集团企业成为高校就业基地，借由高校就业平台，积极开展学生就业服务，推动困难学生就业帮扶。

8. 深化国际交流合作

与国（境）外优质职业院校和企业建立合作关系，广泛开展多种形式的国际交流活动。引进“一带一路”等中外人才培养合作项目和先进的国际职业标准，推动实现职业教育人才培养的国际化，为区域数字创意产业发展输送符合国际职业标准的技能人才。加强集团成员国际合作信息的沟通和成果共享，共同开发双语教学标准、课程标准、教材、精品在线课程，发挥集团化办学的整体优势，不断扩大集团的国际交流与合作办学。

9. 加强与政府部门的沟通联系

紧密对接大数据局，经信委，区政府等相关部门，主动服务、主动担当、主动提供智力支撑，争取更好地服务经济社会发展，完成人才培养根本任务。

三、集团章程

重庆数字创意职业教育集团章程

第一章　总则

第一条　名称：重庆数字创意职业教育集团（以下简称“集团”）。英文名称：Chongqing Digital Creative Vocational Education Group。

第二条　集团是由重庆工商职业学院发起，按照平等、创新、绿色、开放、共赢的原则，联合相关政府部门、产业园区、企业、中高职及本科学校、行业协会、研究院所等组成的以服务数字创意产业为特色的非营利性社会组织。集团实行理事会制，不具备法人资格。

第三条　集团遵守宪法、法律和国家政策，宗旨是密切学校与政府、行业、企业的联系，加快校企合作共赢，促进职业教育人才培养改革，提升教学质量和办学水平，实现职业教育资源整合与共享，优化资源配置，构建以职业院校为主体、以企业和行业为依托的现代职业教育模式，打造立体化、多层次的培养体系。

第四条　重庆数字创意职业教育集团接受重庆市教育委员会、重庆市经济和信息化委员会、重庆市大数据管理局、九龙坡人民政府的业务指导和监督。

第五条　集团总部地址：重庆市九龙坡区九龙园区华龙大道 1 号重庆工商职业学院（华岩校区）。

第二章　工作职能

第六条　集团在重庆市相关政府部门的指导下，加强行业协会、产业园区、企业和学校优势互补、资源共享，服务重庆数字创意产业，助推重庆数字经济发展。

第七条　推进产教深度融合。开展形式多样的深度合作办学实践，推进办学模式、培养模式、评价模式改革，促进产业链、岗位链、教学链深度融合。健全专业设置随产业发展动态调整机制，不断适应经济社会对技术技能人才结构、规格和质量的要求，提升职业教育质量与水平。

第八条　开展数字创意职业教育研究。与政府、行业、企业、中高职及应用技术大学等院校合力开展职业教育研究，申报职教课题，共同进行数字创意职教集团发展战略的理论研究和实践探索。

第九条　形成资源共享共赢。通过学校与政府、学校与学校、学校与行业企业共建共用校内外实训基地、职业技能鉴定机构、培训中心等形式，发挥设备设施和人才资源综合效益，实现集团内优质资源整合和共享。

第十条　构建合作交流平台。开展集团内部交流活动，举办数字创意产业的高端论坛、专家讲座、成员互访以及技能大赛等活动，助推专业对接行业企业发展。开展各类国内外交流活动，与国（境）外职教机构开展职业教育合作等。

第十一条　创新驱动与社会服务共进。通过共同组建数字创意开发和服务团队，发挥集团成员各自资源优势，推动数字技术攻关、设计开发、技术指导、技能培训等技术服务活动的广泛开展，提高企业技术水平与员工素质。

第三章　成员及其权利义务

第十二条　集团由成员单位组成，区域内外应用型本科院校、中高职院校、行业协会、科研院所、企业、产业园区等法人单位均可申请参加。

第十三条　申请加入集团的条件

（一）有加入集团的意愿；

（二）拥护集团章程；

（三）具有独立法人资格和较好的社会声誉，并愿意履行章程规定的相关义务。

第十四条　申请加入集团的程序

（一）提交加入集团的书面申请；

（二）经集团理事会议讨论通过；

（三）签署加入集团的协议书；

（四）颁发集团成员证书和标识牌。

第十五条　集团成员共同的权利与义务

（一）集团成员享有以下权利：

1. 有选举权、被选举权和表决权；

2. 对集团发展规划、合作方针、目标任务、运行机制等重大问题有提出意见、建议和参与讨论的权利；

3. 有享受本集团资源平台上的职业教育资源和产业经济资源的优先权；

4. 有向理事会提出议案的权利；

5. 有建议修改本集团章程的权利；

6. 有参与本集团各种活动的权利；

7. 对本集团工作享有批评权、建议权和监督权；

8. 拥有对本集团名称的保护权及命名表决权；经集团授权有集团名称的使用权；

9. 加入集团自愿，退出集团自由。

（二）集团成员须履行以下义务：

1. 承认并遵守集团章程，遵守集团的规章制度，遵守集团成员之间签订的各项协议、合同、约定；

2. 执行理事会决议和决定；

3. 维护本集团的社会声誉、整体形象和合法权益；

4. 加强集团内部交流沟通，及时向秘书处通报情况，反馈信息；

5. 按时完成本集团交办的工作。

第十六条　成员学校的权利与义务

（一）成员学校的权利：

1. 受集团理事会委托，有权召集人才培养、科技推广与创新、现代职业教育体系建设、招生就业等主题活动；

2. 享有优先与成员企业共建校外实习实训基地的权利，有计划安排学生到成员企业完成见习、顶岗实习；

3. 优先向成员企业了解人才供求信息和培养要求，优先向成员企业输送合格毕业生；

4. 享有与其他成员单位合作办学和共同开展科技与社会服务工作的权利；

5. 优先接收成员企业向学校派遣的技术专家、管理干部到校任教；

6. 享有选派教师在成员院校接受培训、在成员企业单位顶岗培训，开展“双师型”教师培养的权利；

7. 在专业建设、课程建设、技能训练等过程中遇到困难，有要求协助支持的权利。

（二）成员学校的义务：

1. 根据成员单位要求，实施“订单式”人才培养，提供优质毕业生；

2. 与成员单位共建培训基地，共享教育资源，为成员单位提供人力、智力支持；

3. 向理事会和成员单位提供招生就业等信息，实现资源共享；

4. 根据集团成员要求，提供业务咨询、技术服务、师资员工培训服务、技能鉴定及科技成果转让；

5. 与其他成员单位联合开展科研工作与社会服务活动；

6. 在专业建设、课程建设、技能训练等方面有协助支持的义务。

第十七条　成员企事业单位的权利与义务

（一）成员企事业单位的权利：

1. 优先享用成员单位的教育资源、人才和行业、产业发展信息；

2. 与成员单位合作开展科研活动，优先获得成员单位的科研成果使用权；

3. 有参与学校的专业调整、课程设置、学生能力培养等教学工作和招生、就业指导工作的权利；

4. 优先享受人才“订单”服务和员工培训服务，优先挑选优秀毕业生；

5. 优先获得集团内成员学校、成员企业间合作洽谈的权利；

6. 有通过集团平台宣传成员单位，提升企事业单位知名度和影响力的权利；

7. 在生产、管理、服务中遇到困难，有要求协助支持的权利。

（二）成员企事业单位的义务：

1. 有为成员院校在人才需求调研、专业设置、人才培养方案制（修）订等人才培养重要环节上提出建设性意见的义务；

2. 参与成员学校专业标准、课程标准的制定；

3. 根据企业发展需要，与成员学校共建生产性实训基地、技术应用中心和教师访问工作站；

4. 及时反馈毕业生需求信息，提供人才培养要求，优先录用成员学校的毕业生；

5. 选派高水平技术人员担任成员学校的外聘教师，指导学生技能培训，传播企业文化；

6. 有协助支持成员单位解决生产、管理、服务困难的义务。

第十八条　成员协会的权利义务

（一）成员协会的权利：

1. 优先享用成员单位的教育资源、人才和行业、产业发展信息；

2. 优先挑选优秀毕业生。

（二）成员协会的义务：

1. 为成员院校和企业提供各种业务指导；

2. 为集团化办学提供理论指导、咨询建议，为决策提供依据；

3. 参与集团人才培养工作，为企业提供人才供需信息，为学校提供就业信息。

第十九条　成员退出约定

集团成员退出本集团应以书面的形式通知本集团理事会，并交回集团相关材料。

第二十条　成员违章处理

集团成员如有违反本章程的行为，损害集团声誉和利益，由集团理事会三分之二理事表决通过，责令其退出集团或予以除名。

第四章　组织机构及管理体制

第二十一条　集团实行会员理事会制，由各成员单位组成。各理事单位可推荐1名代表担任理事，原则上推荐其法定代表人或主要负责人。理事代表本理事单位参加集团工作及有关活动。理事每届任期为3年，可连选连任。

第二十二条　本集团设理事长1名，副理事长、常务理事、理事若干名，秘书长1名，副秘书长若干名，秘书处成员若干名。可根据需要聘任名誉理事长和顾问若干名。组织机构通过理事会会议选举和任命，名誉理事长、顾问、理事长、副理事长每届任期为3年，可连选连任。

第二十三条　理事会和理事长会议实行民主集中制，理事会决议重大问题时须有三分之二以上理事同意。理事长会议决议重大问题时须有三分之二以上理事长和副理事长同意。

第二十四条　理事会是集团的最高决策机构。每年召开一次理事会，如遇特殊情况，由理事长提议，可临时召开理事会。

理事会的主要职责是：

1. 修改集团章程；

2. 审议表决集团理事长、副理事长单位名单；

3. 制定集团发展计划；

4. 审议集团年度工作报告和财务报告；

5. 决定集团内部组织机构的调整设置和管理制度；

6. 根据工作需要，讨论集团发展有关议案；

7. 审议和决定集团其他重大事项。

第二十五条　理事会设理事长会议，由理事长与副理事长单位法定代表人或主要负责人召集，在理事会领导下进行工作，是理事会的执行机构。理事长会议在理事会休会期间，行使理事会权力，根据工作需要，不定期召开会议。理事长会议的主要职责是：

1. 审议集团规章制度；
2. 制订集团年度工作计划；
3. 决定集团成员单位的加入或退出；
4. 决定集团内部组织机构的任职人选；
5. 决定理事会召开的时间、地点和审议的主要内容；
6. 执行理事会决议，并向理事会报告工作；
7. 领导和监督下设机构开展工作；
8. 制定实施集团年度经费预算与决算；
9. 研究决定集团其他具体工作事项。

第二十六条　理事长职责：

1. 主持召开理事会和理事长会议；
2. 主持实施集团年度工作计划；
3. 向理事会报告年度工作；
4. 主持集团日常工作。

第二十七条　秘书处作为常设集团机构，办公地点设在重庆工商职业学院。秘书处是集团理事会及其理事长会议的日常办事机构。其主要职责是：

1. 负责集团各类工作方案的落实；
2. 收集、发布和处理集团任务有关信息；
3. 负责集团的宣传和档案等工作；
4. 筹备组织理事会和理事长会议，起草会议文件、撰写工作报告；
5. 代管集团财务工作，定期向理事会报告。

第二十八条　集团下设若干工作委员会与专业（群）建设分会，作为集团二级组织机构，具体开展集团校企合作、就业创业、专业建设、社会培训、科技研发与技术服务等工作。集团二级机构的设立由秘书处制定建设方案，报集团理事长会议审议通过。

第五章　资产管理和使用原则

第二十九条　集团经费来源：

1. 政府项目资助；
2. 有关单位及社会捐助。
3. 其他合法收入。

第三十条　集团经费由秘书处依托的学校代管。集团经费必须用于本章程规定的业务范围和事业发展，不在成员中分配。

第三十一条　建立严格的财务管理制度，保证会计资料合法、真实、准确、完整。

第三十二条　集团的经费管理必须执行国家规定的财务管理制度，接受理事会的监督；社会捐赠、资助的，应当尊重捐赠、资助人的意愿并以适当方式向社会公布。

第三十三条　集团换届或更换理事长之前，必须接受上级主管单位的财务审计。

第六章　章程的修改

第三十四条　本章程的修改，须经理事长会议到会人数三分之二审议通过，并报经理事会表决通过。

第三十五条　修改后的章程，须在理事会通过后十五日内，经主管部门审查同意后方可生效。

第七章　终止程序及财产处理

第三十六条　集团完成使命或自行解散或由于其他原因需要终止活动，由理事长会议提出终止议案。

第三十七条　集团终止议案应经理事会表决，须不低于到会理事人数的三分之二通过，并报主管部门审查同意。

第三十八条　集团终止后的剩余财产，在主管部门的监督下，按照国家规定，用于发展职业教育事业。

第八章　附则

第三十九条　本章程经理事会表决，须经三分之二到会理事人数通过后生效，同时报上级主管部门备案。

第四十条　本章程最终解释权属本职教集团。

四、理事会议事制度

重庆数字创意职业教育集团理事会议事制度

第一条　为规范理事会的议事工作，发挥理事作用，提高理事会规范运作和科学决策水平，根据《重庆数字创意职业教育集团章程》的有关规定，特制定本制度。

第二条　理事会是重庆数字创意职业教育集团的议事机构，理事会的正式代表为重庆数字创意职业教育集团理事会全体现任理事，经理事会议同意的其他有关人员也可列席会议。

第三条　理事会行使以下职权：

1. 制定和修改《章程》;
2. 产生和撤销本集团所设立的有关工作机构;
3. 决定本集团的工作方针和任务;
4. 选举和罢免理事;
5. 审议理事会工作报告和财务报告;
6. 审议本集团内部管理的有关条例和规章制度;
7. 决定终止事宜;
8. 决定其他重大事宜。

第四条 理事会由理事长、副理事长、理事、秘书长、副秘书长组成。秘书处是重庆数字创意职业教育集团的执行机构,在理事会的领导下进行工作,其主要职权是:

1. 组织召开理事会;
2. 组织实施集团年度工作计划;
3. 组织实施集团日常工作;
4. 检查理事会决议的落实情况。

第五条 理事会每年6月或11月举行,至少召开1次。由于特殊原因,或者经三分之一以上理事提议,理事长可决定提前、推迟或临时召开理事会议。理事会应当有三分之二以上的理事出席方为有效,理事会决议应当经到会理事过半数以上赞成表决通过方能生效。

第六条 理事会议由理事长或秘书长主持。

第七条 理事会的议程、议案由秘书处提出,理事10人以上联名提出的议案也可列入会议议程。

第八条 理事会审议的事项,由会议主持人或委托他人宣读、解释,并以书面形式发给到会理事。

第九条 理事有按时参加理事大会的义务。因故不能参加会议者,须提前向秘书处请假或委托本单位其他人员参会。理事连续两次无故不参加理事大会,视为自动放弃理事职务,经理事会研究,予以解除。

第十条 本议事制度经理事会议通过后实施。一经实施,对全体理事具有约束力。

第十一条 本议事规则自通过之日起执行,由理事会秘书处负责解释。

五、保障措施

1. 完善互利共赢发展机制

把建立互利共赢机制作为保障集团运行发展的重要措施,探索以资产为纽带、“利益链”构建为重点的集团产学研共同体建设。以产学研共同体带动“教学链”与“产业链”的相互融入，创新产学研合作模式。把发展数字创意职业教育集团作为企业、学校自身发展的现实需要，并自觉地参与集团的建设，维护集团的利益，支持集团的发展。

2. 提高集团化办学的认识

根据职业教育办学规律和数字创意产业发展要求，牢固树立现代职教理念，提升集团化办学的认识，拓宽集团建设与集团化办学发展思路。准确定位建设目标、发展路径与工作重点，使集团发展尽快步入快车道。集团秘书处要定期组织成员单位理事及工作人员进行交流互动，学习国家相关政策法规，了解产业发展走势，加强产教融合发展的交流与培训，提高集团成员对集团化办学的认识，调动集团各方的积极性。

3. 增强集团发展内生动力

发挥项目、课题、活动的纽带作用，通过集团化办学的理论研究，引领集团办学实践。深化职业教育集团化办学内涵，为集团建设与发展提供理论指导。多样化开展集团活动，特别是职业教育集团化办学的理论研究。开展“产教论坛、成员对话”等多种形式的对接活动，扩大合作交集，提升合作内涵。组织考察学习交流，总结先进经验，凝聚发展共识，增强集团发展的内生动力与凝聚力。

4. 着力于体制与机制创新

建立和完善集团运行与管理的制度。结合集团建设进程的不断推进，及时制订集团财务管理、集团共享资源建设与管理、学校教师与企业技术人员互派和学生实习管理等制度，保障集团平稳、有序和规范运行。建立成员单位合作办学评价机制和考核办法，利用网络平台跟踪并动态反映成员单位产学研合作信息，加强对成员单位的评价，为建立成员单位进入、退出机制打好基础。

5. 优化集团化办学的环境

政府要通过法律、法规进一步明确规定职业院校、行业、企业的权利与义务，合理定位办学主体的角色与职能。通过政府购买服务，多渠道加大投入等形式支持职业教育集团发展。通过政府制定贷款、投资、减免税收等优惠政策，调动企业参与集团建设的积极性。加强与地方各级政府及产业主管部门、行业协会等的联系合作，积极争取产业部门的指导与支持，优化集团化办学的外部环境，推动集团持续、稳健发展。

第二节　数字创意职业教育集团人才培养模式的主要举措

一、顶层设计与管理构架

1. 集团顶层设计

（1）牵头学校发展现状

政行企校合作成效显现。学校在办学实践中与九龙坡区政府、合川区政府、重庆市经信委、两江新区等政府部门密切联系，在人才培养、科技服务、培训教育等方面深度合作，实现互惠共赢。加强与重庆建工集团、重庆奥丰汽车、华龙网、重庆云计算公司等国内知名企业的联系，推动校企深度融合、工学紧密结合，搭建产学研合作平台，积极推进服务社会工作。

服务社会能力得到增强。学校紧密契合重庆市经济，在企业诊断、员工培训、订单培养等方面，不断开拓与当地人才需求相适应的社会培训和考证渠道，开发新兴培训项目，社会培训人数逐年增加。在聚焦重庆区域发展战略启动系列专题培训中，培训规模达 50 多万人次。在办学系统内建立社区学院 14 所、社区学校 100 多所，组织了重庆市全民终身学习活动周等系列活动。

校企合作办学基础实。建设了九龙创意产业基地和嘉陵江创新创业基地，建成 12 个校内实验实训中心，共建实习实训基地 130 多个、校内创意工作室和实训室 190 个，建成市级技术推广中心 1 个。成立研究所 11 个，组建科研创新团队 14 个。各类科研机构的建立为企业的产品研发、设计、技术服务等提供了一体化、多层次、综合型的服务。

（2）面临的挑战

国家对职业教育集团化办学提出了明确要求。教育部《关于深入推进职业教育集团化办学的意见》（教职成〔2015〕4 号）、教育部等六部门关于印发《职业学校校企合作促进办法》的通知（教职成〔2018〕1 号）精神和重庆市人民政府《关于加快发展现代职业教育的实施意见》（渝府发〔2015〕17 号）系列文件要求，职业教育必须深化产教融合，走集团化办学的道路，实现职业教育与经济社会和产业发展的有效对接，学校和行业企业等社会力量资源共享、共同发展。

我国劳动力供给与需求的结构性矛盾提出了现实需要。新时代我国正向高质量发展转型，制造大国正向制造强国迈进，需要大国工匠，各行各业需要高素质技术技能人才。而当前职业教育培养的人才还不能适应产业发展和企业需求依然存在，职业教育就业率不高与行业企业招不到人的矛盾依然存在。只有不断深化产教融合走集团化办学之路，才能有效化解这一现实矛盾。

集团化办学是学校高质量发展的内生需要。职业院校践行产教融合校企合作人才培养模式的根本路径是集团化办学，坚持政府推动、市场引导、企业参与，吸引行业企业等社会力量参与，以股份制、混合制等方式合作办学，培养适应社会需求的高素质人才。

（3）指导思想与建设思路

以习近平新时代中国特色社会主义思想为指导，全面贯彻落实《教育部关于深入推进职业教育集团化办学的意见》，坚持以服务发展为宗旨、促进就业为导向，以建设现代职业教育体系为引领，以提高技术技能人才培养质量为核心，以深化产教融合、校企合作，创新技术技能人才系统培养机制为重点，坚持开放、融合、共生、共享理念，本着加入自愿、退出自由、育人为本、依法办学的原则，积极与企业社会各方面力量合作共建职业教育集团，探索多种形式的集团化办学模式，创新集团治理结构和运行机制，推进校企深度合作，全面增强学校办学活力和服务社会能力，培养适应区域经济和产业发展要求的高素质技能型人才。

1）组建职业教育集团。学校联合行业企业等社会力量组建 1~2 个职业教育集团，到 2020 年，建成 1 个市级示范性职业集团，培育申报 1 个国家级职教集团。每一个专业群都通过多种方式参与相关职教集团，集团化办学参与率全覆盖，专业链与产业链融合的局面基本形成。

2）建立健全职业教育集团运行机制。建立和完善集团内部治理结构和决策机制，提升内部聚集能力，促进集团成员的深度合作和协同发展。构建政行校企联动机制，探索集团内部产权制度改革和利益共享机制建设，开展股份制、混合所有制试点，建立职业教育产教融合新模式。

3）完善产教融合人才培养体系。通过集团化办学，深化校企合作、校际合作，开展产教融合校企双元育人模式教学改革研究与实践。对接区域产业发展方向，优化专业课程设置，完善校企人员双向流通机制，实现集团教学资源、生产资源和信息资源的共建共享，打造特色职教品牌。探索集团内中高职及应用型本科院校协调发展，建立职业教育人才培养"立交桥"。

4）全面提升集团服务社会能力。面向重庆市"三大攻坚战"和"八项行动计划"重点工作，培养高素质技能型人才。依托集团化办学平台，通过校企深度合作、校际合作积极开展技术创新和技术服务。组建技术开发与服务团队，推进技术成果转化，提升职业教育服务社会的能力。

（4）基本原则

共享共赢原则。在产权、所有制和隶属关系不变的前提下，坚持共建、共享、共赢、共同发展为目标，建立职业院校之间、院校与企业之间相互依存、相互促进、互惠互利、共同发展的新格局。

示范带动原则。发挥职教集团的示范和带动作用，以点带面，全面提高学校的办学水平高，建设高水平特色专业，促进教育链、人才链与产业链、创新链有机衔接，在区域内发挥凝聚、辐射和示范作用。

突出重点原则。坚持分类发展、突出重点、稳步推进原则。把职业教育集团化办学与重庆市经济发展战略有机结合，推动专业与产业需求精准对接，形成产教融合新格局。

2. 集团管理构架

重庆数字创意职业教育集团的管理构架分为指导层、决策层、管理层、执行层 4 个层面，各司其职（见图 5-2）。

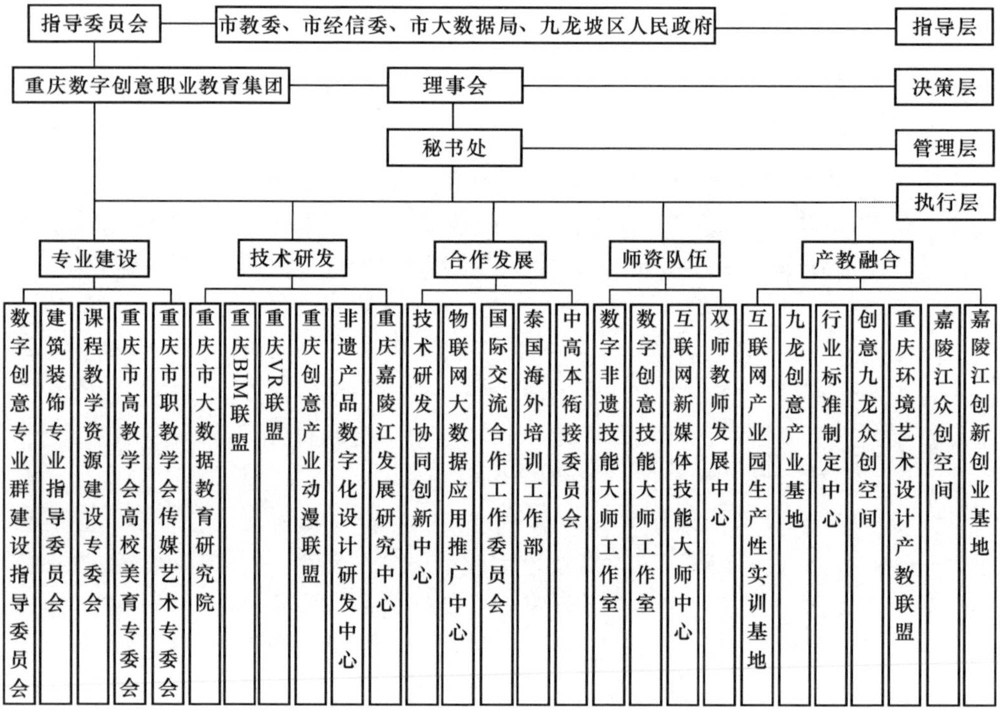

图 5-2　重庆数字创意职业教育集团组织机构图

（1）指导层

指导层由市教委、市经信委、市大数据局、九龙坡区人民政府构成，在职教集团的建设与发展过程中，承担统筹、协调、评估、指导等功能，从法律和制度层面制定职教集团的顶层设计，赋予集团相应的法律权利和地位，促进集团内部资源的整合和统筹，实现职教集团与行业企业的全面合作；指导完善相关制度，明确职教集团化办学的目的、性质、组成，明确各成员间在职教集团运行中的权利和义务；主导院校专业结构调整，实现课程、师资、实训基地等资源的整合，促进职业教育资源的合理化；对集团实行指导与监控，明确职教集团的运作程序，制定职教集团的评价指标与评估方案，并以考核结果作为职教集团政策性拨款和提供专项经费的重要依据。

（2）决策层

理事会是职教集团的决策层，由全体成员单位选举组成，现含理事长 1 人（高校，见表 5-1），副理事长 16 人（高校 10 人，企业 4 人，行业学/协会 2 人，见表 5-2），秘书长 1 人（高校，见表 5-3），副秘书长 3 人（高校 2 人，企业 1 人，见表 5-4），理事 28 人（高校 5 人，中职学校 8 人，企业 13 人，行业学会/联盟 2 人，见表 5-5）。理事会是集团的最高权力机构和集体决策机构，通过制定相关的章程和制度，对集团化办学起决策、统筹、协调作用。

表 5-1　现任理事长单位及理事长

序号	理事长单位	职　务	理事长
1	重庆工商职业学院	校长	李国

表 5-2　现任副理事长单位及副理事长（排名不分先后）

序号	副理事长单位	职　务	副理事长
1	科大讯飞股份有限公司	副总裁	王卓
2	腾讯云计算（北京）有限责任公司	总经理	王帅
3	阿里巴巴集团	总监	邹辉
4	重庆华龙网集团股份有限公司	教育频道总经理	彭发明
5	四川美术学院影视动画学院	院长	周晓波
6	重庆理工大学应用技术学院	院长	廖仕利
7	重庆科技学院人文艺术学院	院长	杨恩德
8	重庆工业职业技术学院	副校长	徐益
9	重庆城市管理职业学院	副校长	莫堃
10	重庆工程职业技术学院	副校长	唐继红
11	重庆文化艺术职业学院	副校长	向治中
12	重庆电子工程职业学院	校企合作处处长	莫绍强
13	重庆职业教育学会传媒艺术专委会	理事长	刘晓东
14	重庆工商职业学院	副书记	周曦
15	重庆工商职业学院	副校长	胡继明
16	重庆建筑装饰协会	秘书长	韩波

表 5-3　现任秘书长单位及秘书长

序号	单　　位	职　务	秘书长
1	重庆工商职业学院	副校长	胡继明（兼任）

表 5-4　现任副秘书长单位及副秘书长（排名不分先后）

序号	单　　位	副秘书长
1	重庆工商职业学院	刘白玫
2	重庆工商职业学院	徐江
3	重庆华龙网集团股份有限公司	彭发清

表 5-5　现任理事单位及理事（排名不分先后）

序号	单　　位	理　事
1	重庆三峡职业学院	赵福奎
2	重庆艺术工程职业学院	陆平
3	重庆航天职业技术学院	王剑峰
4	重庆电讯职业学院	任其华
5	重庆传媒职业学院	程闯
6	重庆高等教育学会高校美育委员会	马健
7	重庆出版社艺术设计有限公司	向洋
8	绎达咨询（成都）股份有限公司	何承宇
9	森渝诗彤（重庆）文化传媒有限公司	欧成东
10	重庆市花儿旅文化艺术传播有限责任公司	何鸿鹄
11	网龙华渔教育科技有限公司	马文君
12	重庆瀚海睿智大数据有限公司	陈继
13	重庆途誉教学设备有限公司	刘晓萍
14	重庆迅邦科技有限公司	张云杰
15	重庆壹秋堂文化传播有限公司	綦涛
16	重庆段氏服饰实业有限公司	章梁
17	光辉城市（重庆）科技有限公司	杨庆江
18	重庆缘漫动漫设计有限公司	汪太全
19	重庆昌辉文化传播股份有限公司	夏旭华
20	重庆 BIM 联盟	向孜凯
21	重庆市九龙坡职业教育中心	李巧玲
22	重庆市育才职业教育中心	曾松
23	重庆市涪陵职业教育中心	殷安全

续表 5-5

序号	单 位	理 事
24	重庆市梁平职业教育中心	秦洪学
25	重庆市永川职业教育中心	苏宁
26	重庆市龙门浩职业学校	钟代文
27	重庆市工业学校	杜宏伟
28	重庆市旅游学校	吴际

（3）管理层

秘书处是职教集团的管理层，作为常设集团机构，办公地点设在重庆工商职业学院。秘书处是集团理事会及理事长会议的日常办事机构。其主要职责是：筹备组织职教集团理事大会、常务理事会，撰写工作报告；协助职教集团各委员会策划、推动、组织开展技能竞赛、新技术讲座等活动；对口帮扶理事会职业教育工作（培训、挂职锻炼、国际交流等）；教师企业实践基地的项目申报、组织协调及运行管理；职教集团科研项目申报及管理；集团成员单位信息采集，按照要求上报职教集团集团化办学信息；职教集团网站日常维护及信息更新；完成领导交办的其他工作。

（4）执行层

集团执行层分为专业建设、技术研发、合作发展、师资队伍、产教融合五个群组，各个群组由各个专业委员会、工作委员会、联盟、研究院、中心、基地等构成。各机构为集团成员在专业建设、课程建设、教学改革、招生就业等方面开展密切合作创造良好条件，具体负责集团内专业性工作的筹划、组织与管理工作，为集团成员单位广大专业技术人员（专业课教师、企业技术人员）更广泛、更深入地参与职业教育集团的运行与管理搭建起广阔的组织平台，调动集团成员单位广大专业技术人员参与集团建设的积极性，使职业教育集团所提供的功能和好处转化为现实的合作行为和效益，促进职教集团整体目标达成。部分机构职责如下：

1）专业建设群组。

数字创意专业建设指导委员会：

①负责分析研究经济社会发展对有关专业人才培养的新要求，为专业提供咨询、服务。

②遵循职业教育教学规律，推进数字创意专业教育教学改革创新；指导推进教育教学内容更新。

③为校企合作搭建平台，推动师生到企业实习实践，帮助提高教师实践教学能力和学生技术技能水平。

④组织有关教科研活动及师资培训，参与有关专业人才培养质量评价；开展国际交流与合作。

⑤指导专业群专业设置、人才培养方案制定、课程开发及教材建设等。

重庆市职教学会传媒艺术专委会：

①技能人才共育。通过开展订单培养、推动传媒艺术专业中高职衔接教育模式、对传媒企业在职员工进行学历教育或培训，开展学校间、校企间、校政间人才的共同培养工作，拓展人才培养的合作渠道等方式，提高人才培养的针对性、实用性和有效性。

②校企人才共享。建立传媒艺术专业师资培训基地，加快传媒艺术专业职业院校骨干教师培养；建立人才资源共享库，实现人才资源合理配置；建立双向兼职流动工作站，实行校企人员双向兼职，相互渗透，深度融合，开展成员单位间教师互聘、企业专家进课堂、专业教师进企业等活动，加快职业院校传媒艺术专业“双素质、双结构”教学团队建设；设立传媒艺术专业建设突出贡献奖，调动传媒艺术企业人员参与合作办学的积极性。

③设施资源共享。通过会员间学校与学校、学校与企业共建共用校内外实训基地、技能鉴定机构、培训中心等形式，发挥资源的综合效应，提高资源使用效率。

④信息资源共用。建立信息资源库和专委会信息资源网站，加强社会调研和信息收集，为政府、行业、企业提供咨询决策，指导传媒艺术专业规划和调整。

⑤招生就业联动。加强职业院校传媒艺术专业与行业企业的合作，开展人才需求状况深度调研与毕业生质量状况长期跟踪，建立健全毕业生就业服务网络体系，为成员间职业院校招生就业工作提供服务。

⑥专业特色共建。通过学校与传媒艺术行业企业共同制定专业人才培养方案，共同进行特色课程开发，共同进行技能人才培养模式改革等，促进传媒艺术专业区域特色的形成，培育具有地方特色的优势专业。发挥职业院校传媒艺术专业现有专业优势，加强校间合作，承担专业技能大赛，促进地区专业优势互补，最大限度满足社会人才需求。

⑦社会服务共推。通过共同组建传媒艺术专业社会服务团队，发挥成员间各自资源优势，面向农村、行业、企业、军队、社区等开展农技服务、技能培训、对口帮扶、技能鉴定等活动。

⑧科技项目共创。组建科技开发与项目研究团队，利用成员单位的自身优势，对会员内有前景的科研课题、产业项目进行科技攻关、技术开发和技术指导。

⑨国际交流成果共享。通过专委会会员单位间各院校与国际职教组织、国际院校、跨国企业的交流与合作，引进国外传媒艺术专业优质教育资源，共同培育

传媒艺术专业国际化人才。

2）技术研发群组。

重庆市大数据教育研究院：

①开展职教远教、资历框架和大数据领域的国际发展和实践应用的研究。

②开发"互联网+"职教的管理、资源、课程、教学、质量保证一体化的平台。

③开发"互联网+"职教学生生涯教育发展平台，发现和发展每个学生的职业兴趣和潜能，培养学生的核心职业素养，匹配行业企业的职业要求。

④建立职教的资历框架和学习成果论证体系，为职教领域的人们提供灵活的终身学习阶梯。

⑤搭建大数据平台和采用大数据分析技术，基于职教和远教机构和企业行业的数据，为政府提供数据为本的咨询报告，为职教远教机构提供学校发展策略、专业设置、课程开发、技术应用、传递模式、学生培养、质量保证以及人员培训方面的服务。

重庆 VR 联盟：

①宣传贯彻国家有关的方针、政策、法规、条例；向政府有关部门提出有关虚拟现实行业的政策意见和建议，参与制定有关虚拟现实行业领域的政策、法规、标准，并协助政府相关部门贯彻实施。

②协助政府相关部门开展产业示范应用工程项目、重大创新技术和产品的推荐和相关评价工作。

③联合成员单位，共同申报、承担、参与国家、重庆地方重大科技、产业项目。

④推动虚拟现实行业企事业及社团单位之间的合作与横向联合，加强会员之间的协调；开展虚拟现实产业引资引智和技术合作，举办行业、论坛、沙龙、学术交流等活动。

⑤开展虚拟现实行业有关课题的调研，加强与国内外研究机构、社团组织和标准化组织的联系与交往，组织成员单位考察学习国内外先进经验，及时向会员及有关部门提供虚拟现实行业发展相关动态信息等。

⑥加强国际合作与交流，通过海内外信息发布、组织国内外虚拟现实技术交流、展销，为会员开拓国内外市场服务，协助会员提高产品质量，积极地把重庆的虚拟现实行业推向国内外。

⑦搭建交流、合作、创新的开放平台，联合广大企事业单位、社会团体和专家，开展虚拟现实相关技术标准制定、关键和前瞻性技术研究、示范项目实施、合适商业模式探索等工作，实现技术、知识的积累、共享和溢出。

⑧开展人才引进、培养服务相关工作，促进成员单位联合培养创新人才，为

产业发展提供智力支撑。

重庆创意产业动漫联盟：

①搭建省际动漫联合协作的交流平台，集纳和论证动漫行业有发展前景的企业信息和项目信息并权威发布，推进与相关产业机构的对接。

②组织开展动漫设计竞赛和各种学术交流及相关联活动，通过学术研究、作品交流、会员联谊、技术讲座等多种形式的活动，促进会员之间的联系和合作。

③建立联盟共享数据资源库，聚集产业、教学长足生态资源，提升教学效果及产业生产力。

④为成员院校完善专业建设，包括人才培养模式、课程体系。拓宽招生渠道，建立招生蓄水池，协助成员单位解决毕业生就业问题。

⑤接受联盟成员的委托，针对成员学校动漫设计院系、动漫机构的资信情况、项目真实有效性及行业发展状况和相关政策，提供调研及行业评测等服务。

⑥联合开展教学研究。探索教师在教学改革研究项目选题、立项、建设、成果推广等方面的合作方式。

⑦推动国际国内合作与交流。大力促进各成员单位与国内外相关学术团体、研究机构的交流与合作。

⑧根据教育部“1+X”证书及行业资质认证要求，建立资质认证机构为学生及行业提供资质认证，开展动漫专业技术培训及职工培训提供服务。

⑨建立动漫人才资源库，组织协调校企、校校、企企之间人才互派，以达到资源更优化。

非遗产品数字化设计研究中心：

①专项研究。对重庆市传统文化进行研究，开展传统美术和技艺项目的传承研究和保护工作，探索非遗传承的多种可能性，提高传承能力，增强传承后劲。

②传承培养。依托专业通过师徒制或多样化的教学模式开展传承培养，同时将非物质文化遗产精髓融入专业人才教学实践。培养一批具有绝技绝活的高技能人才，扶持一批能够继承传统技艺的能工巧匠，吸引更多的优秀学子从事传统工艺美术创作与实践，增强新一代青年学子对非物质文化遗产的了解，提升他们的保护、传承和发扬意识。

③研发转化。将现代创意设计思维融入非物质文化遗产开展保护性开发研究。通过校企合作项目，整合双方资源，在保持传统技艺的基础上，探索手工技艺和现代科技、工艺装备的有机融合，提高材料处理水平，加强成果转化。

④平台推广与社会服务。利用数字化多媒体等手段展示非遗产品制作过程或相关成果，为非物质文化的传承及创新研发、学术研究积蓄新鲜力量，提供资源展示平台。同时，为社会各类非遗相关项目提供数字化呈现等技术支持服务。

3）合作发展群组。

国际交流合作工作委员会：

①推动集团与国（境）外高校、科研机构、政府团体、国际组织建立校际合作关系。统筹管理、协调全校涉外交流活动，为各单位（部门）对外开放工作和国际化发展战略提供信息，搭建教育国际交流与合作的双向服务平台。

②贯彻落实党和国家外事工作方针、政策，提供各类教育国际交流、合作办学政策、法律咨询；协助参与制定集团相关涉外规章制度。

③负责集团重大外事活动策划及实施，举办多边或双边教育国际会议、研讨会。

④与境外教育机构、院校合作开展各级各类人才培训。

⑤引进外籍教师、外国专家开展教学和科研活动。

⑥接待境外师生和教育工作者来华学习、考察、访问。

⑦组织教师赴国外开展教学科研。

⑧提供出国留学政策、项目咨询，与有关机构合作开发师生出国留学项目。

⑨学生交换、夏令营、游学、访学项目、海外实习、国际技能比赛项目的开发与实施，负责国际学生的招生及项目管理。

⑩中外合作办学、境外办学、海外培训基地、鲁班工作坊等项目引进及管理。

⑪承办重庆市教育委员会、中国教育国际交流协会、国家留学基金委、教育部留学服务中心和国家汉办等机构委托的其他各类国际合作项目。

泰国海外培训工作部：

①推动集团与泰国高校开展国际合作项目。统筹规划、管理与泰国教育部合作项目的实施，进一步搭建中泰交流双向合作平台。

②持续开展非学历留学生专业实训技能培训，“2+1”联合培养学历留学生项目。

③互派教师进行科研合作、短期培训等，以促进双方教育教学经验的交流，以国际化视角对相关课程进行适当调整。

④学生短期交流项目，如汉语夏令营、职业技能大赛以及学生海外实习实训等。

⑤建立校友会交流平台，定期维护相关数据、发布相关校友动态，打造我校对外的宣传和展示窗口，为我校国际化合作办学提供展示的舞台。

⑥承办重庆市教育委员会、中国教育国际交流协会、国家留学基金委、教育部留学服务中心和国家汉办等机构委托的其他中泰国际合作项目。

4）师资队伍群组。

数字非遗技能大师工作室：

①根据巴渝“非遗”技艺的特点，与大师合作制订“非遗”大师工作室建设方案，按照人才培养的需求增添“非遗”技艺相关实训设备，并配备专门的管理人员，为非遗中心的建设管理提供有效的硬件支撑。

②优化“非遗”大师工作室的师资队伍建设工作。根据夏布非遗特色与集团的相关专业建设相结合，并配备由技艺传承团队、创新研发团队、理论研究团队等共同参与非遗大师工作室的建设，共同制定非遗技艺的人才培养方案，创新现有专业人才培养模式，并承担具体的人才培养培训工作。

③完成“非遗”学员的技艺传承工作。利用自身学生数量的优势，在设计专业学生中针对非遗技艺进行推广，更多的吸引对夏布非遗技艺文化感兴趣的学生，让他们进入到大师工作室学习，完成小规模培养。

④做好数字化“非遗”中心的产品创新研发工作。利用自身的资源优势，组建一支由行业大师、设计大师、专业教师组成的创新研发团队，从新材料、新题材、新工艺方面进行研发，开展夏布非遗的衍生品设计，使非遗与现代生活紧密相连，实现夏布非遗技艺传承的良性化发展。

⑤做好系列产品推广。利用互联网的技术，建设工作室优质资源库和网络平台，成立工作室粉丝群。建立相关网页介绍，同时开通微信公众号推广，开发核心课程的资源库，继续与文创企业的深度合作，充分利用其互联网+技术，及完备的营销技术支持，逐步建设完成工作室全面信息化教学、研发工作。

互联网新媒体技能大师中心：

①钻研新媒体行业知识技能，将行业知识技能通过培训、活动、讲座等形式带到校园中。培养学生对新媒体行业的兴趣，引导学生注重个人能力的培养，加强学生动手实践的训练，提高学生对实际问题的设计、制作和创新的综合能力，承担和协助各种大学生大型比赛的指导工作。

②集思广益，定期组织各主题类活动，提升团队能力，更好地服务于重庆数字创意职业教育集团，服务于社会经济发展。

③参与重庆数字创意职教集团各成员单位传媒传播专业人才培养方案论证，共同制定人才培养方案。

④解决数字创意职教集团传媒传播类技术难题，推动产业升级和技术进步，发挥高技能专家带徒传技作用，为企业培养技能骨干，为学校培养双师型教师，带动技能人才队伍建设，营造学技能、比技能、研究技能、崇尚技能的氛围。

⑤参与队伍建设有关活动。参与相关行业技能竞赛证券，参与本行业和相关行业技能创新。

⑥整合高技能人才资源，形成技术攻关创新和高技能人才培养的团队优势，并在技术攻关创新和高技能人才培养方面实施重点攻关，重点突破。

⑦承担试点推广、课题研究、教学培训。

双师教师发展中心：

①鼓励并要求教师参加国家组织的各类职业资格或职称资格的培训考试。根据开设专业特点有方向、有计划、有步骤地培养中青年教师。鼓励教师理论实践“双肩挑”，既负责专业课的理论教学又负责相关的实习实训指导，鼓励教师在提升教师系列专业技术职务职称的同时，获取相应的职业资格证书，将实践经验融入理论教学中，做到理实一体化教学。

②加强与行业企业的产学合作关系。教师应深入了解行业企业发展动态，积极加入行业协会组织。凡是没有在实践岗位工作过的45岁以下的专业课和专业基础课教师，原则上每两年要到对口企业进行不低于两个月的实习实践或挂职锻炼（可累计计算），按照《教师到企业挂职锻炼管理办法》，做好教师到校企合作对口企业挂职锻炼的规划并组织实施。

③加强校内外实训基地的建设。加大对实训基地的投入，积极为教师提供有利于职业技能训练的校内外环境，为教学科研服务。有计划地轮流安排教师，参与实训基地的建设，并承担相应的实验、实习教学任务，提高教师的专业实践能力和技术开发能力。

④加强对教师以提高实践能力为目的的职业培训。一是通过聘请专家、教授、企业技术人员到集团校为教师进行系统的专业讲座培训；二是选派具有潜力的中青年教师参加由上级部门、学校或行业组织的相关专业培训；三是有计划地选拔部分教师到国家级或省级职教师资培训基地和相关大学参加国家或省级骨干教师培训；四是加强国际合作与交流，选派教师出国考察、研修、进修、培训，学习外国先进职业教育的教学经验，提高教师的培训层次和质量。

5）产教融合群组。

互联网产业园生产性实训基地：

①开发实训项目。根据企业要求和高校培养结合岗位的技能要求，制订实训计划和方案、专业技术技能培训大纲；根据相关专业培养目标组织编写实训教材；根据区域经济特点及产业结构要求，开发新的职业技能实训项目，更新实训内容，确保基地的技术、技能水平紧跟社会发展需求。

②培训技能人才。加强与高校、企业的联系，努力实现资源共享。充分利用公共实训基地自身具备的智力与设备资源，跟踪行业新技术、新工艺，为社会和企业提供高技能人才培训服务。

③实施技能鉴定。按照国家职业标准，透析不同职业岗位要求，制订鉴定计划，实施互联网技能人才的技能鉴定任务。将公共实训基地建设成为执行国家职业资格准入制度的示范单位。

④承办技能竞赛。可承办我市各级政府以及行业企业举办的各类技能竞赛，

可主办各级技能竞赛，可进行各类竞赛的赛前培训、赛后实习、大赛成果转化等任务。

⑤开展应用技术研究。充分利用基地自身具备的智力资源和门类齐全、技术先进的各类仪器设备，积极开展应用技术研究、承接生产中的应用课题，以及新技术、新产品、新工艺的开发项目，并为社会和企业提供技术咨询服务。

九龙创意产业基地：

①负责协调校内各部门和院系之间的关系，确保企业方正常开展工作。

②协调校内产业基地建设所需的场地及相关配套设施，协调校内产业基地所需电源、网络、通信线路的安装。

③协调学校资源与企业合作事宜，开展面向社会的专业技术培训服务，聘用优秀行业专业技术人才为相关课程兼职教师。

④在不影响教学质量的前提下，全力支持企业方项目开发及产品生产。

⑤投资专用设备，逐步完善校内产业基地建设。

⑥协助校方开展相关专业学生课程实训、顶岗实训等实践教学活动，引进项目，与学校开展联合科技攻关，进行成果孵化。

⑦根据区域经济发展及行业特点，参与校方相关专业教学改革，推荐行业内优秀专业技术人才参与学校一线教学工作。

⑧协助在校学生参加职业资格认证考试及相关证书办理。

行业标准制定中心：

行业能力标准建设就是在行业人才需求分析的基础上，通过划分行业职能范畴，梳理行业工作任务和岗位，形成以认证单元为单位的能力矩阵，清晰呈现行业各岗位所需知识、技能与能力，从而促进学历教育落实“能力本位”的人才培养模式、学习者个人发展轨迹的呈现以及人才的流动。主要工作内容如下：

①通过系列调研，阐述行业背景，分析行业发展现状、行业发展趋势和前景以及行业人才需求。

②职能范畴的划分：在调研的基础上，提炼行业用人信息，梳理行业整个工作流程，通过确定工作流程所涵盖内容模块，从而划分职能范畴。

③能力矩阵的组建：通过划分职业成长阶段，确定每个阶段的代表性工作任务，梳理整合形成典型工作任务，然后对典型工作任务之岗位任务的工作行为进行分析，包括具体工作任务、工作要求、工作步骤、工作环境、工作对象、工作方法、工作所需的知识与能力，从而形成行业结构表。最后依据《重庆职教和远教资历与学习成果框架》，根据职能范畴的划分分别形成不同行业方向的层级清楚、能力覆盖全面的能力矩阵表。

④编制认证单元：基于任务开发认证单元，认证单元主要包含名称、编码、应用范围、等级、学分内容、考核说明、开发机构、开发日期以及备注等，其中

内容主要是填写各项任务所对应的能力以及考核达到这种能力的方式和内容。注意一个认证单元对应一项单一的工作任务，原则上对应1个学分。

创意九龙众创空间：

致力于推动区域创意文化产业发展，整合人才和资源优势。主要定位于为大学生创新创业提供项目孵化、中小（初创）企业生存、发展所需的基础共享服务和系统空间，是大学生创新创业教育的重要组成部分。主要职责如下所述。

①创业辅导：包含创业咨询、政策辅导、手续代理等内容。

②管理咨询：包含财务代理、法律咨询、版权服务等内容。

③交流培训：包含管理培训、技术交流、专家咨询等内容。

④项目推介：包含成果展示、项目申报、新闻发布等内容。

⑤市场推广：包含会议展览、业务对接、信息咨询等内容。

⑥融资投资：包含银企对接、孵化基金、风险投资等内容。

⑦人才引进：包括校企合作、猎头服务、人才招聘等内容。

⑧专业服务：包含技术平台、项目检测、技术联盟等内容。

二、联合优化人才培养方案

1. 政策背景

《国家职业教育改革实施方案》（国发2019〔4号〕）文件中提出，“促进产教融合校企‘双元’育人”“坚持知行合一、工学结合”“借鉴‘双元制’等模式，总结现代学徒制和企业新型学徒制试点经验，校企共同研究制定人才培养方案，及时将新技术、新工艺、新规范纳入教学标准和教学内容，强化学生实习实训。”

2. 人才培养目标

重庆数字创意职业教育集团在人才培养模式改革过程中坚持产教融合、多元育人，对接重庆及西南地区数字文创与设计服务产业，行企校多方联动，以“领域聚焦、基础厚实、技能高超、应用娴熟”为专业群人才培养总目标，共同制定和实施人才培养方案，将新技术、新工艺、新规范纳入教学标准和教学内容，着力打造数字创意产业复合型跨界技术技能人才培养高地（见附录A）。

3. 人才培养方案的修订

数字创意专业群建设指导委员会、重庆市职教学会传媒艺术专委会作为人才培养改革的主要指导机构，由院校专家、行业专家、企业高技术人员组成，根据社会经济发展动向和岗位人才的需求，按照集团内各个院校相关专业的特点，对专业人才培养方案提出了优化意见，校企联合修订了数字媒体应用技术、环境艺术设计、影视动画、广播影视节目制作、媒体营销、服装与服饰设计、动漫制作、建筑动画与模型制作、网络新闻与传播等专业的人才培养方案，使其主动适应经济社会发展需要。

三、共同实施课程标准开发

课程是培养技术技能人才的核心和关键，正如课程论专家郝德永所说：“与其说是专业培养人，不如说是课程塑造人。”课程是指学校学生所应学习的学科总和及其进程与安排。课程是对教育的目标、教学内容、教学活动方式的规划和设计，是教学计划、教学大纲等诸多方面实施过程的总和。2017 年 10 月 18 日，习近平总书记在中国共产党第十九次全国代表大会上的报告中指出：“优先发展教育事业”。教育关系到民族的生存与发展，教学质量直接决定着整个民族的整体水平。改革开放以来，我国职业教育课程在不断变革与发展，课程改革是提升职业教学质量的关键，是职业教育改革的核心，也是职业教育特色形成的力量。课程改革不仅提升了教学质量，也形成一个完整的课程生态系统，以优化教学过程。

1. 对接产业工作链，重构课程体系和内容

职教集团背景下的职业教育课程体系是希望以专业对接产业为纽带，以利益链、产业链、教学链“三链融合”为主线。因此，在专业群的课程体系中，针对数字创意行业企业对专业岗位的职业能力要求，引入行业职业标准，寻找该行业职业证书为参照依据，如教育部第三批职业技能等级证书颁发的数字创意建模职业技能等级证书标准等，将证书培训内容有机融入课程体系。职业技能等级证书是毕业生、社会成员职业技能水平的凭证，反映职业活动和个人职业生涯发展所需要的综合能力。专业群对接数字内容创意设计工作链，以职业岗位（包括职业方向）为课程开发的逻辑起始点，分析创意设计服务项目“创、技、产、销”四个阶段，归纳创意设计行业横向市场细分链与纵向作业链交织的岗位任务，即前期内容创意开发到中期设计制作与项目生产到后期推广发布，根据任务优先和项目分解原理，选取课程内容，序化课程结构。以“产业需求调研→岗位定位（包括职业方向）→项目任务分析→职业能力归纳→课程结构序化→专业教学标准开发→课程标准制定→课程教材开发”为课程体系开发路径。以综合职业能力分析结果为依据，聚焦创新创业能力培养，在公共通识课程模块里另设置创业策划与运作、众筹创业与营销等 62 门通识素质网络选修课程；在专业拓展课程模块里，开设大学生创新创业训练、新媒体推广与发布等创新创业选修课程，重构“知行合一、课证融通、创新发展”模块化数字创意专业群课程体系和内容，适应产业升级对应用型人才培养基本载体的要求，见图 5-3。

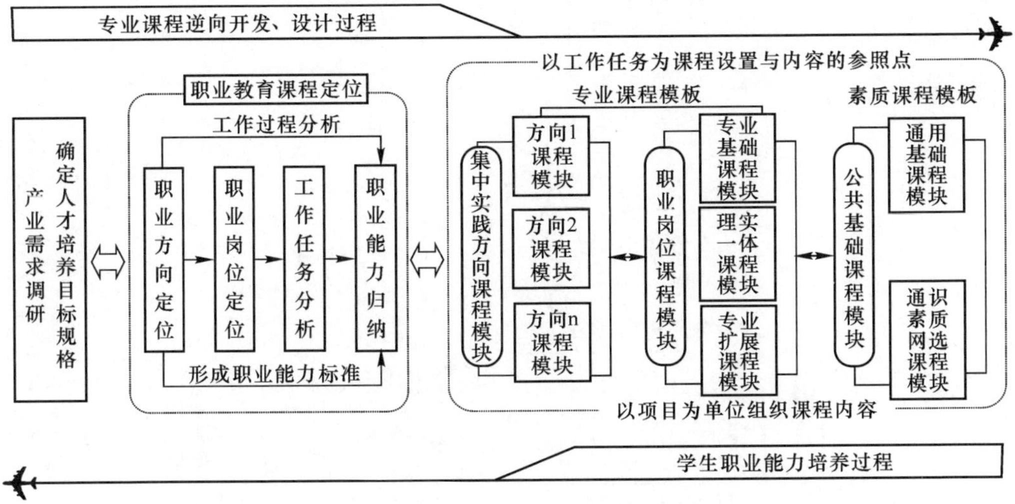

图 5-3　专业群课程逆向设计图

2. 职教集团背景下数字创意专业群混合教学模式

依托职教集团优势调研行业企业动态，紧跟产业升级趋势，推进“互联网+学业+创业+就业”，实施研发项目与创意设计教育相融合，技能强化与创新教育相融合，信息技术与教学过程相融合的能力培养途径。即以“大师+教授+巧匠”领衔的“双导师”教学团队为学习过程主导，以学生为学习过程主体，贯通传统教学与现实教学的优势，依托理实一体教室、市场化工作室（技能大师工作室、教师研究工作室、专项实训室等、学生创业工作坊等）和 openX 平台、moodle 平台、搜魔（solomo）资源管理系统、琅筑设计网等学习支持服务网络环境，实施线上线下混合教学。创新教学内容和学习情境，优化教学手段与过程，实施形成性与终结性多元评价方式，“教、学、做、创、评”一体化，提高教学质量，见图 5-4。

专业群按照“行业发展要求→以岗定位→工作任务分析→职业核心能力归纳→课程结构序化→专业教学标准开发→课程标准制定”项目课程开发路径，进行“工作能力-项目课程”转换，构建基于项目设计过程的“双证融通、模块化”课程体系框架，基于职业与社会构建三级课程模块。行—企—校三方联动共同开发课程标准，建设开放型专业教学资源和开放式教学现场质量监控体系，实施“三位一体”的教学质量评价方式，达到“通用能力、专门能力、综合能力”三段能力的递进培养，人才培养质量得到社会广泛认可（见附录 B）。

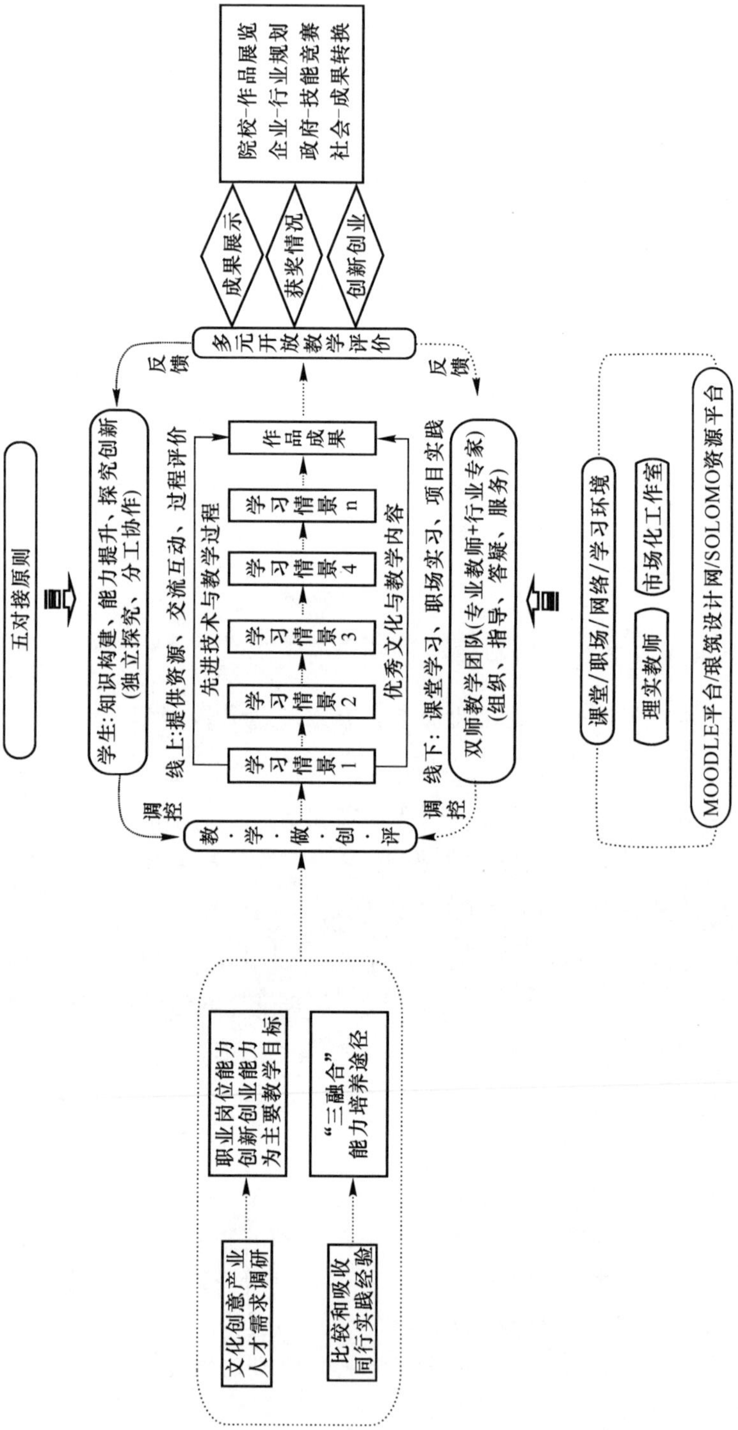

图5-4　职教集团背景下混合教学模式框架图

四、联合培育双师教学团队

坚持国内一流定位，打造“教授+大师+巧匠”领衔、“专业教师+行业专家”为主干的高水平双师型团队，构建专业师资团队梯度发展格局。引进和培育区域数字创意行业领军人才和高技能人才，建立技能大师工作室，推动技术技能人才培养和社会服务。完善资源配置机制，实行教师周期轮训制度，推进学院教师和企业人员“双向流动”。依托职教集团平台，行业、企业的新技术使用，为职业院校专业的设置和调整提供了充分依据。专业群建成了一支以专业带头人为核心、专业骨干教师为重点，专兼结合、能力突出、意识领先、团队协作的优秀教学团队。校企联动、共同培养，提升专业“双带头人”创新能力。科研教改、参赛历练，提升专任教师综合能力。顶岗挂职、承接项目，提升双师教师实践能力；依托行企、聘纳良师，提升兼职教师执教能力。利用集团内行业、企业人力资源建设，为职业院校培训工作的开展提供了平台。校企双方互派教师、工程技术人员，带项目、带课题深入企业和学校开展技术服务、人才培养服务等活动。打造高水平双师型教师培训基地，促进教师专业能力、教学能力均衡发展。

1. 传承工匠精神，构建大师团队

结合“非遗数字化”等项目引进国内有影响力的技艺大师 1~2 名，与重庆华龙网集团的新媒体行业专家、校内专任教师等共同构建结构合理、素质优良、业务精湛、服务区域文化发展、行业产业能力突出、具有国际化视野的“教授+大师+巧匠”领衔的一流专业教师团队。遵循“产教融合、协同育人”的专业群建设主线，行企校合作创建技艺大师工作室。推进“非遗文化大师”和“互联网新媒体技能大师”共同支持的广播影视节目制作、数字媒体艺术两个教育部“现代学徒制”试点专业建设，充分利用大师工作室，课内课外带徒授艺，将工匠精神与创新能力融为一体，保证“一专多能、德技兼修”人才培养目标的达成。

2. 立足产教融合，建设双师团队

以校企共建的混合所有制特征的“移动新媒体产业学院”为“产学研”一体化平台，孵化大师工作室、新媒体技术服务与运营团队，同时建立一支相对稳定的兼职教师队伍。兼职教师来自重庆华龙网集团等行业龙头企业的中高级管理技术人员、能工巧匠，具有高超网络新媒体技术技能、丰富的创意设计实践经验，并能和校内专任教师深度融合，共同承担教学任务、开展教学研究、实施教学改革，构建“骨干教师+企业专家”为主干的“双导师”队伍，服务于“现代学徒制”人才培养工作。

以产教融合为核心，结合个人职业发展规划，针对各层级教师定制个性化培养计划，着重于信息化技术应用能力的提升，并将其作为专任教师评聘考核的重要依据。与重庆华龙网集团共建双师教师培训基地1个、技能培训基地1个，专任教师人均企业实践天数达45天，通过企业挂职锻炼或线上线下技术培训，使得教师的信息技术应用能力与创新能力显著提高。

契合学校“大思政”工作体系的总体设计，加强学生辅导员队伍建设。通过探索、实施技能培养与认证制度，不断强化辅导员教师的“双师”素质，激励和促使辅导员从“单纯”的思政教师转换成学生的学业、职业与创新创业导师。

五、共建实验实训基地

充分发挥集团职业院校和骨干企业的资源优势，依托重庆市高新技术产业开发区（国家级）和重庆市互联网产业园区，校企合作共同开发优质教学资源。充分发挥政策集成效应和高校教育有利条件，把专业和学院开办到相关产业园区，搭建政、行、企、校合作的有效载体和平台，实现“产业-职业-专业-学业-职业-事业”的无缝对接。同时突出我院在学校“三区一校”空间布局中的独特地理优势（毗邻重庆高铁西站和重庆轻轨5号环线），整合校内实训资源，盘活科研技术装备资源存量，挖掘空间潜能，按照数字内容创意设计专业群产业链，与重庆市华龙网集团、中影华腾（北京）文化传播有限公司等知名企业共同推进协同创新，建立共赢的稳定合作机制，建成集“产、学、研、培、创”为一体的“双基地七中心”，面向课程模块建设实践教学基地。整合、优化并升级现有基础实训室，满足群内平台课程需求。充分发挥行业企业对市场需求和技术反应更为迅速明捷的优势，参与指导高职院校专业设置和专业培养目标的及时调整。实现重点专业与重点产业的对接，力争建成国内一流双创基地。

1. 以重庆市高新技术产业开发区为引领，升级“九龙创意产业基地”

九龙创意产业基地是重庆市创意产业发展领导小组授予“重庆市创意产业基地”，基地依托国家骨干高职、央财、重庆市示范高职专项资金建设，已建成“环境艺术设计创意与推广中心”“动漫产品研发与推广中心”“视觉传达创意与推广中心”等公共实训平台。基地至建成以后积极引导教师面向行业企业开展技术研究、技术改进、技术推广、产品开发；基地通过政府管委会和公共服务平台聚集了15家创意产业企业深度合作，实现依托“技术创新”和“文化创意”来支持教学改革的双轮驱动。

2. 以重庆市互联网产业园区为依托，联合重庆华龙网集团共建互联网+产教研发基地

互联网+产教研发基地以产业链对接为核心，以数字内容为载体、以创意设

计为动力、以文化传承为内涵。基地包括“课程建设研发创新中心”“虚拟现实（AR+VR+MR）创新研发中心”“非遗产品数字化中心”“新媒体产业运营研发中心”等互联网+背景时代下新型产业育人中心。实行“校中企、企中校”人才共育和全方位企业生产模式；进一步夯实“实习实训、创业孵化、技术研发、社会培训”四维共享双创基地的功能定位。

3. 打造线上、线下双运营，助推“生产实训”研发推广应用能力

与重庆华龙网集团同时，依托校企合作企业商业运营经验，创建“互联网+创业、互联网+产业”线上运营交易平台，实现“数字内容—创意设计—知识产权—创意经济”的有机转化，见图 5-5。

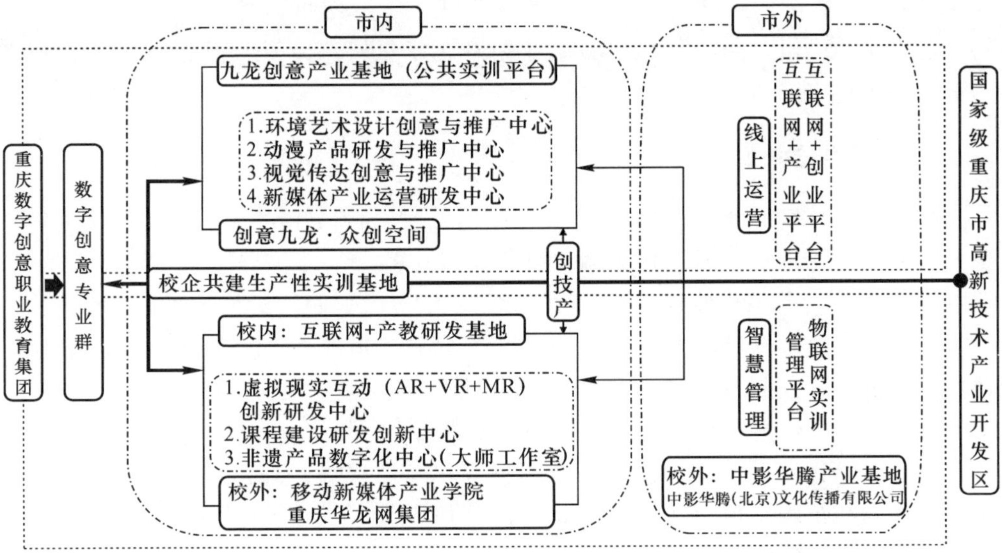

图 5-5　互联网+产教研发基地“创、技、产、销”示意图

第三节　数字创意职业教育集团人才培养模式的实践成效

一、协同创新特色鲜明，合作育人成果丰硕

1. 产业学院共建

在职教集团的引领和推动下，校企优化资源配置，合作共建了华为 ICT 学院、腾讯云大数据学院、华龙网移动新媒体产业学院等混合所有制特色学院，形成了以职业教育院校为主体、以企业和行业为依托的多层次、立体化办学体系。

围绕国家数字经济战略，数字化产业发展和市场需求、人才需求情况，探索“二元双制”校企合作模式，建成嘉陵江创新创业基地和九龙创意产业基地，形成校企“双主体”办学共管机制，并以合作办学、合作育人、合作就业、合作发展推动以“互联网+”为特色的产教融合办学新模式创新发展。

2. 实训基地共创

主动适应产业链和人才供需链新常态，依托重庆市高新技术产业开发区（国家级）、重庆市互联网产业园，构建“半市场”和“全市场”教学育人环境，按产业发展要求整合校内外实习实训资源，集成产、学、研、培、创“双基地、七中心、一空间”，校企共建实训室 77 间、总占地面积 4476m^2，其中生产性实训室 41 间、教师工作室 11 间、企业工作室 7 间、学生创业坊 10 间、其他功能厅 8 间。建设第 46 届世界技能大赛 3D 数字游戏艺术重庆选拔集训基地等，供集团内 10 余所院校共创共享。

3. 精英人才共育

结合自身优势，对接区域产业发展需求，大力开展数字创意类“双主体”技术技能人才培养。通过“内外联动”“全面发展”人才培养模式实践，着力把学生培养成为具有职业技能与道德的“职业人”和全面持续发展的“社会人”。集团积极探索校企新型人才培养模式，结合重庆产业布局，以市级高技能人才培训基地等为依托，与重庆华龙网集团等企业开展深度合作培养产业急需精英人才，建成数字媒体艺术设计、广播影视节目制作等 4 个教育部现代学徒制试点专业，建成云计算、大数据、数字化管理师等 6 个市级新职业从业人员培训基地；通过共同发布招聘岗位信息、组织双选会（招聘会）、开展企业用工反馈调研等形式促进就业，集团年均发布数字创意类招聘岗位信息 15000 多个，近 3 年就业率达 97.5%以上，毕业生企业满意度达 94%以上；聘期企业导师共同开展“青峰面对面”等创业项目培训，孵化学生创业项目 20 个，荣获第五届大学生创新创业大赛等各类创新创业奖项 16 项。

4. 名师队伍共培

打造“教授+大师+巧匠”领衔、“骨干教师+企业专家”为主干的高水平“双师”教学团队，形成专业师资团队梯度发展的新格局。引进和培育区域数字创意行业领军人才和高技能人才，建有目前重庆市高职院校唯一的一个艺术类大师工作室——曹小卉技能大师工作室。基于高素质技术技能人才培养需要，校企共建“双主体师资互换培训中心”，组织重庆文化艺术职业学院等院校开展“双千双师交流计划”；推进教师和企业人员“双向流动”，提升学校导师专业能力和企业导师教学能力，两年来选拔和培养了34名企业导师和22名学校导师，联合开展社会服务10余项。立项重庆市双基地建设项目3个，高职教育校企合作示范项目1项；立项、结题教科研课题74项；获国家专利（含实用新型专利）131个；出版专著8本；师生荣获创意设计类技能竞赛、创新创业大赛奖项共50余项。

5. 教学资源共享

按照“平台升级、统筹建设、资源整合、共建共享、应用第一”的思路，学习和引进国际先进成熟经验，依据职业标准，对接数字创意产业工作链，引入1+X证书制度推进人才培养模式改革；依据职业资格资历框架等标准，校企共同建设适用的课程体系和共享型数字化教学资源，共建国家级虚拟现实专业教学资源库1个，建成市级环境艺术设计专业教学资源库1个，传媒艺术设计类市级精品在线课程3门，制定专业群核心课程标准13门，开发专业课程43门，编制一体化教材14本。联合数字创意类行业企业共建重点项目，荣获国家级教学成果二等奖1项，市级教学成果奖一等奖1项，二等奖1项；建成教育部现代学徒制试点专业4个，国家级骨干专业2个。

6. 社会服务共进

回应重庆“高质量发展、高品质生活”要求，以解决实际问题为导向，校企共同推进社会服务。与重庆壹秋堂文化传播有限公司、重庆段氏服饰实业有限公司共建“非遗产品数字化设计与研发中心”“数字非遗技能大师工作室”，将现代创意设计思想融入“非遗”传承与保护性开发；与重庆华龙网集团共同实施“中华文脉——重庆历史文化上网工程”，完成夏布、荣昌陶、走马民间故事等“非遗”项目的数字化开发，挖掘巴渝地区“非遗”的艺术魅力与价值；与重庆BIM联盟、重庆创意产业动漫联盟开展“BIM建模技术”“三维动画设计师”等高技能、新技术社会培训与职业认证；在疫情期间，组织集团内院校、企业开展“防疫抗疫‘艺’不容辞”主题原创艺术作品征集推广活动，在华龙网、集团网站、各成员高校网站发布来自集团内各院校、企业的各类作品15期，共计244件，累计点击量达30余万次；依托传媒艺术专委会，与重庆南滨路文化产业园企业联盟、重庆市电子信息职业教育集团、重庆市电影家协会、重庆市电影制片人协会联合主办“首届重庆南滨路影视文化节”，形成广泛的社会影响力。

二、衔接贯通稳步推进，资历框架成果显著

成立行业标准制定中心，开展专业标准、课程标准、教学标准、行业能力标

准与人才培养方案的衔接，推进教育链、人才链和产业链有机融合，衔接融通职前培养与职后培训，探索资历框架建设新模式。率先在重庆开展“学分银行”试点，成为教育部在西部唯一的资历框架试点高校，学习成果认证工作从学校走向企业、走向社会。目前已为10万名以上的学习者完成了100万以上的学习成果存储，新增非学历教育学习成果1.5万个，发布可转换学习成果300个，实现了学习成果可追溯、可查询、可转换的目标，为促进全民学习、建设终身学习“立交桥”汇聚了新力量。2020年4月，人民日报以《重庆有家“学分银行”》为题进行了专题报道；2020年，学校“学分银行”探索成果进入联合国教科文组织目录。

三、区域战略对接深化，扶贫攻坚精准发力

集团牵头单位共建3个产业学院，拥有国家级物联网与大数据应用技术协同创新中心、省级汽车检测与维修应用技术推广中心，重庆职业教育大数据协同创新中心三大产教融合创新平台；对接重庆重大发展战略，组织成员单位积极与地方政府、产业园区、行业深度合作，建成了兼具产品研发、工艺开发、技术推广、大师培育功能的技术技能平台，服务产业转型和区域发展需要；利用高校教学专长和技术技能优势，对接乡村振兴发展战略，与企业合作共建数字媒体产业运营中心、乡村振兴数字创意服务中心，开展职教集团扶贫系列培训，对口支持贫困村——潼南区双江镇丁沟村，实施“青麻丁沟”规划建设、“馨云书馆”全国公益建筑设计竞赛等项目，助力乡村脱贫致富，2018~2019年，集团内14家单位共计47人参与扶贫工作，帮助潼南丁家沟村70户236人脱贫，“美丽乡村”规划设计项目为13户村民4个院落改善居住环境，推进扶贫攻坚精准发力。

四、国际合作深入开展，域外影响持续扩大

近年来，集团年均非学历项目培训超过2万人次，开发被国（境）外采用的专业教学标准和课程标准分别为2个和37个，开发全外文及双语课程3门，输出国际职业资格标准2个。与重庆长安汽车国际销售公司建立海外人才培养基地；与坦桑尼亚中华总商会、坦桑尼亚高校合作共建鲁班学院；与英国达德利技术学院展开国际交流合作，开展BIM培训开班典礼。集团成员单位累计接收培养国际学生共716名，生源国覆盖加拿大、英国、荷兰、法国、韩国、泰国、埃塞俄比亚、塔吉克斯坦等25个国家，专业涵盖数字媒体应用技术、软件技术等专业，为“一带一路”国家培养了大批通晓国际规则，熟悉中国文化和中国技艺的技术技能型人才。举办“一带一路金砖暨国家技能发展与技术创新大赛首届工业大数据应用技能大赛”；承办第46届世界技能大赛工业机械装调赛项重庆选拔

赛，学生获一等奖1项，二等奖5项。集团内学校国际间的学生互派、师生交流等深度展开，集团办学的国际影响力持续扩大。

第四节　数字创意职业教育集团人才培养模式的改进策略

一、完善互利共赢发展机制

把建立互利共赢机制作为保障集团运行发展的重要措施，探索以资产为纽带、“利益链”构建为重点的集团产学研共同体建设。以产学研共同体带动“教学链”与“产业链”的相互融入，创新产学研合作模式。把发展数字创意职业教育集团作为企业、学校自身发展的现实需要，并自觉地参与集团的建设，维护集团的利益，支持集团的发展。

二、提高集团化办学的认识

根据职业教育办学规律和数字创意产业发展要求，牢固树立现代职教理念，提升集团化办学的认识，拓宽集团建设与集团化办学发展思路。准确定位建设目标、发展路径与工作重点，使集团发展尽快步入快车道。集团秘书处要定期组织成员单位理事及工作人员进行交流互动，学习国家相关政策法规，了解产业发展走势，加强产教融合发展的交流与培训，提高集团成员对集团化办学的认识，调动集团各方的积极性。

三、增强集团发展内生动力

发挥项目、课题、活动的纽带作用，通过集团化办学的理论研究，引领集团办学实践。深化职业教育集团化办学内涵，为集团建设与发展提供理论指导。多样化开展集团活动，特别是职业教育集团化办学的理论研究。开展“产教论坛、成员对话”等多种形式的对接活动，扩大合作交集，提升合作内涵。组织考察学习交流，总结先进经验，凝聚发展共识，增强集团发展的内生动力与凝聚力。

四、着力于体制与机制创新

建立和完善集团运行与管理的制度。结合集团建设进程的不断推进，及时制订集团财务管理、集团共享资源建设与管理、学校教师与企业技术人员互派和学生实习管理等制度，保障集团平稳、有序和规范运行。建立成员单位合作办学评价机制和考核办法，利用网络平台跟踪并动态反映成员单位产学研合作信息，加强对成员单位的评价，为建立成员单位进入、退出机制打好基础。

五、优化集团化办学的环境

争取政府通过法律、法规进一步明确规定职业院校、行业、企业的权利与义务，合理定位办学主体的角色与职能。通过政府购买服务，多渠道加大投入等形式支持职业教育集团发展。通过政府制定贷款、投资、减免税收等优惠政策，调动企业参与集团建设的积极性。加强与地方各级政府及产业主管部门、行业协会等的联系合作，积极争取产业部门的指导与支持，优化集团化办学的外部环境，推动集团持续、稳健发展。

附　　录

附录 A　数字媒体应用技术专业人才培养方案

执笔人：王　嵋　副教授/环境艺术设计专业专职教师/专业负责人
　　　　赵　娜　讲师/数字媒体应用技术专业专职教师/教研室主任
参与人：刘　猜　传媒与设计学院 专职教师/助教
　　　　田雁飞　传媒与设计学院 专职教师/讲师
　　　　尹　静　传媒与设计学院 专职教师/讲师
　　　　陈倬豪　传媒与设计学院 教务科科长/讲师
　　　　李　可　传媒与设计学院 专职教师/办公室主任
　　　　沈燕琴　传媒与设计学院 专职教师/助教
　　　　李　益　教授/重庆邮电大学传媒学院原副院长
　　　　周宗凯　教授/四川美术学院动画学院院长
　　　　彭发清　重庆华龙网集团有限公司教育频道技术总监
　　　　夏旭华　昌辉集团董事长
　　　　王　传　重庆协诚捷文化传播有限公司董事长
审核人：徐　江　传媒与设计学院院长/教授/园林规划设计师
　　　　陈春燕　传媒与设计学院书记/教授
　　　　陈　丹　教授/传媒与设计学院教务督导

一、专业名称及代码：

（一）专业名称：数字媒体应用技术
（二）专业代码：610210

二、生源类型

☑ 普通高招　□自主招生　□对口单招　□注册入学　□中高职 3+2　□其他

三、学制与学历

（一）学制：全日制三年
（二）学历：专科

四、就业面向岗位与能力要求

（一）就业面向岗位

本专业学生毕业后可在数字媒体行业从事影视拍摄与后期制作、多维视觉设计、媒体软件开发、数字产品交互设计等岗位的相关工作，见附表 A-1。

附表 A-1　数字媒体应用技术专业就业面向岗位与技能等级证书表

所属专业大类（代码）	所属专业类（代码）	对应行业（代码）	主要职业类别（代码）	主要岗位类别（或技术领域）	职业技能等级证书举例
0810	610210	数字内容 657	影视特效与后期制作 20903 计算机网络技术 2-02-13-03 电子出版编辑 2-12-02-04	摄影摄像 后期制作 平面设计 交互设计 动效设计 产品设计 用户体验	数字媒体交互设计职业技能等级证书 界面设计职业技能等级证书 游戏美术设计职业技能等级证书 虚拟现实应用开发职业技能等级证书

（二）岗位能力分析（见附表 A-2）

附表 A-2　数字媒体应用技术专业岗位能力分析表

序号	岗位名称	岗位类别		岗位描述	岗位能力要求
		初始岗位	发展岗位		
1	影视文案策划	☑（勾选）	□（勾选）	根据项目要求完成相关视频的文案策划和剧本撰写	了解视听语言，熟悉影视或互联网视频项目的文案策划、剧本撰写，具备一定的创意能力，文字功底扎实，语言表达力强
2	摄影摄像	☑（勾选）	□（勾选）	根据剧本主题和实际情况进行场景选择，完成拍摄、修片及整理工作	熟悉照相机和摄影机及附件的使用，掌握摄影技巧、构图方法和灯光运用，有较强的画面叙事能力
3	影视后期制作	□（勾选）	☑（勾选）	根据剧本要求完成素材整理和后期的制作、剪辑和编排	熟练掌握 Premiere、Edius 等视频编辑软件，熟悉视频制作流程、编辑和格式转换，有一定的剪辑风格和审美能力

续附表 A-2

序号	岗位名称	岗位类别		岗位描述	岗位能力要求
		初始岗位	发展岗位		
4	影视特效	□（勾选）	☑（勾选）	根据剧本要求进行视频动态特效制作	能综合运用 After Effects、3ds Max、DaVinci Resolve 等软件完成栏目包装、三维片头动画和特效处理
5	广告设计	□（勾选）	☑（勾选）	根据项目要求进行商业广告设计	能运用手绘草图和 Photoshop、Illustrator、CorelDRAW 等软件进行商业广告的创意表达
6	网页设计与制作	□（勾选）	☑（勾选）	根据项目要求进行交互设计	能综合运用 Dreamwear、iH5、XMind、Flash、CorelDRAW 等软件进行表达交互设计，熟悉用户体验
7	手机软件应用开发	□（勾选）	☑（勾选）	根据设计任务进行手机应用软件的开发、制作和发布	能综合运用 Unity3D、Appmakr、AppCan、Epub360、多摩平台等制作工具开发交互式应用软件，熟悉用户体验，熟练掌握 UI 方案的制作、产品设计及营销推广
8	CAD 绘图	☑（勾选）	□（勾选）	根据项目要求完成产品的设计，包括产品标准、设计、图纸、BOM 清单编制、跟进技术打样和验证	根据项目要求完成合同产品的设计工作，包括产品标准、设计、图纸、BOM 清单编制、跟进技术打样，设计验证并跟踪整个项目直到项目完工验收
9	文化创意产品开发	☑（勾选）	□（勾选）	根据市场需求开发文化旅游创意产品，包含外观、内部结构及设计说明，并构建衍生产品矩阵	能运用手绘草图和 Photoshop、CorelDRAW 等软件绘制产品外观设计及内部结构，并做出产品模型

续附表 A-2

序号	岗位名称	岗位类别		岗位描述	岗位能力要求
		初始岗位	发展岗位		
10	产品交互设计	□（勾选）	☑（勾选）	承担交互设计的信息架构、人机交互、操作流程的设计及交付任务，完成界面的信息架构、流程与设计和文档撰写	熟悉互联网产品交互设计相关流程，需求分析、用户研究、原型设计等，掌握 GUI 类产品的交互设计原理和流程，熟练使用 Aure、Sketch 等原型工具和软件

（三）典型工作任务及其工作过程（见附表 A-3）

附表 A-3　数字媒体应用技术专业典型工作任务及工作过程分析

序号	典型工作任务	工　作　过　程
1 动态视觉特效方向	（1）影视文案策划与剧本编写 （2）外出摄影、摄像 （3）后期编辑和片头包装 （4）动态视觉特效的设计与制作 （5）VR 视频设计、采集与制作	项目方案制定与任务分解——确立设计组成员任务——制定完成工作过程化项目任务书——制定初步方案——送交甲方初审——按照剧本拍摄——后期剪辑、特效制作、合成输出——送交甲方终审——根据不同的网络媒介选择相应的推广方式，进行数据分析，检验该项目预期效果
2 媒体化设计方向	（1）视觉传达创意 （2）广告设计 （3）VR 设计与交互技术 （4）网页设计 （5）手机小程序应用	项目方案制定与任务分解——确立设计组成员任务——制定完成工作过程化项目任务书——制定设计初步方案——送交甲方初审——项目设计绘制——在平面设计基础上进行后期效果处理——送交甲方终审——根据不同的网络媒介选择相应的推广方式，进行数据分析，检验该项目预期效果
3 数字产品交互表达方向	（1）手绘快速表现产品设计意图 （2）文创产品方案设计 （3）产品建模 （4）实物制作 （5）产品 VR 交互设计	项目方案制定与任务分解——确立设计组成员任务——制定完成工作过程化项目任务书——市场调查分析——制定设计初步方案——送交甲方初审——项目设计绘制——产品实物制作——媒体展示——用户体验——送交甲方终审——根据不同的网络媒介选择相应的推广方式，进行数据分析，检验该项目预期效果

五、培养目标与培养规格

（一）培养目标

本专业培养德、智、体、美全面发展，具有数字媒体应用技术专业领域必备的基础理论知识和专门知识，具备从事影视拍摄与后期特效制作、多媒体视觉设计与软件应用开发、数字产品交互设计等岗位群实际工作的基本能力，具有创新和实践精神以及良好的职业道德和健全体魄，即“产教融合、基础扎实、技能全面、应用娴熟”的高素质技术技能型人才，见附表 A-4。

附表 A-4　数字媒体应用技术专业培养目标

序号	具 体 内 容
A	能够按照行业标准规范要求，完成视频拍摄和动态特效制作、媒体化设计与交互式应用软件开发、数字产品虚拟现实表达等领域相关项目的前期创意表现、方案设计；中期的制作与展示、后期的发布、运营及维护升级等工作任务
B	能够在跨领域的团队协作中，发挥有效的组织、管理和协调作用
C	能够爱岗敬业，诚实守信，工作中严格遵循各类规范要求，实事求是、精益求精，保证严格、高效地完成设计任务
D	能够通过继续教育或职业培训，扩展和更新专业知识，提升自身的能力
E	立足重庆，服务地区经济建设，能够为本地数字媒体行业的发展做贡献

（二）培养规格（见附表 A-5）

附表 A-5　数字媒体应用技术专业培养规格

<table>
<tr><th colspan="2">要　求</th><th>内 涵 要 求</th><th>培养途径</th></tr>
<tr><td colspan="2">素质要求</td><td>（1）具有良好的文化素质、行为规范和职业道德
（2）具有较强的计划组织协调能力、团队协作能力
（3）具有较强的开拓发展的创新素质
（4）具有较强的口头与书面表达素质、人际沟通素质
（5）具有一定的艺术审美素质</td><td>全部课程</td></tr>
<tr><td rowspan="2">知识要求</td><td>方向 1
动态视觉特效</td><td>（1）具备数字媒体应用技术专业必需的视听语言基础及网络媒体专业知识
（2）具备视频策划、拍摄、编辑的综合知识
（3）具备 VR 全景视频的策划、拍摄和编辑的知识
（4）具备动态视觉特效的设计与制作能力
（5）具备电视节目包装推广能力</td><td>公共基础课程、专业基础理论课程、专业理实一体化课程、专业集中实践课程</td></tr>
<tr><td>方向 2
媒体化设计</td><td>（1）具备数字媒体应用技术专业必需的视听语言基础及网络媒体专业知识
（2）具备产品视觉包装设计知识
（3）具备商业广告策划与设计的基本知识
（4）具备用户体验研究与 UI 界面设计与制作知识
（5）能敏锐吸收新元素，对造型、色彩处理有充分的感知和把握能力</td><td>公共基础课程、专业基础理论课程、专业理实一体化课程、专业集中实践课程</td></tr>
</table>

续附表 4-5

要 求		内 涵 要 求	培养途径
知识要求	方向 3 数字产品交互表达	(1) 具备数字媒体应用技术专业必需的视听语言基础及网络媒体专业知识 (2) 具有扎实的设计基础知识和设计理念 (3) 能研究文创产品市场环境及文创消费方向，深度挖掘文创产品市场需求 (4) 对工业产品的审美观符合大众性、行业性、国际性及时代感的要求 (5) 熟悉互联网产品交互设计流程，包括需求分析、用户研究、原型设计等 (6) 能敏锐吸收新元素，对造型、色彩、工艺处理有充分的感知和把握能力	公共基础课程、专业基础理论课程、专业理实一体化课程、专业集中实践课程
能力要求	方向 1 动态视觉特效	(1) 具备影视文案独立写作能力 (2) 具备中等专业程度的摄影、摄像能力 (3) 具备一般的影视灯光操作和照明设计的能力 (4) 具备一般的影视录音及音效处理的能力 (5) 具备使用影视制作软件进行后期编辑和片头包装的能力 (6) 具备中等专业程度的动态特效制作能力 (7) 具备 VR 视频设计、采集、制作和发布的能力	专业理实一体化课程、专业集中实践课程、专业拓展课程、1+X 资格证书考试
	方向 2 媒体化设计	(1) 具有使用图形图像处理软件进行 VIS 设计、视觉包装设计的能力 (2) 具备数字插画与排版的能力 (3) 具备手机应用软件的开发、制作和发布的能力 (4) 具备网页设计、制作与发布的能力 (5) 具备网络动画制作的能力	专业理实一体化课程、专业集中实践课程、专业拓展课程、1+X 资格证书考试
	方向 3 数字产品交互表达	(1) 能熟练运用 AutoCAD、C4D、Alisa、Maya 等软件绘制产品外观设计，并对结构合理性进行确认和工艺制定 (2) 能熟练运用手绘草图和图形图像处理软件 Photoshop、CorelDRAW 等绘制产品外观设计及内部结构，并做出产品模型 (3) 掌握 GUI 类产品的交互设计原理和方法流程并熟练地运用交互设计技术 (4) 熟练使用 Aure、Sketch 等原型工具和软件进行设计	专业理实一体化课程、专业集中实践课程、专业拓展课程、1+X 资格证书考试

六、毕业能力要求及指标点

(一) 毕业能力要求（见附表 A-6）

附表 A-6　数字媒体应用技术专业毕业能力要求

序号	毕业能力要求	对应的培养目标
1	有独立获取和更新数字媒体应用技术专业知识的能力	AB
2	能够熟练操作计算机和常用图形图像处理软件	AB
3	能运用英语进行简单的交流，能看懂专业技术文献及国家标准	A
4	能运用计算机和设计学的跨学科知识解决专业中技术和艺术的融合问题	A
5	熟练掌握文献检索、资料查询的方法，把握本专业行业领域的最新发展动态	AD
6	具备终生学习的自主能力	AD
7	掌握设计思维方法，具备创新意识	AC
8	熟练掌握数字媒体应用技术专业理论和技能，具有综合灵活的应用能力	ABC
9	熟练掌握媒体信息处理与传输、数字创意内容设计与制作的关键技术，具有独立及合作创作数字媒体作品的能力	ABC
10	运用数字媒体应用技术的基础理论和方法，融会贯通，制作符合实时需要的最新设计前沿作品	ABC
11	具有良好的职业道德、敬业精神和团队合作精神；具有较强的语言表达能力、人际交往和社会适应能力；具有一定的组织管理能力	BC
12	参加职业培训和测试，获取相应的职业资格证书	D
13	熟悉重庆及西部地区的数字创意内容产业发展现状和趋势	E

（二）毕业能力要求指标点（见附表 A-7）

附表 A-7　数字媒体应用技术专业毕业能力指标点

<table>
<tr><th>序号</th><th>毕业能力要求</th><th>指标点序号</th><th colspan="2">对应的毕业能力要求指标点</th></tr>
<tr><td rowspan="2">1</td><td rowspan="2">有独立获取和更新数字媒体行业知识的能力</td><td>1. 1</td><td colspan="2">能运用专业知识完成毕业设计</td></tr>
<tr><td>1. 2</td><td colspan="2">能运用专业知识完成专业课程的项目化设计任务</td></tr>
<tr><td rowspan="4">2</td><td rowspan="4">能够熟练操作计算机和常用图形图像处理软件</td><td>2. 1</td><td colspan="2">能熟练操作计算机，进行计算机辅助设计</td></tr>
<tr><td rowspan="3">2. 2</td><td>方向 1
动态视觉特效</td><td>能熟练操作 Photoshop、After Effects、Premiere、Vegas、Edius、3ds Max、DaVinci Resolve 等图形图像处理软件</td></tr>
<tr><td>方向 2
媒体化设计</td><td>能熟练操作 Photoshop、Illustrator、Axure RP、iH5、XMind、Flash、CorelDraw 等图形图像处理软件</td></tr>
<tr><td>方向 3
数字产品交互表达</td><td>能熟练操作 Photoshop、CorelDRAW、Aure、Sketch、AutoCAD、C4D 等图形图像处理软件</td></tr>
</table>

续附表 A-7

序号	毕业能力要求	指标点序号	对应的毕业能力要求指标点	
3	能运用英语进行简单的交流，能看懂专业技术文献及国家标准	3. 1	能用英语进行简单的口头和书面交流	
		3. 2	能阅读理解国内外专业技术文献和国家标准	
4	能运用计算机和设计学的跨学科知识解决专业中技术和艺术的融合问题	4. 1	能用设计学知识完成创意思维表达和设计展示	
		4. 2	能用计算机与设计专业跨学科的方式解决数字内容设计中技术与艺术、科技与创新的关系表达	
5	熟练掌握文献资料的检索和查询方法，把握本专业行业的最新发展动态	5. 1	能利用各类检索工具或图文资料收集相关信息	
		5. 2	能利用现代信息技术感知行业的动态发展趋势	
6	具备终生学习的能力	6. 1	完成专业课程的拓展学习，完成课程作业和毕业创作	
		6. 2	养成终身学习和自主学习习惯，高质量完成工作项目	
7	掌握设计思维方法，具备创新意识	7. 1	能用创新思维的方式，开展创新创意设计	
		7. 2	把握设计市场机会、掌握设计主动权和更新设计技能的能力	
8	熟练掌握数字媒体应用技术专业理论和技能，具有综合灵活的应用能力	8. 1	完成专业理实一体化课程的设计项目	
		8. 2	完成专业集中实践课程的设计项目	
9	熟练掌握媒体信息处理与传输、数字创意内容设计与制作的技术，具有独立及合作进行创作的能力	9. 1	掌握数字媒体应用技术专业的核心技能，对项目进行设计——制作——展出/发布，最终完成毕业设计创作	
		9. 2	能独立完成或以小组合作形式进行创作	
10	运用数字媒体应用技术的基础理论和方法，融会贯通，制作符合实时需要的最新设计前沿作品	10. 1	方向 1 动态视觉特效	完成摄影摄像、后期特效制作和 VR 视频制作
			方向 2 媒体化设计	完成平面设计、媒体动画制作、网页设计与发布和手机应用程序开发
			方向 3 数字产品交互表达	完成文创产品的设计、数字产品模型制作与用户交互体验
		10. 2	完成专业外延拓展设计任务，整合提升设计作品的内涵	

续附表 A-7

序号	毕业能力要求	指标点序号	对应的毕业能力要求指标点
11	具有良好的职业道德、敬业精神和团队合作精神，较强的语言表达能力、人际交往和社会适应能力	11.1	了解设计公司的基本要求，能完成顶岗实习和毕业就业的职场要求
		11.2	能严格按照质量保证体系的要求进行设计并确保工作运行情况的监督，对突发情况有应对的措施
		11.3	能配合完成项目设计方案的策划、组织和实施等工作，并能根据设计方案实际实施情况进行总体协调和改进
		11.4	理解质量管理和质量认证的要求，能编写出相关的设计团队管理规范
12	参加职业培训和测试，获取相应的职业资格证书	12.1	考取数字媒体交互设计职业技能等级证书
		12.2	考取界面设计职业技能等级证书
		12.3	考取游戏美术设计职业技能等级证书
		12.4	考取虚拟现实应用开发职业技能等级证书
13	了解重庆及西部地区数字创意产业的发展趋势	13.1	每年能参加专业学术讲座 2~3 次，开展企业调研并撰写调研报告 1 份

七、专业课程体系

（一）课程设计路径

“知行合一、课证融通、创新发展”模块化专业课程结构开发运行通用框架图如附图 A-1 所示。

（二）专业课程体系（见附表 A-8~附表 A-10）

附表 A-8　数字媒体应用技术专业课程体系——动态视觉特效方向

序号	课程名称（学习领域）	对应的典型工作任务	对应职业资格证书
1	数字媒体设计基础	（1）数字媒体艺术概论 （2）计算机基础 （3）设计素描表现实训 （4）数字色彩设计分析 （5）二维软件应用	—
2	后期合成与特效	（1）策划文案与脚本编写 （2）分镜头绘制 （3）摄影与影视照明 （4）视频后期制作 （5）影视特效制作	数字摄影摄像职业技能等级证书 影视特效设计师证书

续附表 A-8

序号	课程名称（学习领域）	对应的典型工作任务	对应职业资格证书
3	3D 动画制作	（1）建模基础 （2）材质渲染 （3）动作调试 （4）视频特效	游戏美术设计职业技能等级证书
4	VR 视频制作	（1）VR 视频基础与场景搭建 （2）VR 全景视频拍摄 （3）VR 全景视频制作 （4）VR 全景视频发布	虚拟现实应用开发职业技能等级证书
5	毕业设计	（1）创意选题 （2）视频拍摄 （3）后期编辑 （4）特效制作 （5）发布推广	—

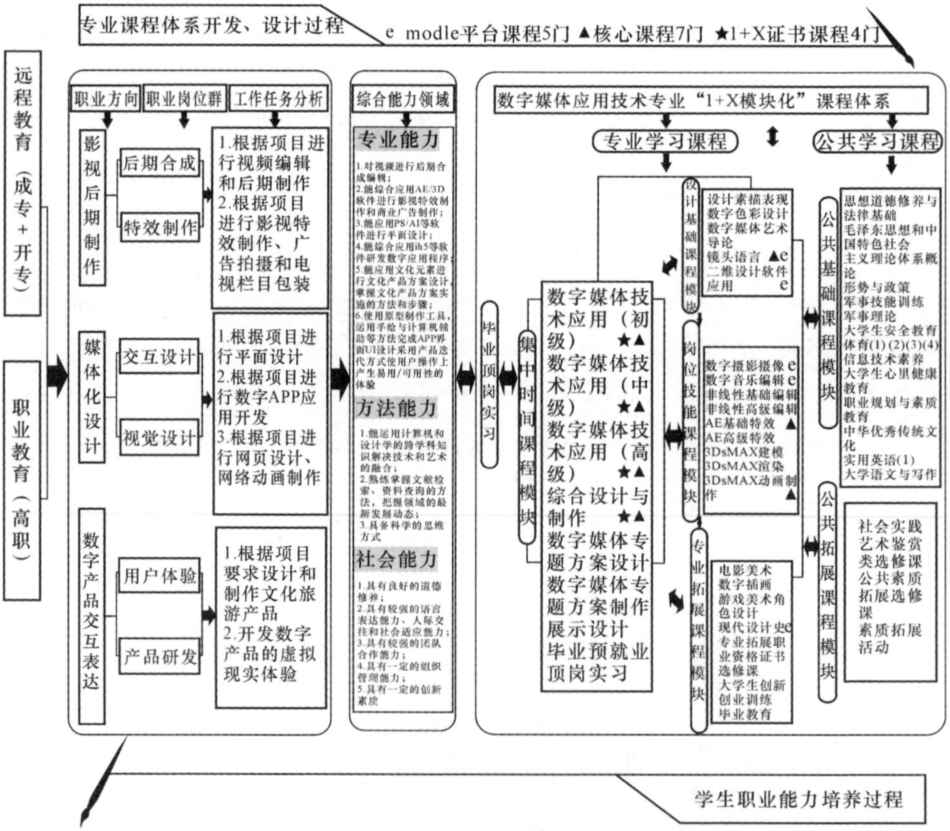

附图 A-1　“知行合一、课证融通、创新发展”模块化专业课程结构开发运行通用框架图

附表 A-9 数字媒体应用技术专业课程体系——媒体化设计方向

序号	课程名称（学习领域）	对应的典型工作任务	对应职业资格证书
1	数字媒体设计基础	（1）数字媒体艺术概论 （2）计算机基础 （3）设计素描表现实训 （4）数字色彩设计分析 （5）二维软件应用	—
2	数字媒体技术	（1）二维图形图像处理 （2）数字插漫画绘制 （3）数字媒体影像创意设计 （4）图像素材搜集与编辑处理	游戏美术设计职业技能等级证书
3	媒体设计与传播	（1）广告创意与表现 （2）VIS 设计 （3）视觉包装设计 （4）网页设计、制作与发布	界面设计职业技能等级证书
4	手机应用程序设计	（1）MG 微动画制作 （2）H5 设计、制作与发布 （3）Android 游戏开发	数字媒体交互设计职业技能等级证书
5	毕业设计	（1）数字创意实作项目调研及定位 （2）数字创意实作项目综合设计 （3）数字创意实作项目制作 （4）数字创意实作项目运营推广	—

附表 A-10 数字媒体应用技术专业课程体系——数字产品交互表达方向

序号	课程名称（学习领域）	对应的典型工作任务	对应职业资格证书
1	数字媒体设计基础	（1）数字媒体艺术概论 （2）计算机基础 （3）设计素描表现实训 （4）数字色彩设计分析 （5）二维软件应用	—
2	数字产品设计与表现	（1）二维图形图像处理 （2）三维模型制作与渲染 （3）六视图的绘制 （4）产品动画制作 （5）VR 视频制作	Autodesk 认证考试 Autodesk CAD 工程师等级证书

续附表 A-10

序号	课程名称（学习领域）	对应的典型工作任务	对应职业资格证书
3	文旅产品专题设计	（1）文化产品市场调查分析 （2）文化元素在产品设计中的应用 （3）文化产品方案设计 （4）文化产品实物制作 （5）民间工艺传承与创新设计 （6）后期展示	ACPE（Adobe 认证产品专家）认证证书
4	数字动态设计表达	（1）MG 微动画制作 （2）H5 设计、制作与发布 （3）GUI 类产品的交互设计	数字媒体交互设计职业技能等级证书
5	用户体验	（1）使用原型制作工具，运用手绘、计算机辅助等方法完成 APP 界面 UI 设计 （2）采用产品迭代方式使用户操作上产生易用/可用性的体验 （3）完成桌面图标、各级菜单、各级页面的设计	虚拟现实应用开发职业技能等级证书
6	毕业设计	（1）方案策划 （2）综合使用 C4D、PS、html、MAYA 等软件完成三维建模、交互及全息投影 （3）综合使用 C4D、阿诺德等渲染软件渲染产品效果图 （4）文化产品实物制作 （5）后期展示	—

（三）专业课程矩阵（见附表 A-11～附表 A-13）

附表 A-11　数字媒体应用技术专业课程体系——动态视觉特效方向

毕业能力要求	毕业能力要求指标点	课程 1 数字媒体设计基础	课程 2 后期合成与特效	课程 3 3D 动画制作	课程 4 VR 视频制作	课程 5 毕业设计
1. 有独立获取和更新数字媒体应用技术专业知识的能力	能运用专业知识完成毕业设计	√	√	√	√	√
	能运用专业知识完成专业课程的项目化设计任务	√	√	√	√	√

续附表 A-11

毕业能力要求	毕业能力要求指标点	课程 1 数字媒体设计基础	课程 2 后期合成与特效	课程 3 3D 动画制作	课程 4 VR 视频制作	课程 5 毕业设计
2. 能够熟练操作计算机和常用图形图像处理软件	能熟练操作计算机，进行计算机辅助设计		√	√	√	√
	Photoshop、AE、PremiereVegas、Edius、3ds Max、Houdini、DaVinci-Resolve 图形图像处理软件	√	√	√		√
3. 能简单地进行英语交流，看懂专业文献及国家标准	能用英语进行简单的口头和书面交流	√	√	√		√
	能阅读理解国内外专业文献和国家标准		√	√	√	√
4. 能运用计算机和设计学的跨学科知识解决技术和艺术的融合	能用设计学知识完成创意思维表达和设计		√	√	√	√
	能用计算机与设计专业跨学科的方式解决技术与艺术、科技与创新的关系表达		√	√	√	√
5. 熟练掌握文献检索、资料查询的方法，把握领域的最新发展动态	能利用各类检索工具或图文资料收集信息		√	√	√	√
	运用现代信息技术感知行业动态发展趋势		√	√	√	√
6. 有终生学习的能力	完成专业拓展学习、课程作业和毕业创作					√
	养成终身学习和自主学习习惯					√
7. 掌握设计思维方法，具备创新意识	能用创新思维的方式，开展创新创意设计	√	√	√	√	√
	把握市场机会、掌握设计主动权和更新技能的能力	√	√	√	√	√
8. 熟练掌握专业理论知识和实践技能并综合运用	完成专业理实一体化课程的设计项目		√	√	√	
	完成专业集中实践课程的设计项目		√	√	√	√

续附表 A-11

毕业能力要求	毕业能力要求指标点	课程 1 数字媒体设计基础	课程 2 后期合成与特效	课程 3 3D 动画制作	课程 4 VR 视频制作	课程 5 毕业设计
9. 熟练掌握媒体信息处理技术、数字创意内容设计与制作的技术，具有独立及合作进行创作的能力	掌握数字媒体应用技术专业的核心技能，对项目进行设计——制作——展出/发布			√	√	√
	能独立完成或以小组合作形式进行创作		√	√	√	√
10. 对所学知识和技术融会贯通，制作符合实时需要的设计前沿作品	微电影拍摄		√			√
	视频后期特效制作		√	√		√
	VR 视频制作				√	√
11. 具有良好的道德修养；具有较强的语言表达能力、人际交往和社会适应能力；具有一定的组织管理能力	了解设计公司的基本要求，能完成顶岗实习和就业的职场要求	√	√	√	√	√
	能严格按照质量保证体系的要求进行设计和施工，对突发情况有应对的措施					√
	能配合完成项目设计方案的策划、组织和实施工作，并能根据实际情况进行协调和改进	√	√	√	√	√
	理解质量管理和质量认证的要求，能编写出相关的设计团队管理规范	√	√	√	√	√
12. 参加职业培训和测试，获取职业资格证书	考取数字媒体交互设计职业技能等级证书		√	√	√	√
	考取界面设计职业技能等级证书			√	√	√
	考取虚拟现实应用开发职业技能等级证书		√	√	√	√
13. 熟悉重庆市的数字创意产业发展现状和趋势	每年能参加专业学术讲座 2～3 次，开展企业调研并撰写调研报告 1 份					√

附表 A-12　数字媒体应用技术专业——媒体化设计方向课程体系

毕业能力要求	毕业能力要求指标点	课程 1 数字媒体设计基础	课程 2 数字媒体技术	课程 3 媒体设计与传播	课程 4 手机应用程序开发	课程 5 毕业设计
1. 有独立获取和更新数字媒体应用技术专业知识的能力	能运用专业知识完成毕业设计	√	√	√	√	√
	能运用专业知识完成专业课程的项目化设计任务	√	√	√	√	√
2. 能够熟练操作计算机和常用图形图像处理软件	能熟练操作计算机，进行计算机辅助设计		√	√	√	√
	Photoshop、iH5、Illustrator、Axure RP、XMind、Flash、CorelDraw 等图形图像处理软件		√	√	√	√
3. 能简单地进行英语交流，看懂专业文献及国家标准	能用英语进行简单的口头和书面交流	√	√	√	√	√
	能阅读理解国内外专业文献和国家标准	√	√	√	√	√
4. 运用计算机和设计学的跨学科知识解决技术和艺术的融合	能用设计学知识完成创意思维表达和设计		√	√	√	√
	能用计算机与设计专业跨学科的方式解决技术与艺术、科技与创新的关系表达		√	√	√	√
5. 熟练掌握文献检索、资料查询的方法，把握领域的最新发展动态	能利用各类检索工具或图文资料收集信息		√	√	√	√
	运用现代信息技术感知行业动态发展趋势		√	√	√	√
6. 终生学习的能力	完成专业拓展学习、课程作业和毕业创作					√
	养成终身学习和自主学习习惯					√
7. 掌握设计思维方法，具备创新意识	能用创新思维的方式，开展创新创意设计		√	√	√	√
	把握市场机会、掌握设计主动权和更新技能的能力		√	√	√	√
8. 熟练掌握专业理论知识和实践技能，并能综合运用	完成专业理实一体化课程的设计项目		√	√		
	完成专业集中实践课程的设计项目				√	√

续附表 A-12

毕业能力要求	毕业能力要求指标点	课程 1 数字媒体设计基础	课程 2 数字媒体技术	课程 3 媒体设计与传播	课程 4 手机应用程序开发	课程 5 毕业设计
9. 熟练掌握媒体信息处理技术、数字创意内容设计与制作的技术，具有独立及合作进行创作的能力	掌握数字媒体应用技术专业的核心技能，对项目进行设计——制作——展出/发布		√	√	√	√
	能独立完成或以小组合作形式进行创作		√	√	√	√
10. 对知识和技术融会贯通，制作符合需要的设计前沿作品	平面设计	√	√	√	√	√
	媒体动画制作		√	√	√	√
	网页设计与发布/手机应用程序开发		√	√	√	√
11. 具有良好的道德修养；具有较强的语言表达能力、人际交往和社会适应能力；具有一定的组织管理能力	了解设计公司的基本要求，能完成顶岗实习和就业的职场要求					√
	能严格按照质量保证体系的要求进行设计和施工，对突发情况有应对的措施		√	√	√	√
	能配合完成项目设计方案的策划、组织和实施工作，并能根据实际情况进行协调和改进	√	√	√	√	√
	理解质量管理和质量认证的要求，能编写出设计团队管理规范		√	√	√	√
12. 参加职业培训和测试，获取相应的职业资格证书	考取数字媒体交互设计职业技能等级证书		√	√	√	√
	考取界面设计职业技能等级证书		√	√	√	√
	考取虚拟现实应用开发职业技能等级证书			√	√	√
13. 熟悉重庆市的数字创意产业发展现状和趋势	每年能参加专业学术讲座 2～3 次，开展企业调研并撰写调研报告 1 份					√

附表 A-13 数字媒体应用技术专业——数字产品交互表达方向课程体系

毕业能力要求	毕业能力要求指标点	课程1 数字媒体设计基础	课程2 用户体验	课程3 文旅产品专题设计	课程4 数字动态设计表达	课程6 毕业设计
1. 有独立获取和更新数字媒体应用技术专业知识的能力	能运用专业知识完成毕业设计	√	√	√	√	√
	能运用专业知识完成专业课程的项目化设计任务	√	√	√	√	√
2. 能熟练操作计算机和图形图像处理软件	能熟练操作计算机，进行计算机辅助设计	√	√	√	√	√
	熟练操作 Photoshop、C4D、CorelDRAW、Sketch、AutoCAD 等图形图像处理软件	√	√	√	√	√
3. 能简单地进行英语交流，看懂专业文献及国家标准	能用英语进行简单的口头和书面交流	√	√	√	√	√
	能阅读理解国内外专业文献和国家标准	√	√	√	√	√
4. 能运用计算机和设计学的跨学科知识解决技术和艺术的融合	能用设计学知识完成创意思维表达和设计	√	√	√	√	√
	能用计算机与设计专业跨学科的方式解决技术与艺术、科技与创新的关系表达	√	√	√	√	√
5. 熟练掌握文献检索、资料查询的方法，把握领域的最新发展动态	能利用各类检索工具或图文资料收集信息	√	√	√	√	√
	运用现代信息技术感知行业动态发展趋势	√	√	√	√	√
6. 终生学习的能力	完成专业拓展学习、课程作业和毕业创作	√	√	√	√	√
	养成终身学习和自主学习习惯	√	√	√	√	√
7. 掌握设计思维方法，具备创新意识	能用创新思维的方式，开展创新创意设计	√	√	√	√	√
	把握机会、掌握设计主动权和更新技能的能力	√	√	√	√	√
8. 熟练掌握专业理论知识和实践技能，并能综合运用	完成专业理实一体化课程的设计项目	√	√	√	√	√
	完成专业集中实践课程的设计项目	√	√	√	√	√

续附表 A-13

毕业能力要求	毕业能力要求指标点	课程 1 数字媒体设计基础	课程 2 用户体验	课程 3 文旅产品专题设计	课程 4 数字动态设计表达	课程 6 毕业设计
9. 熟练掌握媒体信息处理技术、数字创意内容设计与制作的技术，能独立及合作	掌握数字媒体应用技术专业的核心技能，对项目进行设计——制作——展出/发布		√	√	√	√
	能独立完成或以小组合作形式进行创作		√	√	√	√
10. 对所学知识和技术融会贯通，制作符合实时需要的设计前沿作品	文创产品策划与设计		√	√		√
	文创产品模型制作			√		√
	用户体验与交互表达			√	√	√
11. 具有良好的道德修养；具有较强的语言表达能力、人际交往和社会适应能力；具有一定的组织管理能力	了解设计公司的基本要求，能完成顶岗实习和就业的职场要求		√	√	√	√
	能严格按照质量保证体系的要求进行设计和施工，对突发情况有应对的措施		√	√	√	√
	能配合完成项目设计方案的策划、组织和实施工作，并能根据实际情况进行协调和改进	√	√	√	√	√
	理解质量管理和质量认证的要求，能编写出设计团队管理规范	√	√	√	√	√
12. 参加职业培训和测试，获取相应的职业资格证书	考取数字媒体交互设计职业技能等级证书		√		√	√
	考取界面设计职业技能等级证书			√		√
	考取虚拟现实应用开发职业技能等级证书			√	√	√
13. 熟悉重庆市数创产业发展现状和趋势	每年能参加专业学术讲座 2~3 次，开展企业调研并撰写调研报告 1 份					√

（四）专业课程描述

学习领域 1　专业基础课

（1）学习领域概述

1）学习目标

①了解数字媒体专业的工作领域、工作任务及职业技能要求。

②掌握造型、色彩、构图元素在设计中的应用。
③数字媒体专业基本素养。
④撰写剧本/分镜头绘制。
⑤能用二维设计软件进行设计。
2）学习内容
①设计素描对造型的表现。
②数字色彩设计分析。
③媒体设计语汇。
④剧本和分镜头。
⑤二维设计软件。
（2）具体课程描述（见附表 A-14）

附表 A-14　专业基础课程描述

课程名称	课程性质	学时安排	课　程　目　标	课　程　内　容
设计素描表现	必修	3 学分/54 学时	能够正确运用设计素描的相关知识与表现方法体现目标物体的形态关系	（1）造型解构 （2）构成元素分析 （3）表达语言训练
数字色彩设计	必修	2 学分/36 学时	能够将色彩关系准确应用在数字媒体设计中	（1）设计色彩原理 （2）色彩构成表现
数字媒体艺术导论	必修	1 学分/18 学时	（1）了解数字媒体领域发展的历程和动向 （2）熟知数字媒体行业包含的设计门类与表现要素	（1）数字媒体概论 （2）经典案例赏析
镜头语言	必修	2 学分/36 学时	（1）了解影视镜头语言运用的普遍规律，学习如何通过画面和声音进行叙事和表情达意 （2）了解影视创作全过程，搭建起一个视听分析和影视类作品创作理论	（1）形成与发展 （2）三大构成主体 （3）内容与形式
二维设计软件应用	必修	2 学分/36 学时	（1）能够熟练使用 Photoshop 图形图像处理软件绘制设计效果图 （2）能综合应用平面设计软件进行设计创意表达	（1）Photoshop 图形图像处理 （2）商业摄影修片 （3）影视海报设计

学习领域 2　理论实践一体化课程

（1）学习领域概述
1）学习目标
①掌握摄影摄像的拍摄理念和方法。

②掌握数字音乐编辑的技巧进行合理配乐。
③学习外景拍摄和后期制作。
④掌握 Premiere 软件操作。
⑤编辑制作多种类型的多媒体影片。
⑥熟悉 AE 软件操作。
⑦掌握视频特效设计制作思路与制作。
⑧初步掌握 3ds Max 软件操作。
⑨掌握 3ds Max 软件渲染操作。
⑩使用 3ds Max 进行动画制作。
2）学习内容
①景别、角度、构图、用光、固定画面、运动画面。
②影视配乐理论、数字音频处理、影视配乐制作。
③采风照片摄影、外出纪录片摄制。
④Premiere 编辑技巧。
⑤Premiere 特效处理。
⑥影视后期基本特效制作。
⑦高级特效与外挂插件。
⑧3ds Max 图片建模。
⑨3ds Max 效果图渲染。
⑩镜头拍摄、动作调试。
（2）具体课程描述（见附表 A-15）

附表 A-15　理论实践一体化课程描述

课程名称	课程性质	学时安排	课　程　目　标	课　程　内　容
数字摄影摄像	必修	3 学分/54 学时	（1）掌握景别、角度、构图、用光 （2）掌握固定画面的拍摄、运动画面的拍摄 （3）拍摄中的声音声效处理	（1）数字画面拍摄技术 （2）加强艺术感染力的方法 （3）专题拍摄
数字音乐编辑	必修	2 学分/36 学时	（1）理解数字音乐基础理论 （2）掌握数字音乐编辑的技巧 （3）数字化音频编辑软件的使用 （4）对素材进行合理配乐	（1）数字音乐基础 （2）数字音频处理 （3）影视配乐理论 （4）影视配乐制作
外出艺术实践	必修	2 学分/36 学时	（1）强化学生摄影摄像技术 （2）学习外景拍摄和后期制作	（1）采风照片摄影 （2）外出纪录片摄制 （3）外景情景剧摄制 （4）写生汇报展

续附表 A-15

课程名称	课程性质	学时安排	课程目标	课程内容
非线性基础编辑	必修	2 学分/36 学时	（1）熟悉 Premiere 软件操作 （2）能够使用非线性编辑软件	（1）Premiere 系统使用方法 （2）Premiere 编辑技巧
非线性高级编辑	必修	3 学分/54 学时	（1）加强 Premiere 编辑系统操作 （2）能编辑制作多种类型的多媒体影片	（1）编辑运动和静止画面 （2）声画同步的编辑规律 （3）特效的制作方法
AE 基础特效	必修	2 学分/36 学时	（1）熟悉 AE 软件操作 （2）掌握视频特效设计制作方式	（1）影视后期特效制作基础 （2）三维合成 （3）运动追踪、抠像特效
AE 高级特效	必修	3 学分/54 学时	（1）加强 AE 软件操作 （2）掌握视频特效设计制作思路与实践方式	（1）遮罩技术 （2）调色特效、文字特效 （3）高级特效与外挂插件
3ds Max 建模	必修	3 学分/54 学时	（1）初步掌握 3ds Max 软件操作 （2）绘制三维模型	（1）3ds Max 图片建模 （2）3ds Max 效果图建模
3ds Max 渲染	必修	3 学分/54 学时	（1）掌握 3ds Max 软件渲染操作 （2）使用 3ds Max 渲染效果图	（1）3ds Max 效果图渲染 （2）3ds Max 效果图表现技法
3ds Max 动画制作	必修	3 学分/54 学时	（1）掌握 3ds Max 软件综合运用 （2）使用 3ds Max 进行动画制作	（1）镜头拍摄 （2）较复杂的动作调试

学习领域 3　应用技术集中实践课

（1）学习领域概述

1）学习目标

①掌握 3D 动画技术。

②掌握影视特效设计与制作的方法。

③进一步提高影视后期制作技术。

④掌握 Premiere 软件操作。

⑤编辑制作多种类型的多媒体影片。

⑥熟悉 AE 软件操作。

⑦掌握视频特效设计制作思路与制作。

2）学习内容

①3ds Max 软件的使用方法。

②Houdini 软件的使用方法。

③巩固 AE、Premiere 等软件的应用方法。

④掌握 Premiere 软件操作。

⑤编辑制作多种类型的多媒体影片。

⑥熟悉 AE 软件操作。

⑦掌握视频特效设计制作思路与制作。

（2）具体课程描述（见附表 A-16）

附表 A-16　应用技术集中实践课程描述

课程名称	课程性质	学时安排	课　程　目　标	课　程　内　容
数字媒体技术综合应用（初级）	必修	2 学分/36 学时	（1）掌握 CG 与实拍合成技术 （2）掌握视觉包装设计方法 （3）掌握数字产品应用设计	（1）CG 与实拍合成技术实践 （2）视觉包装设计 （3）数字应用设计 MGD
数字媒体技术综合应用（中级）	必修	3 学分/54 学时	（1）掌握 Houdini 软件学习 （2）掌握网络动画制作 （3）数字动态设计表达	（1）Houdini 材质渲染 （2）Animate （3）动画制作与渲染角色
数字媒体技术综合应用（高级）	必修	3 学分/54 学时	（1）加强 Houdini 操作 （2）掌握界面设计 （3）虚拟现实应用开发	（1）Houdini 程序特效 （2）Dreamweaver （3）交互表达、用户体验
综合设计与制作	必修	3 学分/54 学时	（1）VR 全景制作 （2）数字媒体交互设计 （3）文旅产品研发	（1）Houdini 材质灯光系统 （2）Houdini 渲染模块 （3）产品策划、设计、制作
数字媒体专题方案设计	必修	4 学分/72 学时	（1）方案策划 （2）方案设计 （3）方案完善	毕业设计第一阶段：策划、设计、完善
数字媒体专题方案制作	必修	4 学分/72 学时	（1）项目制作 （2）项目修改 （3）项目完善	毕业设计第二阶段：制作、修改、完善
展示设计	必修	1 学分/18 学时	（1）项目实体展示 （2）项目网上发布	毕业设计第三阶段：展览布置、推广发布

学习领域 4　专业拓展课

(1) 学习领域概述

1) 学习目标

①了解电影美术。

②掌握数字插画绘制方式。

③掌握文旅产品创意设计与制作的方式。

④了解现代设计史。

2) 学习内容。

①电影美术的内容、种类。

②数字插画的绘制流程及种类。

③文旅产品设计与绘制。

④现代设计史的流派和主要运动。

(2) 具体课程描述(见附表 A-17)

附表 A-17　专业拓展课程描述

课程名称	课程性质	学时安排	课程目标	课程内容
电影美术	限选	3 学分/54 学时	(1) 了解有关制片技术基础知识 (2) 了解电影美术设计的理论、布景制作技术、方法、应用材料	(1) 美术设计的准备工作 (2) 外景设计 (3) 棚内布景设计 (4) 设计师和特效效果
数字插画		3 学分/54 学时	(1) 掌握插画设计的方法 (2) 提高单独从事设计和单独对设计作品进行鉴赏的能力	(1) 插画设计的基本概念 (2) 插画设计的基本技巧 (3) 插画设计的多个流派
文旅产品创意设计与制作	限选	3 学分/54 学时	(1) 了解文旅产品创新设计的重要性 (2) 学习不同类型文旅产品的设计特点 (3) 学习基本的制作方法	(1) 掌握文旅产品创新设计的方法 (2) 掌握设计流程 (3) 设计与制作的关系 (4) 制作方法和材质表达
现代设计史		3 学分/54 学时	(1) 了解世界现代设计史的源流/发展 (2) 了解各个时期重要流派、重要人物、重要作品 (3) 展现世界现代设计史的基本轮廓/构建基本框架	(1) 现代设计的萌芽与“工艺美术”运动 (2)“新艺术”运动 (3)“装饰艺术”运动 (4) 工业设计的兴起 (5) 现代主义之后的设计

八、毕业学分要求

1）数字媒体应用技术专业毕业标准为所修学习课程（包括实践教学）的成绩全部合格，应修满 145 学分。其中公共学习领域 55 分，专业学习领域 90 学分。

2）参加国家劳动和社会保障部计算机等级考试，并得到一级标准。

3）至少取得一项专业技能证书。

4）参加全国大学生英语应用能力 A 级（或 B 级）考试，达到学校规定分数。

5）参加半年以上的顶岗实习并成绩合格。

6）通用能力模块化课程不低于 2 个学分。

7）劳动精神、劳模精神、工匠精神专题教育不少于 16 学时。

8）“1+X”证书折算学分及对应内容要求（见附表 A-18）

附表 A-18 “1+X”证书折算学分及对应内容

证书名称	等级	颁证单位	对应替代学分课程名称	学分	备注
数字媒体交互设计	中级	凤凰新联合（北京）教育科技有限公司	数字媒体交互设计	2	
虚拟现实应用开发	中级	北京新奥时代科技有限责任公司	虚拟现实应用开发	2	
游戏美术设计	中级	完美世界教育科技（北京）有限公司	游戏美术设计	2	
界面设计	中级	腾讯云计算（北京）有限责任公司	界面设计	2	

九、实施保障

（一）师资团队（见附表 A-19）

包括专任教师和兼职教师。各专业在校生与该专业的专任教师之比不高于 25∶1（不含公共课）。

附表 A-19 师资团队

序号	姓名	专/兼职	职称	所在单位及职务
1	徐 江	专职	教授	重庆工商职业学院传媒与设计学院院长
2	赵 娜	专职	讲师	重庆工商职业学院数字媒体应用技术专业教研室主任
3	王 嵋	专职	副教授	重庆工商职业学院数字媒体应用技术专业责任教师
4	刘 猜	专职	讲师	重庆工商职业学院数字媒体应用技术专业教师

续附表 A-19

序号	姓名	专/兼职	职称	所在单位及职务
5	田雁飞	专职	助教	重庆工商职业学院数字媒体应用技术专业教师
6	尹　静	专职	讲师	重庆工商职业学院数字媒体应用技术专业教师
7	陈倬豪	专职	讲师	重庆工商职业学院教务教学科科长
8	李　可	专职	讲师	重庆工商职业学院办公室主任
9	沈燕琴	专职	讲师	重庆工商职业学院数字媒体应用技术专业教师
10	李　益	兼职	教授	教育部学位与研究生教育评估专家 重庆市高等教育学会高校美育专业委员会副主任
11	彭发清	兼职	工程师	重庆华龙网集团有限公司教育频道技术总监
12	陈　芸	兼职	工程师	重庆华龙网集团有限公司教育频道工程师
13	尹国存	兼职	工程师	重庆市九龙坡区创意产业发展处科长
14	刘博雅	兼职	讲师	重庆馨灵传媒有限公司总监、设计师
15	王　传	兼职	讲师	重庆协诚捷文化传播有限公司董事长

（二）实践条件

1. 校内实训条件（见附表 A-20）

附表 A-20　数字媒体应用技术专业校内实训条件

序号	实训室名称	核心设备	面积（650m²）
1	数字媒体应用技术实训室	台式图形工作站	50
2	非线性编辑实训室	台式图形工作站	50
3	数字 APP 与交互设计实训室	台式图形工作站	50
4	三维动画模型及渲染制作室	台式图形工作站	100
5	三维动画后期编辑制作室	台式图形工作站	100
6	立体成像系统综合实训室	立体成像展示设备	200
7	学生创业工作坊-606	台式图形工作站	50
8	学生创业工作坊-2	台式图形工作站	50

2. 校外实训条件（见附表 A-21）

附表 A-21　数字媒体应用技术专业校外实训条件

序号	校外实习基地名称	合作企业名称	用途	合作深度要求
1	重庆华龙网集团股份有限公司实训基地	重庆华龙网集团股份有限公司	参与人才培养方案 接受毕业生顶岗实习	深度合作型

续附表 A-21

序号	校外实习基地名称	合作企业名称	用　途	合作深度要求
2	重庆馨灵传媒有限公司实训基地	重庆馨灵传媒有限公司	参与人才培养方案 接受毕业生顶岗实习	深度合作型
3	606 设计工作室实训基地	606 设计工作室	用于企业引入项目实践教学、学生自主创业项目	深度合作型
4	网龙网络公司实训基地	网龙网络公司	用于企业引入项目实践教学、学生自主创业项目	紧密合作型
5	重庆五洲世纪文化产业投资集团有限公司实训基地	重庆五洲世纪文化产业投资集团有限公司	参与人才培养方案 接受毕业生顶岗实习	紧密合作型

（三）教学资源

1. 教材（见附表 A-22）

附表 A-22　数字媒体应用技术专业教材

序号	教　材　名　称	教材类型	出版社	主　编	出版日期
1	《数字 APP 交互与 UI 设计》		重庆大学出版社	赵娜	2019. 09
2	《数字图形设计》		教参	赵娜	2019. 08
3	《数字媒体导论》		人民邮电出版社	张铭芮	2013. 09
4	《数字动漫读物设计》		西南大学出版社	王嵋、赵娜、徐江	2019. 09
5	《网页设计与网站建设从入门到精通》		北京大学出版社	龙马高新教育	2019. 11
6	《完全掌握——Flash CC 白金手册》		清华大学出版社	贾勇、孟权国	2015. 07
7	《中文版 After Effects CC 影视特效制作 208 例 第 2 版》		人民邮电出版社	吉家进（阿吉）	2019. 05
8	《风景写生》		重庆大学出版社	徐江	2015
9	《视听语言和动画分镜头》		清华大学出版社	祝卉	2010. 11
10	《微电影创作实录与教程》		清华大学出版社	李宇宁	2014. 09
11	《Premiere+After Effects 影视编辑与后期制作》		电子工业出版社	李冬芸、王一如	2014. 09
12	《色彩》		教参	徐江	2014. 06
13	《素描》		教参	徐江	2014. 06

2. 数字化资源（见附表 A-23）

附表 A-23　数字媒体应用技术专业数字化资源

序号	数字化资源名称	网　址
1	《风景写生》优质资源共享课	http：//moodle. cqdd. cq. cn/course/view. php? id=35
2	《数字 APP 交互与 UI 设计》mooc 课资源共享课	http：//mooc. cqdd. cq. cn/
3	《多媒体分镜头表现设计》混合教学模式在线课程	http：//moodle. cqdd. cq. cn/course/view. php? id=33
4	《数字 APP 交互与 UI 设计》mooc 课资源共享课	http：//moodle. cqdd. cq. cn/course/view. php? id=33
5	《数字动漫角色造型》混合教学模式在线课程	http：//moodle. cqdd. cq. cn/course/view. php? id=33
6	《VR 设计与交互技术》混合教学模式在线课程	http：//moodle. cqdd. cq. cn/course/view. php? id=33
7	《3D 三维高级建模》mooc 课资源共享课	http：//mooc. cqdd. cq. cn/

（四）教学方法

坚持产教融合工学结合，对标行业标准的人才培养模式，以“数字媒体应用技术工作过程”为导向实施教学，探索将现代信息技术与教育教学过程相结合。以典型工作任务为载体，以学生为中心，根据专业领域和职业岗位的要求下设三个方向，参照相关的职业标准，设置课程内容，使学生在工作中完成学习，在学习中学会工作，培养学生的综合职业能力，使学生真正成为适应社会和企业需要的高素质技能型人才。

（五）学习评价

课程考核分为终结性评价和过程评价。

1）终结性评价终结性评价：期末考试包括绘画技能和设计技能，注重学生实际绘画技能和设计思路的综合考察。

2）过程性评价结合考勤、平时作业、学习态度、合作交流等。

（六）质量管理

编制过程本着适应“双高计划”的办学方针、明确培养目标的原则，同时强化实践教学，突出“大师+巧匠”教学团队建设，突出核心职业能力培养，在广泛调研的基础上，明确专业就业岗位的职业能力需求及真实工作内容。从行业企业调研、毕业生跟踪调查入手，在借鉴校内外改革经验和成果的基础上，积极引进行业企业等人才质量标准，科学设计专业人才培养目标、规格，合理确定课程结构，按照“岗位—能力—课程”的基本思路，通过对完成职业岗位典型工作任务所需职业能力的分析，并结合学生个人发展，修订职业岗位的通用能力要求和人才培养标准。

十、人才培养方案编制说明

2020 级数字媒体应用技术专业人才培养计划遵循高等职业教育发展规律，主动适应经济社会发展行业从业人才培养的要求，落实立德树人根本任务，贯彻学校“互联网+双一流”的办学定位，围绕开展 1+X 证书制度，实行“平台课程”和“模块课程”的整体设计，在 2019 级的基础上进行了大的调整，与华龙网教育等企业展开产教融合深度合作，企业课程深入人才培养全过程，经过学院领导、全体专业教师与众多企业行业专家反复讨论、多次修改，最终完成。

（一）培养方案编制依据

1）《重庆工商职业学院关于制定 2020 级专业人才培养方案的指导意见》。

2）经过原执笔人、参与人、审核人全体成员的认可。

3）参照学生教学效果、专业教师及行业专家的反馈意见。

（二）方案继承与创新

1）课程体系：借鉴了“基于工作过程导向的课程体系”，使学生在横向以任务为驱动，在纵向上以工作过程为导向，培养“职业人”。

2）专业建设模式：宽基础——打好扎实的专业基础，提高艺术修养，培养“艺术人”；以职业能力和典型工作任务为导向进行专业训练；锁定出口——选定方向顶岗实习。

3）教学模式与方法：设置理实一体化、集中实践和专业拓展课程模块，塑造学生知识体系，实现具有可持续性的课程教学模式与方法，培养具有创新意识“道器兼修、多能一专”的“接班人”。

4）根据《重庆工商职业学院关于制订 2020 级专业人才培养方案的指导意见》文件要求进行编写。

十一、专业教学附表

三年制教育教学分期教学周分配表见附表 A-24。

三年制教育教学课程分类学时学分分配表见附表 A-25。

课程教学进程表见附表 A-26。

集中实践课程安排表见附表 A-27。

附表 A-24　三年制教育教学分期教学周分配表

学　期	各学期环节时间分配（周）						合计
	课堂教学周	军训（入学教育）	集中实践	毕业顶岗实习	考试	社会实践或毕业教育	
一	16	3	0	0	1	0	20
二	19	0	0	0	1	1	21
三	16	0	0	0	1	1	21
四	16	0	11	0	1	1	21
五	7	0	12	7	1	0	20
六	0	0	0	18	1	1	20
总计	74	3	20	25	6	4	123

附表 A-25　三年制教育教学课程分类学时与学分分配表

课程类型		课程门数	分配学时				其中：选修课		学分分配	占总学分比例
			理论学时	实践学时	小计	占总学时比例	学时	占总学时比例		
公共学习领域	公共基础课程	13	391	335	726	26.00%	72	2.57%	36	25.00%
	公共拓展课程	4	180	30	210	7.00%	180	7.00%	19	13.00%
专业学习领域	基础理论课程	5	38	70	108	3.00%	0	0.00%	6	4.00%
	理实一体化课程	10	141	255	396	14.00%	0	0.00%	22	15.00%
	集中实践课程	8	126	1266	1392	46.00%	270	10.00%	57	4.00%
	专业拓展课程	7	18	36	54	4.00%	0	0.00%	4	3.00%
合计		47	894	1992	2766	100.00%	522	19.00%	143	64.00%
占总学时比例			30.98%	69.02%			18.09%			

附表 A−26　课程教学进程安排表

课程类型		序号	课程名称	课程性质	考核类型	学分	教学时数					按学期分配基准学时						课程归属部门	备注
							总计			理论学时	实践学时	一	二	三	四	五	六		
							学时	课堂学时	周数										
公共学习领域	公共基础课程	1	思想道德修养与法律基础	必修	形考	3	54	54		36	18	54						创新教育学院	
		2	毛泽东思想和中国特色社会主义理论体系概论	必修	形考	4	72	72		54	18		72					创新教育学院	
		3	形势与政策	必修	形考	1	48	48		48		8	8	8	8	8	8	创新教育学院	
		4	军事技能训练	必修	形考	4	120	0	3		120	120						学生处	包含周末
		5	军事理论	必修	形考	2	36	36		36		18	18					学生处	
		6	大学生安全教育	必修	形考	2	36	36		30	6	18	18					学生处	
		7	体育（1）（2）（3）（4）	必修	形考	6	108	108		40	68	27	27	27	27			创新教育学院	
		8	信息技术素养	必修	形考	4	72	72		32	40		72					电子信息工程学院	
		9	大学生心理健康教育	必修	形考	2	36	36		36		18	18					学生处	
		10	职业规划与素质教育	必修	形考	2	36	36		30	6		9	9	9	9		学生处	
		11	中华优秀传统文化	必修	形考	2	36	36		30	6			36				管理学院	
		12	实用英语（1）	限选	形考	2	36	36		27	9	36						创新教育学院	
		13	大学语文与写作	限选	形考	2	36	36		24	12		36					创新教育学院	
		小计				36	726	606	3	391	335	299	278	80	44	17	8		
		公共基础课程在整个课程体系中的总量占比				25%	26%	33%	9%	51%	17%	53%	48%	20%	16%	4%	2%		

续附表 A-26

课程类型	序号	课程名称	课程性质	考核类型	学分	教学时数					按学期分配基准学时						课程归属部门	备注
						总计			理论学时	实践学时	一	二	三	四	五	六		
						学时	课堂学时	周数										
公共学习领域 公共拓展课程	1	社会实践	必修	形考	1	30	0	3	0	30		0	0	0			学生处	第2、3、4学期寒暑假各1周
	2	艺术鉴赏类选修课	限选	形考	4	72	0		72		36	36					开课单位	
	3	公共素质拓展选修课	任选	形考	6	108	18		108		18	18	36	36				
	4	素质拓展活动	限选	形考	8	0	0		0	0	0	0	0	0			学生所在学院	1~4学期每学期两个学分，用于参加开展志愿服务活动及其他社团活动以及专题讲座等素质拓展活动
	小计				19	210	18	3	180	30	54	54	36	36	0	0		
	公共拓展课程在整个课程体系中的总量占比				13%	8%	1%	9%	23%	2%	9%	9%	9%	13%	0%	0%		
公共学习领域合计					55	936	624	6	571	365	353	332	116	80	17	8		
公共学习领域在整个课程体系中的总量占比					38%	34%	34%	19%	74%	18%	62%	57%	29%	29%	4%	2%		

续附表 A-26

课程类型		序号	课程名称	课程性质	考核类型	学分	教学时数					按学期分配基准学时						课程归属部门	备注
							总计			理论学时	实践学时	一	二	三	四	五	六		
							学时	课堂学时	周数										
专业学习领域	基础理论课程	1	设计素描表现	必修	形考	3	54	54		18	36	54						传媒与设计学院	
		2	数字色彩设计	必修	形考	3	54	54		18	36	54						传媒与设计学院	
		3	数字媒体艺术导论	必修	形考	1	18	18		10	8	18						传媒与设计学院	
		4	镜头语言	必修	形考	3												传媒与设计学院	
		5	二维设计软件应用	必修	形考	3												传媒与设计学院	核心课/平台课
		小计				12	216	216	0	38	70	90	18	0	0	0	0	传媒与设计学院	平台课
		在整个课程体系中的总量占比				8%	8%	12%	0%	12%	7%	33%	9%	0%	0%	0%	0%	传媒与设计学院	
	理实一体化课程	1	数字摄影摄像	必修	形考	3	54	54		18	36		54					传媒与设计学院	平台课
		2	数字音乐编辑	必修	形考	2	36	36		18	18				36			传媒与设计学院	平台课
		3	外出艺术实践	必修	形考	2	36	36		0	36		36					传媒与设计学院	
		4	非线性基础编辑	必修	形考	2	36	36		18	18		36					传媒与设计学院	
		5	非线性高级编辑	必修	形考	3	54	54		18	36		36					传媒与设计学院	
		6	AE 基础特效	必修	形考	3	54	54		18	36		54					传媒与设计学院	
		7	AE 高级特效	必修	形考	3	54	54		18	36			54				传媒与设计学院	核心课
		8	3ds Max 建模	必修	形考	3	54	54		18	36			54				传媒与设计学院	
		9	3ds Max 渲染	必修	形考	3	54	54		18	36			54				传媒与设计学院	
		10	3ds Max 动画制作	必修	形考	3	54	54		18	36			54				传媒与设计学院	核心课
		小计				26	468	468	0	138	330	0	252	216	0	0	0	传媒与设计学院	
		在整个课程体系中的总量占比				18%	17%	26%	0%	17%	19%	0%	41%	44%	0%	0%	0%	传媒与设计学院	

续附表 A-26

课程类型		序号	课程名称		课程性质	考核类型	学分	教学时数					按学期分配基准学时						课程归属部门	备注
								总计			理论学时	实践学时	一	二	三	四	五	六		
								学时	课堂学时	周数										
专业学习领域	集中实践课程	1	数字媒体技术综合应用（初级）	动态视觉特效 媒体化设计 数字产品交互表达	必修	形考	2	36	36			36				36			传媒与设计学院	核心课/1+X证书课
		2	数字媒体技术综合应用（中级）	动态视觉特效 媒体化设计 数字产品交互表达	必修	形考	3	54	54			54				54			传媒与设计学院	核心课/1+X证书课
		3	数字媒体技术综合应用（高级）	动态视觉特效 媒体化设计 数字产品交互表达	必修	形考	3	54	54			54				54			传媒与设计学院	核心课/1+X证书课
		4	综合设计与制作	动态视觉特效 媒体化设计	必修	形考	3	54	54			54				54			传媒与设计学院	核心课/1+X证书课

续附表 A-26

课程类型		序号	课程名称		课程性质	考核类型	学分	教学时数					按学期分配基准学时						课程归属部门	备注
								总计			理论学时	实践学时	一	二	三	四	五	六		
								学时	课堂学时	周数										
专业学习领域	集中实践课程	4	综合设计与制作	数字产品交互表达																
		5	数字媒体专题方案设计	动态视觉特效 媒体化设计 数字产品交互表达	必修	形考	4	72	72			72					72		传媒与设计学院	
		6	数字媒体专题方案制作	动态视觉特效 媒体化设计 数字产品交互表达	必修	形考	4	72	72			72					72		传媒与设计学院	
		7	展示设计	动态视觉特效 媒体化设计 数字产品交互表达	必修	形考	1	18	18			18					18		传媒与设计学院	
		8	毕业预就业顶岗实习		必修	形考	20	600	0	25	0	600					120	480	传媒与设计学院	按周集中排课

续附表 A-26

课程类型	序号	课程名称	课程性质	考核类型	学分	教学时数					按学期分配基准学时						课程归属部门	备注
						总计			理论学时	实践学时	一	二	三	四	五	六		
						学时	课堂学时	周数										
		小计			42	996	306	25	0	1266	0	0	288	198	300	480		
		在整个课程体系中的总量占比			29%	36%	36%	78%	0%	64%	0%	0%	71%	71%	74%	98%		
专业学习领域 专业拓展课	1	电影美术	限选	形考	3	54	54		18	36			54				传媒与设计学院	
	2	数字插画																
	3	文旅产品创意设计与制作	限选	形考	3	54	54		18	36			54				传媒与设计学院	平台课
	4	现代设计史																
	5	专业拓展职业资格证书选修课	任选	形考	3	54	54		36	18					54		学生所在学院	
	6	大学生创新创业训练	必修	形考	3	54	54		18	36					54		学生所在学院	市校两级创新创业训练立项项目结题后可免修
	7	毕业教育	必修	形考	1	0	1	0	0							0	学生所在学院	
		小计			4	54	54	1	18	36	0	0	0	0	54	0		
		在整个课程体系中的总量占比			3%	2%	3%	3%	2%	2%	0%	0%	0%	0%	13%	0%		
专业学习领域合计					89	1824	1248	26	197	1651	216	252	288	198	390	480		
专业学习领域在整个课程体系中的总量占比					62%	66%	67%	81%	26%	82%	38%	43%	73%	71%	96%	98%		

续附表 A-26

课程类型	序号	课程名称	课程性质	考核类型	学分	教学时数					按学期分配基准学时						课程归属部门	备注
						总计			理论学时	实践学时	一	二	三	四	五	六		
						学时	课堂学时	周数										
总计					145	2802	1830	32	895	1907	479	566	440	314	407	488		最低毕业学分 145 分（不低于 140 分），其中必修课学分 120 分（不低于 115 分）
平均周学时						24. 1					25. 2	29. 789	23. 16	16. 53	21. 42	25. 68		

附表 A-27　集中实践课程进程表

序号	课程名称	课程性质	实训项目	教学组织方式	实训场地及设备	考核方式	学分	实践时数		按学期分配的具体周次						备注
								总计								
								学时	周数	一期	二期	三期	四期	五期	六期	
																全学期排课
1	数字媒体技术应用（初级）	必修	1. CG 与实拍合成技术 2. 视觉包装设计 3. 数字应用设计 MGD	集中实训	实训室	形考	3	54	3			3 周				

续附表 A-27

序号	课程名称	课程性质	实训项目	教学组织方式	实训场地及设备	考核方式	学分	实践时数 总计 学时	实践时数 总计 周数	按学期分配的具体周次 一期	二期	三期	四期	五期	六期	备注
																全学期排课
2	数字媒体技术应用（中级）	必修	1. Houdini 材质渲染 2. 网络动画制作 3. 数字产品动画制作	集中实训	实训室	形考	3	54	3				3 周			
3	数字媒体技术应用（高级）	必修	1. Houdini 程序特效 2. 界面设计 3. 数字动态设计表达	集中实训	实训室	形考	4	72	4				4 周			
4	综合设计与制作	必修	1. VR 全景制作 2. 数字媒体交互设计 3. 虚拟现实应用开发	集中实训	实训室	形考	3	54	3				3 周			
5	数字媒体专题方案设计	必修	毕业设计前期策划	集中实训	实训室	形考	4	72	4					4 周		
6	数字媒体专题方案制作	必修	毕业设计中期制作	集中实训	实训室	形考	4	72	4					4 周		
7	展示设计	必修	毕业设计后期展出	集中实训	实训室	形考	1	18	1					1 周		
8	毕业预就业顶岗实习	必修	按甲方要求完成项目	集中实训	实训室	形考	20	600	25						25 周	

附录 B　职教集团校企合作撰写课程标准

附录 B-1　“VR 虚拟现实建模”课程标准

适用专业：660209 影视动画
专业类别：6602 广播影视类

执 笔 人：刘　萃
审 核 人：徐　江　陈春燕
制订日期：2019 年 3 月
修订日期：2019 年 9 月

传媒与设计学院　影视动画教研室

编　制

重庆数字创意职业教育集团
重庆市职业教育学会传媒艺术专业委员会
数字内容创意设计专业群建设指导委员会
课程教学资源建设学习中心
行业标准制定中心

审　定

课程标准制订（修订）流程

课程标准编制工作流程图如附图 B-1 所示。

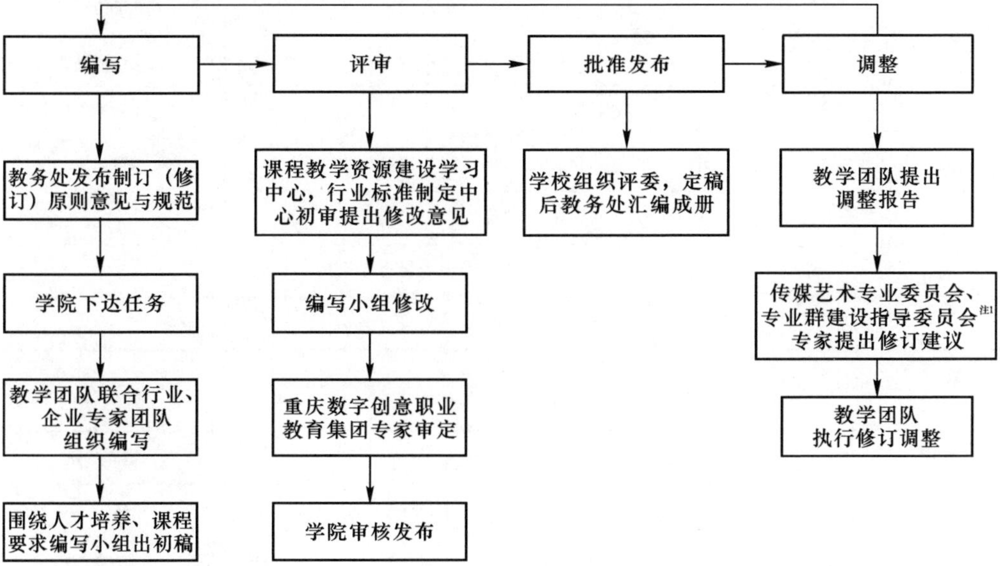

注1：重庆市职业教育学会传媒艺术专业委员会、数字内容创意设计专业群建设指导委员会

附图 B-1　课程标准编制工作流程图

一、课程概述（见附表 B-1~附表 B-4）

附表 B-1　课程信息表

课程名称	VR 虚拟现实建模			管课单位	传媒与设计学院
课程代码	062521			考核性质	考试□　考查■
前导课程	“App 动漫设计”				
后续课程	“VR 虚拟现实动画”				
总学时	60	实践学时	30	课程类型（多选）	理论课□　理论+实践■　理实一体化□ 集中实践课□　专业核心课□ 非专业核心课□
适用专业	影视动画专业				
配套人才培养方案	2018 级人才培养方案				

附表 B-2　课程标准开发团队名单

序号	姓名	工 作 单 位	职称/职务
1	刘萃	重庆工商职业学院传媒与设计学院	讲师
2	党鹏飞	重庆华龙网集团有限公司	技术总监
3	陈春燕	重庆工商职业学院传媒与设计学院	教授/书记
4	陈敏	重庆工商职业学院传媒与设计学院	讲师/教研室主任
5	王丹丹	重庆工商职业学院传媒与设计学院	副教授
6	刘高	重庆工商职业学院传媒与设计学院	讲师
7	冯启晏	重庆工商职业学院传媒与设计学院	助教

附表 B-3　行业专家团队

序号	姓名	工 作 单 位	职称/职务
1	曹小卉	北京电影学院动画学院	教授
2	杨开富	重庆工商大学动画学院	教授
3	杨恩德	重庆职教集团/人文艺术学院	院长

附表 B-4　企业专业团队

序号	姓名	工 作 单 位	职称/职务
1	汪太全	重庆缘漫动漫设计有限公司	总经理
2	宫晓菲	重庆小叶榕文化传播有限公司	技术总监
3	雷韵	重庆铅元素文化传播有限公司	技术总监
4	王令	重庆透视天空动漫有限公司	总经理

二、课程性质和功能定位

1. 课程性质

“VR 虚拟现实建模”是重庆工商职业学院传媒与设计学院影视动画专业的一门专业必修课程。属于影视动画专业课程体系里第三界面的课程（见附图 B-2），也是影视动画设计专业学习领域中的专业实践课程之一。本课程共 3 学分，60 学时。其前续课程为“App 动漫设计”，后续课程为“VR 虚拟现实动画”。以培养学生对建模软件操作命令、游戏角色模型制作、游戏场景模型制作、游戏道具模型制作的方法学习，综合运用于实践，了解市场要求，掌握软件操作，为主要目的，为后续课程的专业学习及毕业设计项目制作打下坚持基础。同时培养学生分析问题、解决问题的能力，以及从事动漫、游戏相关岗位的职业能力，增进适应职业变化的能力和创新能力。

	创意——作品	作品——产品	产品——商品
基础理论	人像素描 微电影摄制 泥塑头像		
理实一体	Photoshop应用基础 透视基础 场景写生 周边产品综合材料 动画原理 ZBrush数字雕塑	游戏角色美术设计 游戏场景美术设计 游戏道具美术设计 AR美术设计 App动漫设计	数字创意知识产权管理 新媒体设计市场经营管理 Houdini SOP Houdini DOP
应用实践	VR虚拟现实建模 VR虚拟现实动画 VR虚拟现实渲染 程序语言基础	作品策划实训项目 作品制作实训项目 作品成型实训项目	项目推广及运营 ·动漫产品的周边产品的应用 顶岗实习 ·项目引入　·前期美术设计 ·作品提案　·分镜设计制作 ·动画制作　·项目完善 ·项目验收　·合成、剪辑、声效

附图 B-2　影视动画专业三界面课程体系结构图

2. 课程功能定位（见附表 B-5）

（1）是一门重要的专业核心课程

“VR 虚拟现实建模”课程是对游戏角色、场景制作的综合考察和实践，角色制作、场景制作、道具制作，是游戏、动画的重要组成部分，本课程根据游戏公司和动画公司的不同岗位要求，分别开展角色及场景制作的学习，主要课程有 3ds Max 基础、角色制作、场景制作、道具制作、植物植被制作等游戏动画所有的模型元素，并分为不同风格变换制作。

（2）担负着职业能力和岗位素质培养的重任

本课程以职业能力培养为主要目标，以岗位需求为依据，认为岗位需求目标，就是教学目标，经过对大量三维游戏公司、动画公司人才需求的调研，制定出最符合岗位需求的教学计划，坚持以能力为本位的设计原则，让学生充分认识到岗位要求和自己的差距，做到目标明确，标准明确。并在教学中以真实的项目案例分析组织教学，倡导学生在项目活动中学习课程。

（3）具有承上启下的作用

“VR 虚拟现实建模”课程为后续专业课程的学习和将来的毕业设计课程及从事游戏相关的工作打下坚实的专业基础。在掌握“VR 虚拟现实建模”的基础知识和进行必要的基础专业技能训练的学习创造条件、打下基础。

附表 B-5 “VR 虚拟现实建模”课程功能定位分析

对接的工作岗位	对接培养的职业岗位能力
游戏原画师	1. 能构思、设计创作游戏前期原画设计
	2. 与客户进行良好沟通，能根据客户的喜好进行前期美术设计
	3. 能独立完成游戏美术的前期设计，包括人物角色、场景及道具等，制作符合项目、任务要求
游戏角色设计师	1. 沟通协调能力，在人际关系交往中善于沟通，在项目开展中善于协调
	2. 创新应变能力，能面对突发问题，合理运用规则规范进行妥善处理，同时又能满足客户的需求
	3. 能独立完成游戏美术中人物角色的模型制作，制作符合项目任务要求
游戏场景设计师	1. 沟通协调能力，在人际关系交往中善于沟通，在项目开展中善于协调
	2. 创新应变能力，能面对突发问题，合理运用规则规范进行妥善处理，同时又能满足客户的需求
	3. 能独立完成游戏美术中场景的模型制作，制作符合项目任务要求
游戏道具设计师	1. 沟通协调能力，在人际关系交往中善于沟通，在项目开展中善于协调
	2. 创新应变能力，能面对突发问题，合理运用规则规范进行妥善处理，同时又能满足客户的需求
	3. 能独立完成游戏美术中道具的模型制作，制作符合项目任务要求
游戏贴图绘制师	1. 善于用软件绘制模型贴图，有一定的配色及塑形能力
	2. 审美鉴赏能力，能将审美感受能力、鉴赏能力、创造能力在现实生活中或工作实践中予以表现
	3. 能独立完成游戏美术的贴图绘制，制作符合任务要求

三、课程目标与内容

1. 课程总目标

按照“特高”专业人才培养思路，以重庆华龙网集团公司媒体制作岗位任职标准为导向，以“双导师”队伍为支撑，实施校企“双主体”育人，培养德、智、体、美全面发展，在前导课程所积累的专业技能基础上，通过本课程的学习，着力培养学生影视动画的职业岗位应具备扎实的造型能力，较强的专业素质能力，能胜任三维模型制作岗位的各项要求。并有一定的创新能力、团队合作精神，成为合格的专业技能人才。

2. 课程具体目标

（1）知识目标

①了解游戏美工的相关理论知识。

②掌握游戏人物角色、场景及道具设计理论基础。

③掌握游戏角色、场景及道具的制作流程。

④掌握游戏场景地图、地形的设计与制作的方法。

⑤了解游戏模型的原画分析原则，明白制作不同原画风格的游戏角色及场景模型的特点。

⑥掌握游戏建筑模型的制作原理。

（2）能力目标

①较好的审美素质能力。

②较好的团队合作精神和素质能力。

③较强的造型能力，三维抽象能力。

④善于观察，热爱生活，从现实生活中提取创作灵感。

（3）素质目标

①在学习中进一步了解、理解三维建模在游戏及动画领域的重要地位和作用，强化热爱游戏、动画的职业情感。

②在学习中进一步激励学生发挥主观能动性，能够自主学习新技术、新知识，善于多渠道获取相关知识，积极参与教学活动的设计，养成勇于创新、严谨负责的职业态度和习惯。

③在学习中进一步培养良好的心理素质，勇于克服困难，培养善于沟通、组织协调、团队合作和不断进取的职业精神。

游戏模型制作流程如附图 B-3 所示。

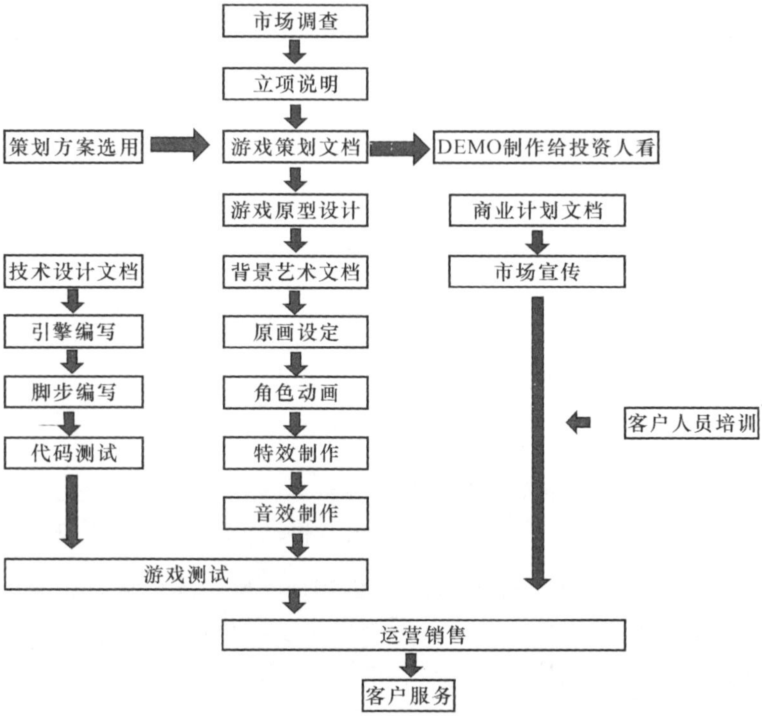

附图 B-3　游戏模型制作流程图

3. 课程教学目标（见附表 B-6 和附表 B-7）

附表 B-6　课程教学目标与内容

序号	毕业要求指标点	知识目标	能力目标	素质目标	教学模块（项目）
1	全面分析游戏道具的原画设计	对游戏道具——战斧原画进行分析,	具有一定的空间想象和抽象思维能力，同时还具备观察事物的能力	主动学习、仔细观察事物分析物体的结构	游戏道具（武器战斧）的原画分析
2	完成各类游戏道具的模型制作	准确地制作出合理的游戏道具——战斧的三维效果	了解游戏道具的制作方法，熟练运用三维软件快速的制作游戏道具——战斧模型	独立完成任务的能力，培养学生的团队协作能力	游戏道具（武器——战斧）的模型制作

续附表 B-6

序号	毕业要求指标点	知识目标	能力目标	素质目标	教学模块（项目）
3	完成各类游戏道具的UV编辑	准确地制拆分游戏道具——战斧UV	运用3ds Max软件将游戏道具——战斧进行UV编辑	较强的动手能力及快速的反应能力	游戏道具（武器——战斧）的UV编辑
4	绘制各类游戏道具的贴图	准确、美观地绘制出游戏道具——战斧的贴图	运用Photoshop和Bodypaint两个软件绘制出道具模型的贴图	熟悉现实中物体的形象及熟练的操作技巧	游戏道具（武器——战斧）的贴图绘制
5	游戏建筑模型的制作，根据原画风格制作场景建筑	准确地分析并制作出合理的游戏场景——驿站的三维效果	对建筑结构有一定认识，对各种风格的把握比较准确，同时对地形有深入地理解，能根据策划或剧情需求，制作符合要求的地图	具备丰富的想象力，能掌握大众的审美观	游戏场景——驿站的原画分析与模型制作
6	游戏场景模型的UV编辑及贴图制作	掌握游戏场景模型UV编辑技巧，并能根据剧情要求绘制出相应的贴图	运用3ds Max软件将游戏场景——驿站进行UV编辑并用Photoshop和Bodypaint两个软件绘制出游戏场景——驿站模型的贴图。	能从生活中汲取灵感，善于观察生活并加以艺术加工，绘制符合要求的场景道具贴图	游戏场景——驿站的模型UV编辑及贴图制作
7	游戏角色设计及结构分析	讲解3D游戏中最富有表现力的游戏角色设计，并以女性角色为例，讲述原画造型的设计	临摹成熟商业作品，学习场景的设计和植被搭配	仔细观察事物，分析物体的结构并独立完成任务的能力	游戏角色——女祭司设计及结构分析
8	游戏角色模型制作	分析女性角色的造型制作并制作出游戏角色（女祭司）的三维效果	掌握3D网络游戏中换装角色的制作方法和表现技法，并且分析优化角色模型的基本姿态和布线有利于模型的绑定和动画制作	能从生活中汲取灵感，善于观察生活并加以艺术加工，制作符合要求的游戏角色模型	游戏角色——女祭司模型制作

续附表 B-6

序号	毕业要求指标点	知识目标	能力目标	素质目标	教学模块（项目）
9	游戏角色 UV 编辑	准确地制拆分游戏角色——女祭司的 UV 编辑	结合原画给出的正侧面图以及部分重要配饰的结构分析图把握好角色的结构	较强的动手能力及快速的反应能力	游戏角色——女祭司 UV 编辑
10	游戏角色贴图制作	准确、美观地绘制出游戏角色——女祭司的贴图	熟练运用 Photoshop 和 bodypaint 两个软件绘制出游戏角色模型的贴图	熟悉现实中各类人物的形象及熟练的操作技巧	游戏角色——女祭司的贴图绘制

附表 B-7　课程教学进度安排

序号	教学模块（项目）	任务（单元）[2]	教学内容		重点、难点、考核点	学时	
			知识点	技能点		理论	实践
1	游戏道具（武器——战斧）的原画分析	1.1 战斧斧头部分的原画分析	知识点 1：了解武器战斧的风格定位，分析实用者的职位 知识点 2：掌握对斧头部分的原画进行全面分析的方法	技能点 1：引入真实项目案例，确定游戏道具的原画 技能点 2：能进行原画优化设计，开发设计思维	重点：从类型和结构上分析战斧斧头部分的风格 难点：对战斧斧头部分的原画进行全面分析 考核点：能分析多种武器的原画设计	1	1
		1.2 战斧斧身部分的原画分析	知识点 1：了解武器战斧的风格定位，分析实用者的职位 知识点 2：掌握对斧身部分的原画进行全面分析的方法	技能点：能以小组为单位通过对不同武器道具的原画分析，初步掌握目前流行的网游道具设计原理	重点：从类型和结构上分析战斧斧头部分的风格 难点：对战斧斧头部分的原画进行全面分析 考核点：能分析多种武器的原画设计	1	1
2	游戏道具（武器——战斧）的模型制作	2.1 战斧斧头部分的模型制作	知识点 1：掌握用样条线的建模方式，勾出战斧斧头部分的外轮廓 知识点 2：熟悉战斧斧头部分的结构布线	技能点 1：能进行项目的实际操作、将要素分解 技能点 2：能结合原画分析的结构，完成初模制作	重点：讲解游游戏道具制作相关的基础理论 难点：分析游戏道具战斧的制作过程	1	2

续附表B-7

序号	教学模块（项目）	任务（单元）[2]	教学内容		重点、难点、考核点	学时	
			知识点	技能点		理论	实践
2	游戏道具（武器——战斧）的模型制作	2.1 战斧斧头部分的模型制作	知识点3：熟练增加表面平滑组，表现斧头模型的结构		考核点：快速简洁的完成道具战斧模型斧头部分的模型制作	1	2
		2.2 战斧斧身部分的模型制作	知识点1：熟练运用样条线的建模方式，勾出战斧斧身部分的外轮廓 知识点2：掌握减少模型面数，保留结构线的方法 知识点3：战斧斧头部分的结构布线	技能点1：能进行项目的实际操作、将要素分解 技能点2：能结合原画分析的结构，完成初模制作	重点：讲解多边形建模命令 难点：分析和介绍多边形建模命令的应用，让学生自主练习 考核点：快速简洁的完成道具战斧模型斧身部分的模型制作	1	2
3	游戏道具（武器——战斧）的UV编辑	3.1 编辑战斧斧头部分的UV坐标	知识点1：通过棋盘格贴图来观察UV坐标的分布 知识点2：将模型对称复制	技能点1：根据模型来编辑UV坐标 技能点2：通过棋盘格合理分配空间	重点：进入多边形层级，给武器斧头制定“平衡坐标” 难点：给模型指定棋盘格贴图，调整坐标定点使棋盘格显示为正方形 考核点：正确导出贴图坐标宽和高的尺寸	1	2
		3.2 编辑战斧斧身部分的UV坐标	知识点1：了解通过棋盘格贴图来观察UV坐标的分布 知识点2：掌握武器模型为对称式，对1/4的模型进行UV编辑 知识点3：掌握将模型对称复制的方法	技能点1：将模型的1/4进行编辑 技能点2：将UV坐标向右扩大至整个UV编辑框才能正确渲染UV模版	重点：进入多边形层级，给武器斧身制定“平衡坐标” 难点：给模型指定棋盘格贴图，调整坐标定点使棋盘格显示为正方形 考核点：正确导出贴图坐标宽和高的尺寸	1	2

续附表 B-7

序号	教学模块（项目）	任务（单元）[2]	教学内容		重点、难点、考核点	学时	
			知识点	技能点		理论	实践
4	游戏场景——驿站的原画分析与模型制作	4.1 游戏场景驿站的原画分析	知识点1：掌握不同游戏场景的风格定位，将中国的传统建筑文化融入游戏场景的设计中 知识点2：熟练对特有的游戏场景及建筑原画进行全面分析的方法	技能点1：通过外出考察、要素分解讲、资料查询，绘制游戏场景原画 技能点2：完成气氛图的配色，确定游戏场景的整体色调	重点：从类型和结构上分析游戏场景中驿站建筑的风格 难点：对游戏场景驿站的原画进行全面分析 考核点：能细分出驿站的外部和内部结构及特有的建筑形态	2	2
	游戏场景——驿站的原画分析与模型制作	4.2 游戏场景驿站的模型制作	知识点1：熟练运用多边形编辑，调成出屋顶垂脊的结构 知识点2：了解创建圆柱体，运用“倒角”“挤出”命令制作出柱子模型 知识点3：六边形圆柱体制作灯笼模型	技能点1：选择长方形模型，单击右键将模型转换为“可编辑多边形” 技能点2：运用“挤出”和“倒角”命令，熟练命令的快捷键	重点：将长方体转换成多边形进行编辑 难点：熟练运用“倒角”“挤出”等命令制作出驿站场景模型 考核点：场景制作完成后将墙面部分单独分离出来，进行布线调整	2	3
5	游戏场景——驿站的模型UV编辑及贴图制作	5.1 游戏场景——驿站的模型UV编辑	知识点1：掌握通过棋盘格贴图来观察UV坐标的分布 知识点2：场景建筑模型为对称式，对1/2的模型进行UV编辑 知识点3：将模型对称复制	技能点：根据真实项目的实际情况分析出模型的结构和材质，将相同元素的模型贴图整合成一张或多张贴图	重点：进入多边形层级，给武器斧身制定“平衡坐标” 难点：给模型指定棋盘格贴图，调整坐标定点使棋盘格显示为正方形 考核点：正确导出贴图坐标的宽和高的尺寸	2	3

续附表 B-7

序号	教学模块（项目）	任务（单元）[2]	教学内容		重点、难点、考核点	学时	
			知识点	技能点		理论	实践
5	游戏场景——驿站的模型UV编辑及贴图制作	5.2 游戏场景——驿站的模型贴图制作	知识点1：根据具体情况分析驿站模型的结构和材质 知识点2：将相同元素的模型贴图整合成一张或多张贴图	技能点：在项目驿站模型中，将分为5张贴图，将屋顶和瓦片单独分为一张，门窗、灯笼和旗面分为一张贴图	重点：将瓦片、地面、墙面等贴图做四方连续或二方连续的贴图 难点：统计出造型数量和需要用到的贴图 考核点：制作贴图时，参考风格类似的图片及素材进行修改	2	3
6	游戏角色——女祭司设计及结构分析	6.1 人物的角色性格有一定了解	知识点1：了解人物的角色性格特征 知识点2：熟练结合原画给出的正侧面图以及部分重要配饰的结构分析图把握好角色的结构 知识点3：分析如何优化角色模型基本姿态和布线有利于模型的绑定和动画制作	技能点1：选择长方形模型，点击右键将模型转换为“可编辑多边形” 技能点2：运用“挤出”和“倒角”命令，熟练命令的快捷键	重点：女祭司案例制作的女性标准设定编写文案 难点：策划给出的模型面数限制和其他要求 考核点：网络资源和已有的模型库资源，参考一些类似游戏模型的表现方式	2	3
7	游戏角色——女祭司模型制作	7.1 角色头部模型制作	知识点1：了解游戏角色中低模采用多边形建模来完成 知识点2：了解在创建复杂表面时，细节部分可以任意加线 知识点3：掌握人体头部肌肉结构分析方法	技能点1：对所制作角色的类型、服装配饰以及人物的角色性格有一定了解 技能点2：五官是头部制作的关键点，使嘴部结构更加丰富，对嘴部模型增加线段 技能点3：对模型的布线和结构进行检查，通过各个视图观察模型，对模型进行调整	重点：使用“连接”命令，根据头部骨骼的造型变化及三庭五眼的位置关系 难点：模型增加眼部和口腔部分的布线 考核点：运用更多的点线面，调节出复杂的效果	2	3

续附表 B-7

序号	教学模块（项目）	任务（单元）[2]	教学内容		重点、难点、考核点	学时	
			知识点	技能点		理论	实践
7	游戏角色——女祭司模型制作	7.2 角色身体模型制作	知识点1：熟悉将女性身体部分分解成女性裸模和装备两个部分的方法 知识点2：掌握游戏角色女祭司的裸模制作 知识点3：掌握游戏角色女祭司的装备制作	技能点1：初步调节出整个躯干胸腔、腰部和臀部的线条感，注意把握好女性角色躯干的美感度和形体的变化 技能点2：女性的胸部模型是整个女性角色制作比较重要的环节，调整时注意女性胸形的美感	重点：模型的布线结构尽量与裸体模型的布线一致 难点：制作角色的裸模的时候要以女性角色的身体结构为准，合理布线 考核点：制作过程中注意人体比例结构及身体各部分的关系	2	3
8	游戏角色——女祭司UV编辑	8.1 角色模型的UV编辑	知识点1：了解原画的身体和装备的对称性，进行一半的UV制作 知识点2：掌握从头部正面和侧面分别为头部模型指定平面坐标，然后进行编辑，再进行融合 知识点3：对身体模型的UVW进行展开	技能点1：编辑时要注意根据角色贴图一体化的特点和规范，处理好身体各部分结构之间的UV空间分配比例 技能点2：头部和身体部分分别展开UV编辑	重点：需要将所有部件的UVW都放置到UVW第一象限的黑线里面（只有在黑线以内的UVW才是有效的UVW）并对其进行渲染输出 难点：根据角色贴图一体化的特点和规范，处理好身体各部分结构之间的UVW空间分配比例 考核点：正确导出角色贴图坐标的宽和高的尺寸	2	3
9	游戏角色——女祭司的贴图绘制	9.1 角色模型的贴图绘制	知识点1：将掌握（渲染UV）模板中渲染出来的图片调入Photoshop软件方法 知识点2：熟练运	技能点：贴图尺寸通常采用六进制大小的正方形贴图，例如身体使用512＊512。道具使用256＊256	重点：绘制时要注意整体的明暗关系以及整个头发的层次感 难点：利用笔刷工具，将皮肤部分	2	3

续附表 B-7

序号	教学模块（项目）	任务（单元）[2]	教学内容		重点、难点、考核点	学时	
			知识点	技能点		理论	实践
9	游戏角色——女祭司的贴图绘制	9.1 角色模型的贴图绘制	用 Photoshop 中的（画笔工具）进行脸部五官、发饰等贴图的绘制 知识点3：熟练对角色身体部分的贴图绘制 知识点4：了解游戏的规范制作流程，对整个角色进行细节调整	技能点2：贴图时要尽量保持头顶和脸部侧面皮肤材质的一致性，以便有效地避免脸部接缝部位出现颜色不匹配的现象 技能点3：女性角色在脸部绘制时除了五官的明暗关系，脸部化妆也是比较关键的	的明暗和色彩关系绘制出来 考核点：利用真实的纹理贴图和手绘贴图进行叠加的方法	2	3

四、课程考核

课程考核分为终结性评价和过程评价。过程评价为平时学习形成性考核方式，终结性评价为期末课程结业考试方式，其考核成绩分别占课程学业总成绩的60%和40%。

1. 终结性评价

在终结性评价中，按照期末课程结业考试进行，其中在 VR 虚拟现实建模实作项目中评价内容及分值见附表 B-8 和附表 B-9。

附表 B-8　终结性评价内容及分值

序号	评价指标内容	分值
1	理论知识掌握情况	10
2	模型布线是否规范	10
3	构图是否符合审美标准、色调的统一与渲染	20
4	制作时效性高，能及时完成项目任务，无拖欠延迟情况	20
5	项目制作思路清晰，能明确用客户对方案的构思，无跑题偏题现象	20
6	小组团队合作紧密，注重客户价值（企业评价）	20
总分：		100

附表 B-9　形成性考核（平时成绩）的具体分值与内容

序号	名称	占比	内　容
1	基本素质	10%	课堂表现（学生回答问题、参与讨论的情况）、学生出勤、学生作业
2	基本能力	30%	软件操作、美术素养
3	实践能力	60%	能够按照规范、流程要求顺利完成模型的前期美术设计、模型制作、模型贴图绘制、灯光及渲染

2. 过程性评价

1）在过程性评价中，按照平时学习形成性考核方式进行。具体分为课堂（或网上）学习表现、课外作业、项目实训三种，其考核成绩分别占形成性考核成绩的 10%、40%和 50%。

2）课程考核总成绩达 60 分及以上者为合格，不合格者须进行期末课程结业补考或重修。

3. 实训评价

全班同学分成 5 组，每位同学须与同组同学合作完成 5 个真实项目，合作完成《项目实训单》，并完成《实训报告》，见附表 B-10。

附表 B-10　实例评价内容与分值

序号	任务模块	评价目标	评价方式	评价分值
1	游戏原画设计	具备扎实的美术基础，能对结构理解透彻，对前期美术设计有一定的控制力，画面美观整洁	教师点评、学生评、企业专家点评	15
2	游戏道具模型制作	明确武器的制作流程、要求和规范。制作过程简单快捷，画面布线干净清爽，面数尽量减小，模型能准确地体现出道具的质感	教师点评、学生点评、企业专家点评	10
3	游戏角色模型制作	明确角色的制作流程、要求和规范。熟练掌握多边形模型制作技巧，模型外形精准，低模面数尽量少	教师点评、学生点评、企业专家点评	25
4	游戏场景模型制作	明确场景的制作流程、要求和规范。通过全面分析了原画设定，合理划分多张贴图与分配 UV，表现贴图质感，使用多维材质的方法与技巧	教师点评、学生点评、企业专家点评	30
5	游戏模型图贴制作	具备扎实的手绘基础，手绘文理贴图精美，细节突出，明暗突出，适合游戏的整体风格	教师点评、学生点评、企业专家点评	20

五、实施要求

1. 授课教师基本要求

本课程授课教师由学校专业课程教师与行业企业经验丰富的专技人员 5~6 人共同组成课程教学团队（包括 1 名企业教师），依据本标准制定本课程“教、学、做、创、评”一体化的教学设计方案、教学实施计划、教学日志，开发和丰富课程学习资源，研究运用相应教法、学法和评价方法及相应教学手段。要求任课教师必须具有游戏制作经验，手绘能力、建模能力较强，熟知游戏制作的基本思路和制作规范，对模型布线和材质绘画等游戏制作硬性要求有过硬的专业技术和经验，有耐心、有责任心。

2. 实践教学条件要求（见附表 B-11）

附表 B-11 教学条件

学习情境	实训环境
3ds Max 软件基础	1. 硬件环境：完整计算机，2G 双核 CPU，2G 内存 2. 软件环境：需安装 3ds Max 2009
三维建模、二维生成三维的几种方法	1. 硬件环境：完整计算机，2G 双核 CPU，2G 内存 2. 软件环境：需安装 3ds Max 2009
认识多边形建模	1. 硬件环境：完整计算机，2G 双核 CPU，2G 内存 2. 软件环境：需安装 3ds Max 2009
游戏角色模型的制作	1. 硬件环境：完整计算机，2G 双核 CPU，2G 内存 2. 软件环境：需安装 3ds Max 2009
游戏道具模型的制作	1. 硬件环境：完整计算机，2G 双核 CPU，2G 内存 2. 软件环境：需安装 3ds Max 2009
动画场景模型的制作	1. 硬件环境：完整计算机，2G 双核 CPU，2G 内存 2. 软件环境：需安装 3ds Max 2009
花草树木等场景植物的制作	1. 硬件环境：完整计算机，2G 双核 CPU，2G 内存 2. 软件环境：需安装 3ds Max 2009
地图地形的组建和优化	1. 硬件环境：完整计算机，2G 双核 CPU，2G 内存 2. 软件环境：需安装 3ds Max 2009

3. 教学方法与策略

（1）教学方法

根据专业学生的学习条件和学习基础，灵活采用校园面授学习方式或基于网络的线上学习方式或线上学习与线下学习相结合的混合学习方式，但无论哪种学习方式，均必须强化相应的学习支持服务。

（2）教学环境和条件要求

注重教学过程的实践性、开放性、职业性和信息化环境构建，引导专业学生在良好的学习环境中主动学习、自主学习、合作学习，既培养学生的岗位职业能力又培养其职业发展能力。

（3）教学资源选用（见附表 B-12～附表 B-14）

附表 B-12 课程教材选用表

序号	教材名称	教材类型	出版社	主 编	出版日期
1	3D 网络游戏设计	公开出版	人民邮电出版社	徐力、党鹏飞	2017 年 12 月

附表 B-13 课程参考教材选用表

序号	教材名称	教材类型	出版社	主 编	出版日期
1	《次世代游戏场景设计》	公开出版	京华出版社	叶櫓	2013 年 10 月
2	《3ds Max 2009 次世代游戏场景建模宝典》	公开出版	电子工业出版社	王秀峰，阎河	2016 年 5 月
3	《3ds Max 2009 基础与实例教程》	公开出版	机械工业出版社	王延群	2016 年 7 月
4	《网页设计与制作从零开始完全精通》	公开出版	上海科普	柏松	2017 年 11 月
5	《第一行代码 Android 第 2 版》	公开出版	海洋出版社	孙聪、叶风	2016 年 11 月
6	《Android 项目开发实战入门》	公开出版	吉林大学出版社	彭小涛	2013 年 9 月

附表 B-14 课程数字化资源选用表

序号	数字化资源名称	资 源 网 址
1	花瓣网	http：//huaban. com/
2	站酷网	https：//www. zcool. com. cn/
3	游艺网	www. game798. com
4	腾讯课堂	https：//ke. qq. com/
5	游戏设计网	http：//www. hui100. com/
6	闪吧	http：//www. flash8. net/
7	素材中国	www. sccnn. com
8	动画资源网	www. maya09. cn/

国外优质设计网站：

1）How Design University 主要教授图像与交互设计。

2）http：//thestocks. im/免费高质量图片素材网站集合。

附录 B-2 “综合性方案设计—居住空间设计”课程标准

适用专业：650111 环境艺术设计
专业类别：6501 艺术设计类

执 笔 人：龚 芸
审 核 人：徐 江 陈春燕
制订日期：2018 年 9 月
修订日期：2019 年 9 月

传媒与设计学院 环境艺术设计教研室

编 制

重庆数字创意职业教育集团
重庆市职业教育学会传媒艺术专业委员会
数字内容创意设计专业群建设指导委员会
课程教学资源建设学习中心
行业标准制定中心

审 定

课程标准编制工作流程图如附图 B-4 所示。

一、课程概述（见附表 B-15~附表 B-18）

附表 B-15 课程信息表

课程名称	综合性方案设计—居住空间设计	开课单位	传媒与设计学院
课程代码		考核性质	考试□ 考查■
前导课程	建筑制图、专题设计、植物配置等		

续附表 B-15

课程名称	综合性方案设计—居住空间设计			开课单位	传媒与设计学院
后续课程	居住空间模型制作、居住空间 3ds Max 等				
总学时	80	实践学时	60（理论 20）	课程类型（多选）	理论课□　理论+实践□　理实一体化□　集中实践课■　专业核心课■　非专业核心课□
适用专业	环境艺术设计				

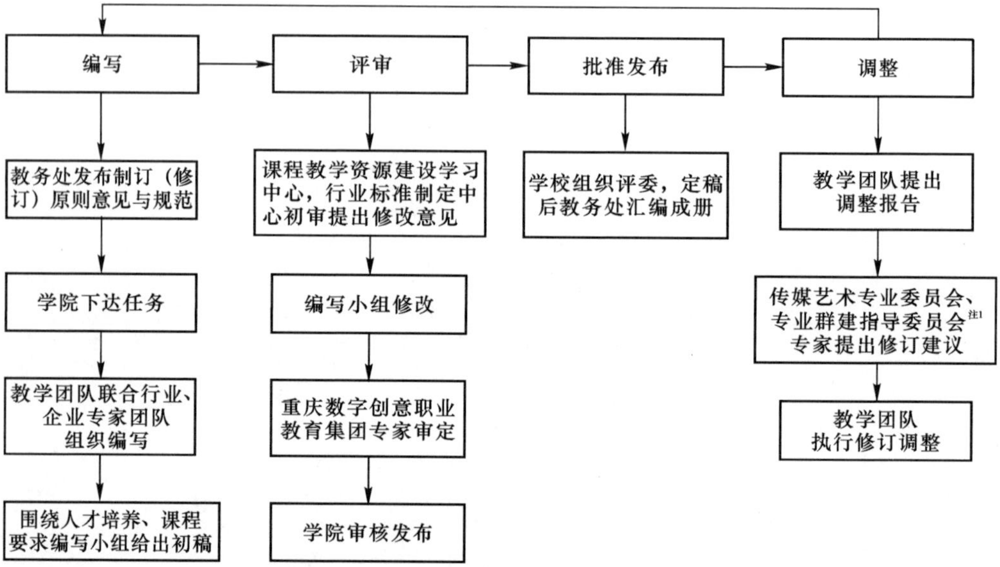

注1：重庆市职业教育学会传媒艺术专业委员会、数字内容创意设计专业群建设指导委员会

附图 B-4　课程标准编制工作流程图

附表 B-16　课程标准开发团队

序号	姓名	工　作　单　位	职称/职务
1	龚芸	传媒与设计学院	副教授/专职教师
2	刘更	传媒与设计学院	副教授/专职教师
3	张佳	传媒与设计学院	副教授/专职教师
4	葛璇	传媒与设计学院	讲师/专职教师
5	邓杰夫	传媒与设计学院	实训教师
6	罗谢稷	重庆朗筑建筑装饰设计有限公司	实训教师

附表 B-17　行业专家团队

序号	姓名	工　作　单　位	职称/职务
1	韩波	重庆建筑装饰协会	秘书长
2	杨恩德	重庆科技学院人文艺术学院	院长
3	陆平	重庆艺术工程职业学院	副校长

附表 B-18　企业专家团队

序号	姓名	工　作　单　位	职称/职务
1	张士然	重庆优创装饰设计有限公司	总经理
2	彭明月	重庆贤室装饰设计有限公司	设计总监
3	王让飞	重庆格列福装饰设计有限公司	设计总监

二、课程性质和功能定位

1. 课程性质：必修课

2. 课程功能定位

就业面向岗位：本专业学生毕业后可在环境艺术设计行业从事园林规划设计师、景观园林设计师、植物配置师、绘图员、施工员、项目管理负责人及建筑工程管理与招投标、建筑工程监理等岗位的相关工作，见附表 B-19。

附表 B-19　课程功能定位分析

对接的工作岗位	对接培养的职业岗位能力
中级室内装饰设计师（二级职业资格）	1. 居住空间设计方案能力
	2. 软件熟练操作能力
	3. 掌握运用作图技巧作透视图、施工图、效果图的能力
	4. 熟练掌握装饰工程的施工工艺的能力
助理室内装饰设计师（国家三级职业资格）	1. 居住空间初步设计能力
	2. 能基本完成透视图、施工图、效果图的能力
	3. 掌握知识熟练分辨选择装饰材料的能力

三、课程目标与内容

1. 课程总目标

按照“特高”专业人才培养思路，以重庆建筑装饰行业企业岗位任职标准为导向，以“双导师”队伍为支撑，实施校企“双主体”育人，培养德、智、体、美全面发展，在前导课程所积累的专业技能基础上，通过本课程的学习，着力培养学生创造性思维和概念方案设计能力，掌握对设计对象的分析方法和居住空间的设计方法，较强的专业素质能力，能胜任居住空间设计岗位的各项要求，并有一定的创新能力、团队合作精神，成为合格的专业技能人才。

（1）知识目标

1）了解和熟悉室内设计师应具备的素质和职业态度。

2）明确居住空间设计概念与内容，了解居住空间设计的发展情况与文化内涵。

3）熟悉居住空间规划和设计原则，熟悉空间的形态及组合方式。

4）熟悉居住空间设计的风格与流派，掌握各种风格的表现元素。

5）掌握项目设计分析、判断和定位的方法，准确进行居住空间方案设计。

6）了解人体工程学在居住空间的运用，熟悉人体及家具尺寸。

7）熟练运用居住空间设计方案的绘制方法和表现技巧，绘制不同风格的表现作品。

8）了解文案编写的方法与内容，熟练地运用 PPT 编制完整的方案汇报文本。

9）掌握设计方案沟通方法，能准确表达自己的设计思想。

（2）技能目标

1）会根据项目需要进行实地考察，获取相关信息。

2）会运用专业知识，进行功能合理布局。

3）会完成居住空间的风格样式设计。

4）会熟练运用 CAD 软件进行方案的平、立、剖、分析图等的绘制。

5）会完成居住空间的陈设设计及绿化设计。

6）会合理、经济的运用各种装修材料辅助并完善设计方案。

（3）能力目标

1）能收集归纳项目和调研信息，并能进行准确的项目解读。

2）能进行方案基本的设计概念及构思的控制与运用。

3）能对空间进行判断和处理。

4）能将人体工程学知识运用到功能空间，对空间进行合理布局。

5）能把握人的心理与行为习惯，找到它们与空间环境的契合点。

6）能熟练运用 Sketch up、3ds Max 等三维软件进行项目方案的推敲及调整。

7）能根据自身条件和基础，运用网上学习资源，制订适宜的学习计划，进行线下和线上的自主学习、合作学习。

（4）素质目标

1）在学习中具有自主学习新技术、新知识的能力和感悟设计创意的能力。

2）在学习中进一步养成诚信、求实、精细的职业态度和习惯。

3）在学习中进一步培养团队合作和不断进取的职业精神。

2. 课程具体目标（见附表B-20和附表B-21）

附表B-20　课程教学目标与内容

序号	毕业要求指标点	知识目标	能力目标	素质目标	教学模块（项目）
1	居住空间设计概论综合掌握	明确居住空间设计概念与内容，了解居住空间设计的发展情况与文化内涵	能进行方案基本的设计概念及构思的控制与运用	在学习中具有自主学习新技术、新知识的能力和感悟设计创意的能力	项目1 设计概论
2	调研和现场勘查方法掌握	根据项目需要进行实地考察，获取相关信息	能收集归纳项目和调研信息，并能进行准确的项目解读	能把握人的心理与行为习惯，找到它们与空间环境的契合点	项目2 市场调研
3	方案概念设计原则把握	熟悉居住空间规划和设计原则，熟悉空间的形态及组合方式	会运用专业知识，进行功能合理布局	运用网上学习资源，制订适宜的学习计划，进行线下和线上的自主学习、合作学习	项目3 方案设计
4	方案深入的细则运用	熟悉居住空间设计的风格与流派，掌握各种风格的表现元素	会完成居住空间的风格样式设计	能熟练掌握制图软件及规范，培养并形成一定的设计创新能力	项目4 设计调整
5	汇报方案的要点把握	了解文案编写的方法与内容，熟练的运用PPT编制完整的方案汇报文本	会合理、经济的运用各种装修材料辅助并完善设计方案	在学习中进一步培养团队合作和不断进取的职业精神	项目5 方案汇报

附表 B-21　课程教学进度安排

序号	教学模块（项目）	任务（单元）	教学内容		重点、难点、考核点	学时	
			知识点	技能点		理论	实践
1	项目 1 设计概论	任务 1：设计导引	知识点 1：明确室内设计师应具备的素质和职业态度 知识点 2：熟悉居住空间设计的各个阶段	技能点：能引入实际工程项目，确定设计主题	重点：能够了解家装设计师的岗位职责 难点：了解各个工作流程的工作内容 考核点：掌握居住空间设计的发展情况与文化内涵	2	6
		任务 2：优化实训	知识点 1：掌握良好居住空间评价标准 知识点 2：能通过学习案例评价空间优劣	技能点：能进行方案优化设计，开发设计思维	重点：掌握居住空间设计的过程与方法 难点：进行方案优化设计，开发设计思维 考核点：优化方案中空间运用的合理性和舒适性	1	7
2	项目 2 市场调研	任务 1：外出调研	知识点 1：明悉居住空间设计的依据 知识点 2：了解居住空间设计的影响因素	技能点：能以小组为单位实地考察，初步掌握目前重庆的居住空间设计趋势	重点：实地考察 难点：初步掌握目前重庆的居住空间设计趋势 考核点：撰写调查报告的质量	1	7
		任务 2：勘查现场	知识点 1：获取户型结构的基本情况 知识点 2：分析基地实际勘查情况，了解业主基础设计意向	技能点 1：能进行项目场地勘测、要素分解 技能点 2：能与业主沟通，并提出初步构想	重点：具备一定的现场应变能力 难点：能够正确全面地进行现场分析 考核点：具体实测标注建筑周围环境、室内承重结构及量房尺寸	1	7

续附表 B-21

序号	教学模块（项目）	任务（单元）	教学内容		重点、难点、考核点	学时	
			知识点	技能点		理论	实践
3	项目3 方案设计	任务1：方案初步	知识点1：掌握居住空间的功能分类；把握平面功能布局	技能点：能依据分析内容，制定设计方案	重点：独立完成设计构思 难点：徒手绘制设计草图 考核点：方案图纸中功能布置合理性	3	5
		任务2：方案构思	知识点1：进行空间组合与设计及核心概念的提取 知识点2：掌握居住空间设计的构图原则	技能点：能组织出空间结构，完成方案和界面设计	重点：居住空间设计的原理 难点：空间功能分区、家居设计中人体工程学的应用 考核点：方案风格运用及界面的处理	3	5
4	项目4 设计调整	任务1：图纸绘制	知识点1：够掌握居住空间设计方案表达要点，及行业制图规范	技能点：绘制平面布置图、天棚布置图及各类分析图	重点：依照步骤，符合规范 难点：应用CAD、PS软件 考核点：各类图纸的绘制规范	2	6
		任务2：细部设计	知识点1：根据设计风格进行居室内照明设计 知识点2：家具的选择、陈设设计及植物配置	技能点1：能完成立面图以及细部大样图 技能点2：准确标注出主要颜色、材料规格及品牌	重点：掌握常用室内风格及样式特点 难点：具备根据具体风格搭配空间要素的知识 考核点：界面处理、室内内含物家具、陈设、灯具、绿化的设计和选用	2	6

续附表 B-21

序号	教学模块（项目）	任务（单元）	教学内容		重点、难点、考核点	学时	
			知识点	技能点		理论	实践
5	项目 5 方案汇报	任务 1：完善方案	知识点 1：把握效果图表现的要素 知识点 2：运用所学知识进行室内居住空间的综合调整	技能点：能完善方案设计，各小组根据自身情况进行室内居住空间设计整体调整	重点：方案深化的方法、步骤等相关知识 难点：将设计文本编辑成册 考核点：文本内容的全面性和表达的准确性	2	6
		任务 2：编排汇报	知识点 1：按文本编排要求对图纸进行整理 知识点 2：介绍向客户汇报设计方案的方法	技能点：按设计方案表达意图的制作完成 PPT 并进行汇报	重点：编制 PPT，运用所学知识进行室内居住空间的综合调整 难点：如何向客户介绍设计方案 考核点：汇报逻辑清晰，重点突出，流畅程度	3	5

四、课程考核

课程考核分为终结性评价和过程评价，其考核成绩分别占课程学业总成绩的60%和 40%，学业考核总成绩达 60 分及以上者为合格，不合格者须进行期末课程结业补考或重修。

1. 终结性评价

终结性评价即期末课程结业考核，完成毕业设计实作项目扩初阶段习作，彩色平、立面方案表现考核占 50%，AutoCAD、Photoshop 等软件运用技能 30% 和方案整体效果占 20%。

2. 过程性评价

过程性评价即平时学习形成性考核方式，具体分为课堂（或网上）学习表现、课堂内外作业、项目实训三种，其考核成绩分别占形成性考核成绩的 10%，

40%和50%。

课程评价见附表B-22。

附表B-22　课程评价表

项　目	评 价 内 容	权重	总比例	总　评
终结性评价	方案设计	50%	40%	
	软件运用技能	30%		
	方案整体效果	20%		
过程性评价	基本素质：课堂（或网上）学习表现	10%	60%	
	基本能力：课堂内外作业	40%		
	实践能力：项目实训	50%		

五、实施要求

1. 授课教师基本要求

本课程授课教师应具备本专业教师资格并获得教师资格证（或具有企业工作经验），具有助教以上职称（或任职设计师岗位），具备本科以上学历（或开具企业人员证明），具备环境艺术设计、教学设计，以及设计实践经验，能操作AutoCAD、Photoshop等设计软件。

2. 实践教学条件要求（见附表B-23和附表B-24）

附表B-23　校内实训室

实训室名称	环艺室内设计实训室	面积要求	$60m^2$ 以上
序号	核心设备	数量要求	备注
1	戴尔电脑	35	
2	千兆网络交换机	2	
3	联网设备	2	

附表B-24　“综合性方案设计—居住空间设计”课程校外实习基地

序号	校外实习基地名称	合作企业名称	用　途	合作深度要求
1	重庆鹏凡装饰工程有限公司	重庆鹏凡装饰工程有限公司	认识实习/跟岗实习/顶岗实习	参与人才培养方案与课程标准的制定
2	重庆贤室装饰设计有限公司	重庆贤室装饰设计有限公司	认识实习/跟岗实习/顶岗实习	参与人才培养方案与课程标准的制定
3	重庆尚景极致电脑图像工作室实训基地	重庆尚景极致电脑图像工作室	认识实习/跟岗实习/顶岗实习	参与人才培养方案与课程标准的制定

3. 教学方法与策略

(1) 教学方法

教学方法，是教学过程中教师与学生为实现教学目的和教学任务要求，在教学活动中所采取的行为方式的总称。本课运用多种教学法，多管齐下，如附图B-5所示。

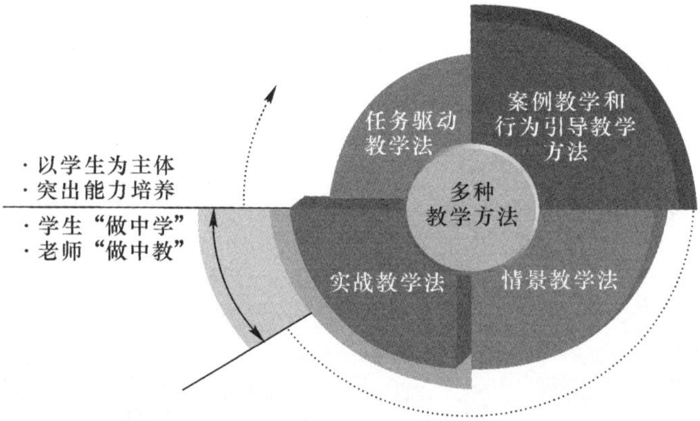

附图 B-5　多种教学法

1）任务驱动教学法。

任务驱动教学法是一种教学方式，为学生提供实践和感悟问题的情景，基于任务开展学习，以任务完成的结果和总结来进行评价，增加学生主动性，是他们能主动进行探究、实践、思考与运用。

2）案例教学和行为引导教学法。

案例教学法是一种以案例为基础的教学法，教师于教学中扮演着设计者和激励者的角色，鼓励学生积极参与讨论。鼓励学生独立思考，引导学员变注重知识为注重能力，重视双向交流。

3）情景教学法。

情景教学法是教师根据工作场所的情景和设备设施的要求，创设出形象鲜明的居住空间工作场景，使学生仿佛置身其间，如临其境，以案例或情景为载体引导学生自主探究性学习，以提高学生分析和解决实际问题的能力。师生就在此情此景之中进行着的一种情景交融的教学活动。因此，“情景教学”对培养学生工作能力，启迪思维，发展想象等方面确有独到之处。

（2）教学环境和条件要求

1）数媒与纸媒专业教学资源。

纸媒：依据岗位职业能力要求和项目设计过程理念，参照课程标准要求和工学结合原则，选定和开发专业特色教材。

数媒：本课程已在智慧职教课程平台（https：//www. icve. com. cn/）建设了丰富的资源，同学们在课堂外线上自学，只要在老师安排的时间段内，均可在任何时间、任何有网络的地方自主学习。共汇聚就业资格培训、学生作品展示、专业课程标准、资格考试、企业在线等数字化资源。

2）教学环境与要求。

① 校园面授学习环境

A. 配置多媒体设备的教室。

B. 配置 Auto CAD 2007、Photoshop 7. 0 以上版本的计算机实训室。

② 基于互联网+的线上学习环境。

A. 数字化学习平台（如智慧职教学习管理系统）及相应的数字化学习资源。

B. 相应出口带宽的广域网环境或 DDN 专线局域网环境。

C. 网上学习支持服务平台及支持服务队伍。

（3）教学资源选用（见附表 B-25～附表 B-27）

附表 B-25　课程教材选用表

序号	教材名称	教材类型	出 版 社	主　编	出版日期
1	《居住空间室内外环境设计》	公开出版	华中科技大学出版社	任康丽，刘育晖	2017 年 12 月

附表 B-26　课程参考教材选用表

序号	教材名称	教材类型	出 版 社	主　编	出版日期
1	《室内外设计资料集》	公开出版	中国建筑工业出版社	薛健	2002 年第 1 版
2	《室内设计师便携手册》	公开出版	中国建筑工业出版社	（英）格思里	2000 年第 1 版

附表 B-27　课程数字化资源选用表

序号	数字化资源名称	资 源 网 址
1	中国居住	http：//www. landscapecn. com
2	中国居住资料网	http：//www. lbbs. com. cn/
3	筑龙室内设计网	http：//sn. zhulong. com/
4	自编素材库、琅筑环境艺术设计素材库	http：//www. langzhu. com. cn/
5	中国室内设计网	http：//www. ciid. com. cn/

附录 B-3　“After Effects 特效制作”课程标准

适用专业：660209 数字媒体
专业类别：6602 传媒设计类

执 笔 人：尹　静
审 核 人：徐　江　陈春燕
制订日期：2017 年 7 月
修订日期：2019 年 10 月

传媒与设计学院　数字媒体教研室

编　制

重庆数字创意职业教育集团
重庆市职业教育学会传媒艺术专业委员会
数字内容创意设计专业群建设指导委员会
课程教学资源建设学习中心
行业标准制定中心

审　定

课程标准制订（修订）流程如附图 B-6 所示。

一、课程概述（见附表 B-28 和附表 B-29）

附表 B-28　课程信息表

课程名称	After Effects 特效制作	开课单位	传媒艺术学院
课程代码		考核性质	考试□　　考查☑
前导课程	（视需要呈现）		

续附表 B-28

课程名称	After Effects 特效制作			开课单位	传媒艺术学院
后续课程	影视后期高级特效、数字动态视觉特效设计等				
总学时	80	实践学时	50	课程类型（多选）	理论课☑理论+实践☑理实一体化☑集中实践课☑专业核心课☑非专业核心课□
适用专业	高职专科教育数字媒体艺术专业、艺术设计类专业				

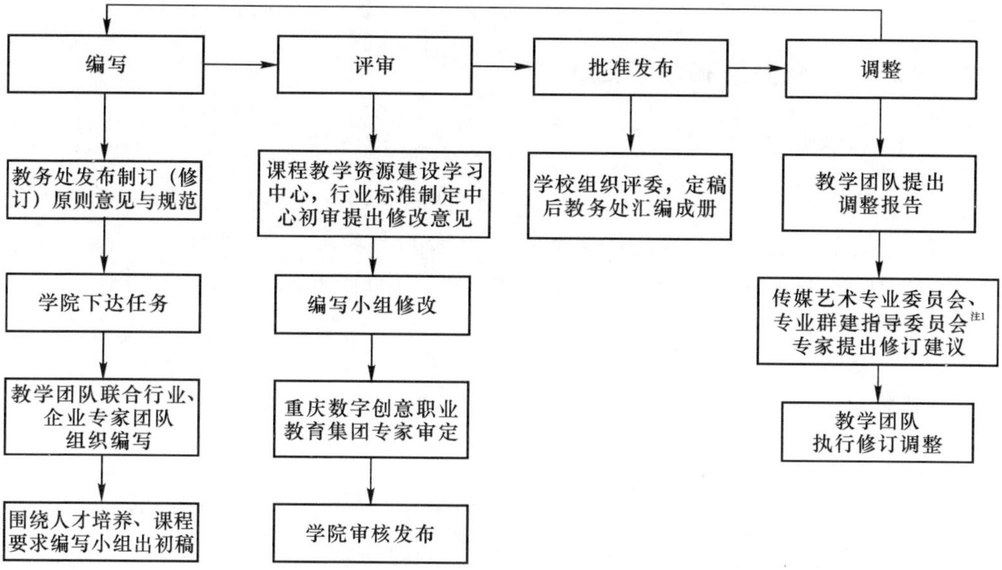

注1：重庆市职业教育学会传媒艺术专业委员会、数字内容创意设计专业群建设指导委员会

附图 B-6 课程标准编制工作流程图

附表 B-29 课程标准开发团队名单[1]

序号	姓名	工 作 单 位	职称/职务
1	徐江	重庆工商职业学院传媒与设计学院	院长/教授
2	陈春燕	重庆工商职业学院传媒与设计学院	副院长/教授
3	李益	重庆邮电大学艺术学院	院长/教授
4	彭发清	重庆华龙网集团有限公司	教育频道技术总监/工程师
5	尹静	重庆工商职业学院传媒与设计学院数字媒体艺术设计教研室	专职教师/讲师
6	赵娜	重庆工商职业学院传媒与设计学院数字媒体艺术设计教研室	教研室主任/讲师
7	王嵋	重庆工商职业学院传媒与设计学院数字媒体艺术设计教研室	教研室副主任/副教授

续附表 B-29

序号	姓名	工 作 单 位	职称/职务
8	刘猜	重庆工商职业学院传媒与设计学院数字媒体艺术设计教研室	专职教师/助教
9	田雁飞	重庆工商职业学院传媒与设计学院	专职教师/讲师
10	陈倬豪	重庆工商职业学院传媒与设计学院	教务科科长/讲师
11	李可	重庆工商职业学院传媒与设计学院	院长办公室主任/讲师
12	沈燕琴	重庆工商职业学院传媒与设计学院	专职教师/讲师

注 1：指参与课程标准制定的主要成员，包括校外专家。

二、课程性质和功能定位

1. 课程性质

本课程是重庆工商职业学院传媒与设计学院数字媒体艺术设计专业必修的一门核心课程，属于专业课程体系里第一界面的课程（见附图 B-7），也是数字媒体艺术设计专业“毕业设计项目课程模块”中的重要单元课程。

	创意——作品	作品——产品	产品——商品
基础理论	设计素描表现 数字色彩设计 数字媒体艺术导论		
理实一体	二维设计软件及应用 脚本设计与制作 数字摄影与摄像 数字创意微影像设计 风景写生	非线性编辑技术 数字图形设计 界面创意与网页设计 多媒体分镜表现设计	大学生创新创业训练
应用实践	3ds Max三维高级建模 After Effects特效制作 VR设计与交互技术 数字媒体综合性专题方案设计 专题场景建模与材质表达	游戏3D场景与人物设定 数字动漫读物设计 MG微动漫应用与后期 数字APP交互与UI设计 数字动态视觉特效设计 数字媒体MG设计	项目推广及运营 项目引入 顶岗实习 · 数字动漫读物类 · 数字APP应用类 · 数字视觉特效类 · 数字MG动画类

附图 B-7　第一界面的课程

课程内容设置对接文化创意产业，依据数字媒体艺术设计行业技术标准和规范，需要学生系统掌握 AE 软件操作、视听语言基础知识、特效基本分类、AE 特效制作方法及规律。进一步了解影视后期在目前需进行的具体工作流程与工作方法，通过对影视后期特效与合成、影视后期包装理论知识的讲解，培养学生正确的影视创作意识和大胆创新的设计思路。依托创意九龙众创空间和华龙网两个平台引入真实项目，学生通过四个模块的课程学习完成项目的实践训练，全面地进入从设计立项、市场调研、项目分析、制订计划、设计方案、方案汇报等过程，形成毕业设计后续课程项目深入依据。通过对影视后期软件实际操作技巧的学习，熟练掌握并制作出影视后期特效，并完成文字演绎、LOGO 演绎、影视片头创作、影视素材制作、影视特效与实拍影像合成等完整的作品。让学生对专业的认识由感性上升到理性，在项目运作筹划的层面来理解 After Effects 特效制作，进而使自己的创意产品进入市场真正变为商品。

课程采用网络学习+课堂学习的混合式教学模式，将每个模块分解成若干个学习任务，每个学习任务包含不同的知识点、技能点。网络中通过提供视频等大量的学习资源学生自主完成课程的初步认知学习、基本知识的学习，课堂上对学生进行有针对性的讲解和在线辅导。教学的组织遵循“实践—理论—再实践”的过程，实行理论与实践一体化教学。教师通过组织多主体、多层面的相互交流了解学生的学习困难，给予有效辅导，促进知识的吸收与内化。

本课程属于综合性设计课程，先修课程主要包括：数字图形设计、脚本设计与制作等课程；后续课程是数字动效视觉特效设计、数字媒体综合性专题设计等毕业设计相关课程。

2. 课程功能定位（专业核心课程必填，其他选填，见附表 B-30）

附表 B-30　课程功能定位分析

对接的工作岗位	对接培养的职业岗位能力
影视后期特效制作	1. 有效处理视频素材的色彩显示以达到预想效果
	2. 能准确定位设计风格与理念
数字视觉特效设计	1. 熟练掌握特效的使用方法和技巧
	2. UI 动效视觉特效制作规律
数字 MG 动画设计	熟练掌握特效的使用方法和技巧

三、课程目标与内容

1. 课程总目标

课程主要培养学生的专业职业技术能力和一定的创造性思维，掌握影视后期制作的设计方法，掌握对设计对象的分析方法，根据设计规范和用户需求，分析结果完成一个设计方案。在过程中使得学生了解一个完整方案设计的步骤和流程。并使学生在对设计对象分析总结的情况下，能自主创意、创新作品，提高学生的方案能力。

学生通过本实践课程的学习，全面地了解设计流程，并运用所学知识和技能分析解决影视后期设计的务实基本问题。从而提高学生对于数字媒体艺术设计能力以及对相关设计的艺术鉴赏力，为继续学习数字媒体艺术的相关课程打下良好的基础。

2. 课程具体目标（见附表 B-31 和附表 B-32）

附表 B-31　课程教学目标与内容

序号	毕业要求指标点	知识目标	能力目标	素质目标	教学模块（项目）
1	会运用专业知识，进行影像创意和数字媒体方案设计	能根据作品需要进行前期调查，获取相关信息，进行素材收集，进一步丰富方案	能够根据前期方案需求通过 After Effects 完成设计后续工作，并进行设计分析和方案完善	在学习中进一步了解、理解后期特效制作在方案制作中的重要地位和作用，强化热爱设计工作的职业情感	项目 1　完成基本的数字合成
2	能完成多种风格数字媒体影像设计	敏锐的观察力，了解熟悉前沿设计，并进行多方案比较	会借助相关软件完成多种风格多媒体影像设计	在学习中进一步养成诚信、求实、精细、严谨的职业态度和习惯	项目 2　影视后期特效的设计与制作
3	能够完成多种特效的设计与制作	设计方案表现能力，能熟练地运用多种表现技法进行剧本分镜（故事板）草图设计，能熟练掌握 Afte rEffects 软件基本操作方法，具有一定的特效设计与制作能力	能够遵守设计基本原则的要求，进行影视后期特效制作，符合形式美法则	在学习中进一步培养团队合作和不断进取的职业操守	项目 3　综合性影视后期特效的设计与制作（片头设计）
4	会进行图形图像造型再设计	专业故事板的理解以及绘制能力，能根据故事板及注释正确完成前期任务	能够熟练运用 After Effects 特效软件完成方案设计	在学习中进一步培养自主学习新技术、新知识的创新精神	项目 3　综合性影视后期特效的设计与制作（片头设计）

续附表B-31

序号	毕业要求指标点	知识目标	能力目标	素质目标	教学模块（项目）
5	能够熟练运用多种软件进行综合性设计	熟练的软件操作技法和画面表现技巧的能力，能设计制作不同风格的视频作品	能根据前几个策划分阶段完成设计与制作，并对每个阶段进行分析、评价、以及决策调整	在学习中进一步培养具有较强的时尚意识和客户服务意识	项目3 综合性影视后期特效的设计与制作（片头设计） 项目4 影视后期特效方案设计综合应用（宣传片制作）
6	能够熟练运用多种软件进行图形图像造型再创造综合性设计	设计方案沟通能力，能将自己的设计思想和步骤准确的进行表达	能根据自身条件和基础，运用网上学习资源，制订适宜的学习计划，进行线下和线上的自主学习、合作学习	在学习中进一步培养良好的心理素质和勇于克服困难的作风	项目3 综合性影视后期特效的设计与制作（片头设计） 项目4 影视后期特效方案设计综合应用（宣传片制作）

附表B-32 课程教学进度安排

序号	教学模块（项目）	任务（单元）[2]	教学内容	重点、难点、考核点	学时	
					理论	实践
1	项目1 完成基本数字合成	掌握数字媒体影像基础知识	任务1-1 明确多媒体设计师应具备的素质和职业态度 任务1-2 掌握根据视频展示载体，明确制作格式与制式的方法	（1）能高效使用After Effects进行特效制作 （2）能根据素材需要进行后期处理 （3）依据分析内容，制作完善设计方案 （4）掌握具象化设计方案的方法和技巧	2	3
		素材导入与输出设置	任务2-1 掌握色彩校正特效的使用方法和参数设置 任务2-2 根据需要进行渲染设置，准确输出视频文件	（1）能正确导入各种类型素材 （2）能进行多种格式的渲染输出 （3）了解不同输出格式的特点与输出技巧	2	3

续附表 B-32

序号	教学模块（项目）	任务（单元）[2]	教学内容	重点、难点、考核点	学时	
					理论	实践
1	项目 1 完成基本数字合成	时间线、图层应用、合成基本操作与管理，摄像机使用	任务 3-1 熟练掌握 After Effects CC 界面的操作方法和技巧 任务 3-2 熟练掌握在 After Effects CC 中常用图像文件格式、常用视频压缩编码格式和常用音频压缩编码格式 任务 3-3 熟练使用图层的属性和关键帧动画的制作方法和技巧	（1）能准确定位设计风格与理念 （2）解析学习 After Effects CC 工作界面的基本操作和文件格式及其他输出设置 （3）通过软件功能解析深入学习软件功能和制作特点 （4）能巧妙地运用插件进行特效制作	3	2
2	项目 2 影视后期特效的设计与制作	AE 高级参数设置及常用面板学习	任务 4-1 提升使用 AE 时计算机内存、缓存、显示参数，掌握多种渲染模式以提升计算机性能 任务 4-2 掌握各类滤镜的使用方法和效果以及常见参数设置 任务 4-3 掌握追踪方法和技巧	（1）能高效使用计算机进行特效制作 （2）能根据后期需要进行多软件综合处理 （3）依据分析内容，制作完善设计方案 （4）掌握 AE 后期特效设计与制作的方法和技巧	2	3
		色彩校正	任务 5-1 掌握色彩校正特效的使用方法和参数设置 任务 5-2 根据需要进行渲染设置，准确输出视频文件	（1）能有效处理视频素材的色彩显示以达到预想效果 （2）能进行多种色彩风格的设计制作 （3）了解多种色彩类特殊效果制作的方法	2	3
		制作蒙版动画、应用时间轴制作特效	任务 6-1 熟练掌握遮罩层的使用方法和技巧掌握遮罩动画的制作 任务 6-2 能掌握帧的使用方法和编辑技巧，熟练掌握重置时间	（1）能准确定位蒙版在 AE 中的作用 （2）掌握简单的编程方法 （3）能巧妙地运用插件进行特效制作	3	4（其中外出 3 学时）

续附表 B-32

序号	教学模块（项目）	任务（单元）[2]	教学内容	重点、难点、考核点	学时	
					理论	实践
3	项目 3 综合性影视后期特效的设计与制作（片头设计）	创建文字应用特效	任务 7-1　熟练掌握文字的输入方法 任务 7-2　了解效果和掌握模糊、锐化 任务 7-3　掌握颗粒、模拟化和风格化的操作方法	（1）熟练掌握特效的使用方法和技巧 （2）熟练掌握特效的类型 （3）掌握后期特效软件的使用方法 （4）了解多种系统下数字影像的成像特点	4	7
		前期设计制作、后期合成	任务 8-1　熟练掌握前期拍摄方法与技巧 任务 8-2　熟练掌握将声音录入采集的方法与技巧 任务 8-3　掌握三维合成的方法和技巧、掌握应用灯光和摄像机的使用方法	（1）熟练掌握棚内拍摄方法，灯光布置规律 （2）熟练掌握声音的录入方法和编辑属性 （3）熟练掌握三维图层及属性的设置、熟练掌握摄像机的应用	4	8（其中外出 3 学时）
4	项目 4 影视后期特效方案设计综合应用（宣传片制作）	跟踪与表达式、抠像效果的操作	任务 9-1　熟练掌握抠像效果的操作方法；熟练掌握抠像效果的使用方法和技巧 任务 9-2　熟练跟踪的创建方法和使用技巧，熟练掌握表达式	（1）能利用抠像插件完成抠像特效处理 （2）能掌握声音导入的方法和特效处理 （3）能熟练运用跟踪技术完成后期特效	4	8
		渲染及商业案例实训	任务 10-1　通过对课堂讲解掌握渲染与输出的设置方法；通过软件相关功能的解析学习渲染的应用 任务 10-2　通过课堂案例熟悉设计理念和软件功能；通过软件功能解析深入学习软件功能和制作特点	（1）能熟练掌握渲染属性设置 （2）能熟练掌握输出的方法与技巧	4	8（其中外出 3 学时）

注 2：每个任务（单元）最多不超过 8 学时。

四、课程考核

课程考核分为终结性评价和过程评价。本课程学业考核分平时学习形成性考核和期末课程结业考核两种方式进行，其考核成绩分别占课程学业总成绩的 60% 和 40%；学业考核总成绩达 60 分及以上者为合格，不合格者须进行期末课程结业补考或重修。

1. 终结性评价

设置一个完整的设计制作任务，该任务需要用到大部分的基本操作和知识技能，通过该任务的完成情况考核学生掌握技能的情况。

2. 过程性评价

1）过程评价针对学习的各个环节进行考核。本课程过程性评价主要取决于课程制作流程与效果，对每个基本操作技能进行分段考核，通过上一个技能的考核才能进入下一个技能的学习。

2）平时课堂教学内容实际操作过程形成有效的评价体系，以达到教学效果及时体现的目的，形成评分标准，用于该课程过程性评价，主要对学生完成项目过程中所表现的关键能力、素质情况和审美综合能力进行评价。

3）每一个项目练习达到 60 分为合格，不合格者须进行课程项目阶段性补考。课程总评见附表 B-33。

附表 B-33　课程总评

项目	评价内容	得分	权重	总比例	总评
终结性评价	综合技能考核		100%	40%	
过程性评价	项目一		15%	60%	100%
	项目二		15%		
	项目三		30%		
	项目四		40%		

五、实施要求

1. 授课教师基本要求

本课程授课教师应具备高校教师资格证或同等能力资格证书，具备该行业企业丰富经验，同时具有与丰富的教学经验。

2. 实践教学条件要求（见附表 B-34 和附表 B-35）

附表 B-34 校内实训室

实训室名称	多媒体创意策划实训室/数字APP 与交互设计实训室	面积要求	$50m^2$
序号	核心设备	数量要求	备注
1	高配置实训计算机	35	可用于数字影像后期制作
2	投影仪	1	
3	投影幕布	1	

附表 B-35 “After Effects 特效制作”课程校外实习基地

校外实习基地名称	合作企业名称	用途	合作深度要求
数字媒体艺术设计项目实训基地	重庆华龙网集团股份有限公司	认识实习/跟岗实习/顶岗实习	紧密合作

3. 教学方法与策略

（1）教学方法

教学方法是教学过程中教师与学生为实现教学目的和教学任务要求，在教学活动中所采取的行为方式的总称。本课运用多种教学法，多管齐下，如附图 B-8 所示。

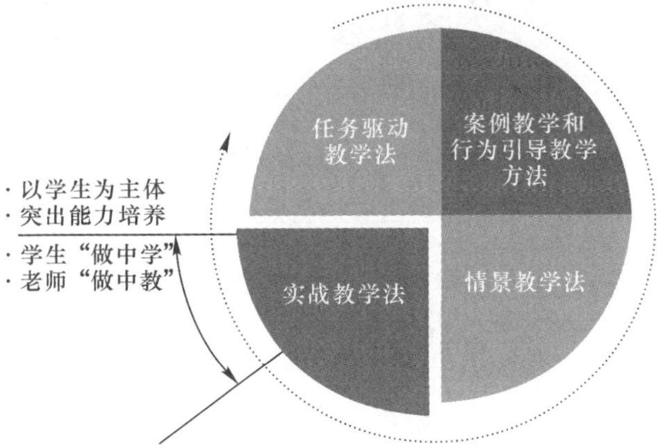

附图 B-8 多种教学法

1）任务驱动教学法。

任务驱动教学法是一种教学方式。任务驱动教与学的方式，能为学生提供体验实践的情境和感悟问题的情境，围绕任务展开学习，以任务的完成结果检验和总结学习过程等，改变学生的学习状态，使学生主动建构探究、实践、思考、运用、解决高智慧的学习体系。期间可带入课程微课进行翻转课堂教学，使学生养成自主学习的习惯。

2）案例教学和行为引导教学法。

案例教学法是一种以案例为基础的教学法，教师于教学中扮演着设计者和激励者的角色，鼓励学生积极参与讨论。鼓励学生独立思考，引导学生变注重知识为注重能力，重视双向交流。

3）情景教学法。

情景教学法是教师根据工作场所的情景和用户的要求，创设出具体形象的后期特效设计制作的工作场景，使学生仿佛置身其间，如临其境，以案例或情景为载体引导学生自主探究性学习，以提高学生分析和解决实际问题的能力。师生就在此情此景之中进行着的一种情景交融的教学活动。因此，“情景教学”对培养学生工作能力，启迪思维，发展想象等方面确有独到之处。

（2）教学环境和条件要求

根据学习者的学习条件和学习基础，灵活采用校园面授学习方式或基于网络的线上学习方式或线上学习与线下学习相结合的混合学习方式，但无论哪种学习方式，均必须强化相应的学习支持服务。

（3）教学资源选用（见附表 B-36~附表 B-38）

注重教学过程的实践性、开放性、职业性和信息化环境构建，开展“微课程”“翻转课堂”等教学活动，引导学习者在良好的学习环境中主动学习、自主学习、合作学习，既培养学习者的岗位职业能力又培养其职业发展能力。

附表 B-36　课程教材选用表

序号	教材名称	教材类型	出版社	主　编	出版日期
1	AE CC 技术大全素材	公开出版/自编讲义	人民邮电出版社	时代印象	2017 年 06 月

附表 B-37　课程参考教材选用表

序号	教材名称	教材类型	出版社	主　编	出版日期
1	《After Effects CS6 技术大全》	公开出版/自编讲义	人民邮电出版社	吉家进（阿吉）樊宁宁	2013 年第 1 版
2	《After Effects 影像设计的艺术》	公开出版	人民邮电出版社		2013 年 5 月第 1 版
3	《After Effects 高级影视特效火星风暴》	公开出版	人民邮电出版社	毕盈	2012 年
4	《视频编辑与后期制作》	公开出版	北京大学出版社	肖冬杰	2013 版

续附表 B-37

序号	教材名称	教材类型	出版社	主　编	出版日期
5	《AfterEffects 影视后期制作标准教程》微课版	公开出版	人民邮电出版社		2016 年版

附表 B-38　课程数字化资源选用表

序号	数字化资源名称	资 源 网 址
1	视觉中国	http：//static. chinavisual. com
2	新 CG	http：//www. newcger. com/
3	CG Textures	http：//www. cgtextures. com/
4	火星网	http：//www. hxsd. com/online/

参考文献

一、中文专（译）著

[1] 石伟平．比较职业技术教育［M］．上海：华东师范大学出版社，2001.
[2] 刘春生，徐长发．职业教育学［M］．北京：教育科学出版社，2002.
[3] 李进，丁晓东．产学合作教育研究与探索［M］．上海：上海交通大学出版社，2004.
[4] 刘占山，维吉尼亚·贝蒂，赵为粮，安东尼·巴瑞特．需求导向的职业教育探索与实践［M］．北京：高等教育出版社，2007.
[5] 徐国庆．职业教育原理［M］．上海：上海教育出版社，2007.
[6] 林润蕙，等．高职院校校企合作—方法、策略与实践［M］．北京：清华大学出版社，2012.
[7] 教育部职业技术教育中心研究所．中国特色职业教育发展之路：中国职业教育发展报告（2002—2012 年）［M］．北京：高等教育出版社，2012.
[8] 姜大源．当代世界职业教育发展趋势研究［M］．北京：电子工业出版社，2012.
[9] 周建松，唐林伟．高等职业教育校企合作长效机制研究［M］．杭州：浙江工商大学出版社，2014.
[10] 李蔺田，王萍．中国职业技术教育史［M］．北京：高等教育出版社，1994.
[11] 张家祥，钱景舫．职业技术教育学［M］．上海：华东师范大学出版社，2005.
[12] 马树超．区域职业教育均衡发展［M］．北京：科学出版社，2011.
[13] 崔岩．高等职业教育集团化办学研究［M］．北京：高等教育出版社，2012.
[14] 张健．职业教育集团化办学研究．［M］．苏州：苏州大学出版社，2018.
[15] 蔡钊利．职业教育集团化办学试点项目实施方案．［M］．西安：西安电子科技大学出版社，2013.

二、论文集

[1] 刘晓．利益相关者参与下的高等职业教育办学模式改革研究［D］．上海：华东师范大学，2012.
[2] 赵立．中国企业集团产业融合有效性研究［D］．北京：北京邮电大学，2015.
[3] 贾丽．高职院校集团化办学的对策研究［D］．合肥：安徽大学，2013.
[4] 王晓静．职业教育集团化办学的运行机制研究［D］．济南：山东师范大学，2015.
[5] 赖昀．产城教融合视域下铜仁职业教育集团办学功能研究［D］．重庆：西南大学，2016.
[6] 李茹祯．职业教育集团的组建模式及其运行机制研究［D］．沈阳：沈阳农业大学，2016.
[7] 郑志勇．精准扶贫视野下职业教育集团化办学模式研究．［D］．重庆：西南大学，2017.
[8] 张慧青．基于产业结构演进的高职专业结构调整研究［D］．上海：华东师范大学，2017.

三、期刊

[1] 蔡建平，沈陆娟．高职教育与区域产业集群互动的实证分析——以浙江省为例［J］．中国职业技术教育，2013（33）：43-48.

[2] 程琳，曾晓燕．高等职业教育与产业集群的良性适配［J］．教育学术月刊，2008（4）：68-70.
[3] 巢新冬，刘桂林．基于区域产业集群的高职纺织服装类专业群建设实践［J］．中国职业技术教育，2013（11）：33-36.
[4] 丁金昌．高职院校教育的基本形态探索［J］．高等工程教育研究，2013（4）：172-175.
[5] 邓志良．职业教育专业随产业发展动态调整的机制研究［J］．中国职业技术教育，2014（21）：192-195.
[6] 郭达，许艳丽．高等职业院校嵌入产业集群发展研究——产业集群知识溢出的视角［J］．教育发展研究，2015（23）：32-35.
[7] 郭苏华．从企业教育资源的特征看校企合作的困境［J］．教育发展研究，2013（5）：44-48.
[8] 吴建新，易雪玲，欧阳河，邓志高．职业教育校企合作四维分析概念模型及指标体系构建［J］．高教探索，2015（10）.
[9] 高树仁，董新伟．"高职教育与产业集群协同发展"再认识——基于社会系统理论的视角［J］．职教论坛，2014（25）：75-78.
[10] 何涛．产业集群背景下江苏高职教育发展的问题与对策［J］．南通大学学报（社会科学版），2015（2）：109-113.
[11] 李术蕊，滕永华，杨欣斌．紧扣区域发展需求 建设深圳特色高职——深圳信息职业技术学院的发展探索［J］．中国职业技术教育，2015（7）：18-27.
[12] 刘志民，吴冰．企业参与高职校企合作人才培养影响因素的研究［J］．高等工程教育研究，2016（2）：143-147.
[13] 冉云芳，石伟平．产业转移视野下职业教育东西部合作办学的策略思考［J］．中国高教研究，2015（2）：95-98.
[14] 万伟平，沈绮云．职业教育校企合作长效机制形成的印象因素研究——基于利益相关者理论的分析框架［J］．机械职业教育，2016（8）：2.
[15] 韩志刚，贾明祖．基于职教集团"双对接，四合作"人才培养模式的创新与实践———以广西工业职业教育集团为例［J］．产业与科技论坛，2019（18）：4.
[16] 邓志新．利益协调机制下职业教育集团的协同创新［J］．继续教育，2017（3）：53-55.
[17] 刘晓．正确认识职教集团功能定位服务现代职业教育体系建设［J］．职业教育研究，2017（1）：1.
[18] 韩冰．从职教集团活动现状看其发展和建设要求［J］．中国职业技术教育，2017（8）：60-67.
[19] 胡茂波，谢丽丽．"一带一路"我国内陆节点城市职业教育差异化发展研究［J］．职教论坛，2017（1）：28-31.
[20] 许跃，郭静．我国职业教育集团化办学的回顾与思考［J］．中国职业技术教育，2017（3）：92-96.

四、其他

[1] 国务院．关于印发国家职业教育改革实施方案的通知.（国发〔2019〕4号）.

[2] 教育部，等. 关于印发现代职业教育体系建设规划（2014—2020 年）的通知.（教发〔2014〕6 号）.
[3] 国务院. 关于印发国家教育事业发展“十三五”规划的通知.（国发〔2017〕4 号）.
[4] 教育部. 关于深入推进职业教育集团化办学的意见（教职成〔2015〕4 号）.
[5] 教育部. 职业学校校企合作促进办法（教职成〔2018〕1 号）.
[6] 重庆市人民政府《关于加快发展现代职业教育的实施意见》（渝府发〔2015〕17 号）.